RECHERCHES HISTORIQUES

SUR

LAIGNÉ-EN-BELIN

ET

LE COMTÉ DE BELIN ET VAUX

Par Henri ROQUET

MEMBRE DE LA SOCIÉTÉ D'AGRICULTURE, SCIENCES ET ARTS DE LA SARTHE
ET DE LA SOCIÉTÉ HISTORIQUE ET ARCHÉOLOGIQUE DU MAINE

LE MANS

TYPOGRAPHIE EDMOND MONNOYER

1889

RECHERCHES HISTORIQUES

SUR

LAIGNÉ-EN-BELIN

ET

LE COMTÉ DE BELIN ET VAUX

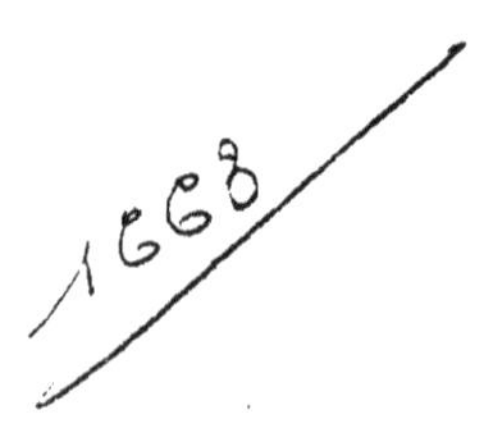

Extrait du *Bulletin de la Société d'Agriculture, Sciences et Arts de la Sarthe*, T. XXXII, p. 50.

RECHERCHES HISTORIQUES

SUR

LAIGNÉ-EN-BELIN

ET

LE COMTÉ DE BELIN ET VAUX

Par Henri ROQUET

MEMBRE DE LA SOCIÉTÉ D'AGRICULTURE, SCIENCES ET ARTS DE LA SARTHE
ET DE LA SOCIÉTÉ HISTORIQUE ET ARCHÉOLOGIQUE DU MAINE

LE MANS

TYPOGRAPHIE EDMOND MONNOYER

1889

RECHERCHES HISTORIQUES

SUR

LAIGNÉ-EN-BELIN

ET

LE COMTÉ DE BELIN ET VAUX

HISTOIRE CIVILE ET RELIGIEUSE
JUSQU'EN 1789

I

La commune et paroisse de Laigné-en-Belin (*Latiniacus*), l'une des plus importantes du canton d'Écommoy, est située à environ quatorze kilomètres sud du Mans. Elle faisait autrefois partie de la petite contrée appelée le Belinois et essortissait à la justice seigneuriale de Belin, et par appel, en la sénéchaussée de Château-du-Loir. Elle dépendait en outre, au point de vue religieux, du doyenné d'Oizé et de l'archidiaconé de Château-du-Loir, et au point de vue civil, de l'élection et du grenier à sel du Mans.

Laigné est borné au nord-ouest et au nord par Moncé et Mulsanne ; à l'est par Teloché et Ecommoy ; au sud par Saint-Ouen et à l'ouest par Saint-Gervais.

Le sol, généralement plat, est ondulé vers la partie nord. Il appartient en entier à l'étage oxfordien, qui occupe presque toute la surface du Belinois et lui fait produire ses abondantes récoltes de céréales et de chanvre.

Un petit ruisseau, l'Erips, qui prend sa source à Écommoy, arrose la partie sud de la commune, et y fait mouvoir les moulins du Saint-Père, de Cluanne et du Buron.

Le bourg, assez joli, est situé tout près de la limite ouest, à trois ou quatre hectomètres seulement de celui de Saint-Gervais. Il est formé d'une rue principale, qui le traverse de l'est à l'ouest, en passant au sud de l'église ; quatre autres petites rues se dirigent, en outre, au sud et au nord, vers Saint-Biez, Écommoy, Mulsanne et Moncé.

La population de la commune, jadis de 182 feux, était, en 1826, de 1308 habitants, dont 300 environ dans le bourg, et en 1836, de 1382. A partir de cette époque elle subit une marche ascendante jusqu'en 1851, où elle atteignit le chiffre de 1456 habitants. Elle diminua sans cesse depuis ; en 1881, elle était tombée à 1251 habitants. Le dernier récensement (1886) l'a ramenée à 1303 habitants, dont 320 dans le bourg.

II

La fondation du bourg de Laigné date d'une époque lointaine, sur laquelle son étymologie seule nous donne quelques renseignements. *Latiniacus* est un nom gallo-romain signifiant « domaine de Latinus ». Or, comme il était d'un usage constant chez les Romains que le fondateur ou le patron d'une villa lui donnât son nom, il n'est pas douteux que Laigné doive son origine à une de leurs colonies attirée par la fertilité du sol et le voisinage des établissements de Belin et d'Outillé.

Peu à peu l'agglomération augmenta, et elle avait déjà une certaine importance aux premiers siècles de notre ère, à l'époque de l'introduction du christianisme dans le Maine. Les *Gesta Pontificum Cenomanensium* nous montrent que saint Thuribe, successeur immédiat de saint Julien, consacra dans son diocèse trente-neuf églises, au nombre desquelles se trouve celle de Laigné : « *Consecravit ecclesias..... de Latiniaco* (1).»

Plus tard, au VIIe siècle, on y établit un atelier monétaire, prérogative dont nous voyons jouir autour de nous les villas d'Oizé, Vaas, Solesmes, Noyen, Allonnes. Les émissions étaient signées de leurs noms, et toutes conservaient dans le même diocèse un type local caractéristique de la région. C'est ainsi qu'on a pu attribuer à chacun de ces ateliers le petit nombre de leurs pièces parvenues jusqu'à nous. Celui de Laigné n'est représenté que par une seule monnaie, dont M. de Ponton d'Amécourt nous a donné la description dans son étude sur les *Monnaies mérovingiennes du Cenomannicum* : « LVTINACO. (Les quatre premières lettres sont presque entièrement rognées.) Tête diadémée à droite, nimbe au-dessus.

« Revers. CHA✝RISI.... S. (*Charigisilus, monétaire*). Croix latine ancrée sur la croisette de la légende.

« Poids 1,15.

« On doit lire sur cette monnaie LATINACO, quoiqu'elle offre la forme LVTINACO, le renversement des lettres est chose si commune dans tout le groupe de l'appendice perlé, qu'il faut chercher dans quel sens elles ont une signification ; or *Latinacus* signifie « demeure de Latinus», tandis que *Lutinacus* ne signifie rien, puisque *Lutinus* n'est pas un nom d'homme. Ensuite on devrait trouver *Latiniacus* ; mais la disparition du second *i* n'a pas d'importance, c'est une de ces distractions que les graveurs de coins ne se faisaient pas faute de commettre (2). »

L'église de Laigné, dont la fondation remonte à saint Thuribe, comme nous l'avons vu, fut enrichie de bonne heure par les dons des fidèles. Mais les Normands, imitant l'exem-

(1) *G. P. C.*, p. 19, v. — L'église de Laigné fut taxée par les premiers évêques du Mans à payer à la cathédrale une redevance annuelle de 3 livres de cire, 5 livres d'huile et un triens (petite pièce de monnaie en bronze). (L'abbé Voisin, *Vie de saint Julien.*)

(2) *Rev. hist. et arch. du Maine*, t. XI, p. 153.

ple donné par les conquérants germains aux IVe et Ve siècles, et plus tard par Guillaume le Bâtard en Angleterre, lorsqu'il en fit la conquête, usurpèrent les domaines des laïques et des églises, ainsi que nous l'apprennent les chartes qui les restituent dans la suite à leurs anciens possesseurs. Gervais de Château-du-Loir, évêque du Mans de 1036 à 1055, retira un grand nombre de ces biens des mains des laïques qui les avaient enlevés et les donna aux chanoines de sa cathédrale. Parmi ces dons on remarque les églises de Laigné, Saint-Ouen-en-Belin, Oizé, etc., et plusieurs terres dans la Gâtine du Belinois : « *Ecclesiam Sancti-Audoeni-in-Belino, cum terris in eadem parochia positis, et ecclesiam Sancti Martini de Latiniaco, terrasque de illa Wastina;.... ecclesiam de Ociaco, cum potestate in eodem pago* (1). »

Vers la même époque, Herbrand, vassal de Gervais, restitua à la cathédrale l'église de Moncé (*Monciaco*), avec ses dîmes, offrandes et prémices ; il reçut en récompense, de la part de l'évêque, une prébende pour son fils Hélinand (2). Cette cession fut signée en présence de nombreux témoins, parmi lesquels nous remarquons Guy Ecorche-Vilain, Engelbaud de Loudon et Albéric son frère, et Gilbert de Belin.

Une des terres du Belinois mentionnées dans le don de Gervais de Château-du-Loir est le fief de la Chanterie, attenant à l'église, ainsi appelé parce que le chapitre l'annexa à la dignité de grand-chantre de la Cathédrale.

Mars 1261. — Le doyen et le chapitre de l'Eglise du Mans livrent à Jean de Luminier et à ses héritiers un certain herbergement avec maison, pré et vigne et autres dépendances, qu'ils possèdent sur la paroisse de Saint-Martin-de-Laigné, partie dans le fief du prieur de Saint-Gervais-en-Belin, partie dans celui de Jean, seigneur de la Poissonnière, près d'Engofer, à la charge de leur en servir quinze sous mançais de rente annuelle et perpétuelle, payables chaque année, par lui

(1) *Liber alb.*, n° 177, charte de l'an 1040 à 1047.

(2) *Lib. alb.*, n° 179, charte de l'an 1038 à 1055.

ou ses héritiers, à la fête de la Purification de la B. Marie. Le chapitre s'engage, en retour, à garantir ces biens audit Jean et à ses héritiers et à les défendre contre tous, autant que le droit le réclamera.

Cet herbergement passe, quelques années plus tard, aux mains de Jean Fol-Enfant de Laigné, qui en acquitte la rente due au chapitre (1).

Vers la même époque, la métairie de la Guichardière, en Laigné, payait aux chanoines de Saint-Julien une rente annuelle et perpétuelle de douze sous et six deniers mançais (2).

1284. — Les religieux de l'abbaye de Saint-Vincent du Mans acquièrent de Herbert Le Chastelain, de la paroisse de *Saint-Oain-en-Belin*, cinq sous tournois de rente, sur une maison et une vigne sises en la paroisse de Saint-Martin de Laigné-en-Belin, au fief du prieur de Saint-Gervais, pour dix-huit sous mançais au comptant (3).

En 1358 et 1380, les habitants de Laigné et des autres paroisses du Belinois furent contraints, par trois ordonnances successives du comte du Maine, « à peine d'amendes et d'être regardés comme traistres, de réparer et fortifier le chastel de Belin, d'y faire guet et reguet et deffense, et pour y retraire leurs biens et leurs personnes. »

1494. — Le 14 août de cette année, le bailli de la juridiction temporelle du prieuré de Saint-Gervais-en-Belin, rend une sentence par laquelle il reconnaît à Me Philippe Belin, prêtre, curé de Laigné, la propriété d'une maison et dépendances, le tout sis près le bourg dudit Laigné, moyennant qu'il en sera tenu faire chaque année, au jour de Toussaint, six sous deux deniers tournois de cens, à la seigneurie dudit prieuré (4).

(1) *Lib. alb.*, n°s 689 et 704.

(2) *Id*, n° 722.

(3) *Arch. de la Sarthe*, class. Bilard (H. $\frac{18}{1}$, n. 51.)

(4) *Arch. de la Sarthe*. H. 216.

En 1600, René-Gervais Follanfant, prêtre, fonde dans l'église de Saint-Gervais-en-Belin, une messe du Saint-Sacrement pour chaque semaine et lui assigne une dotation de 20 livres sur le lieu de la Coudraie, en Laigné.

Le 5 juillet 1622, Me Jacques Chevalier, prêtre, curé de Laigné, fait au fief du prieûré de Saint-Gervais, entre les mains du prieur Julien de Forges, la déclaration d'héritage « d'une portion de terre labourable à prendre en la pièce, en la rangée sise entre Laigné et Saint-Gervais, et contenant cinq quarts de journaux ou environ, longeant d'un bout le chemin qui relie ces deux bourgs, à charge de debvoir chacun an 9 sols de cens en rentes inféodées au jour et feste des Trépassés et obéissance tel qu'à seigneur de fief appartient (1). »

1624. — Les armes des seigneurs de Belin sont peintes au lambris de l'église de Laigné par Marin Julien.

Le 2 février 1656, le général des habitants de Laigné se réunit en la manière accoutumée à la réquisition de leur procureur-syndic; le seigneur de Belin y fut reconnu pour seigneur de la paroisse, au détriment du chantre, qui, depuis quelque temps, prétendait y avoir droit comme seigneur de la Chanterie. Le 6 août, le seigneur de Belin en prit possession. Tous les habitants le conduisirent jusqu'à la porte de l'église, où M. le curé vint le recevoir avec la croix et la bannière, lui présenta l'eau bénite et fit les autres cérémonies ; puis l'on chanta le *Te Deum*.

En 1680, le sieur Thévenard, grand chantre de la cathédrale, ayant soutenu avoir le titre de seigneur de Laigné, il y eut une nouvelle assemblée des habitants, dans laquelle ceux-ci déclarent unanimement « n'avoir jamais vu ni entendent avoir du passé ni à l'avenir aucun autre seigneur temporel et haut-justicier que le seigneur de Belin. » Me Thévenard, qui avait fait disparaître de l'église les armes des seigneurs de Belin et les avait remplacées par celles du chapitre, fut forcé de s'incliner bon gré mal gré. Cependant le dernier mot n'é-

(1) *Arch. de la Sarthe*, H. 216.

tait pas encore dit; cette contestation durait encore en 1789.

En 1687, Mme de Belin fut choisie par les habitants de Laigné pour marraine de la grosse cloche, comme dame fondatrice de leur paroisse (1).

Différentes pièces déposées aux Archives de la Sarthe établissent que la juridiction des châtellenies de Belin et Vaux se tint au bourg de Laigné de 1644 à 1670 (2).

Le 21 juillet 1682, Me Cosme Lambert, prêtre et maître d'école au Lude, fit son testament par lequel il donna à un maître d'école, bien et saintement choisi par le curé d'Écommoy, assisté des deux plus pieux et raisonnables parents du testateur et du procureur de fabrique, son bordage de La Grenodière, plus 30 livres de rente perpétuelle sur les Lambert, de Teloché; plus 20 autres livres de rente, aussi perpétuelle, tout ce qui lui appartient au lieu du Verger, à Laigné-en-Belin, « et tout cela pour obliger ledit maistre d'écolle à travailler de tout son possible à bien former les enfants de la paroisse, les pauvres comme les riches, dans les véritables et solides vertus et instructions chrétiennes et catholiques, en leur imprimant tout le respect qu'ils doibvent à touttes choses sainctes, comme sont les esglises et tout le reste, sans en négliger aucune; qu'il ne souffre jamais aucune immodestie dans les esglises et lieux saints, tenant pour certain que ceux quy manqueront à ce debvoir ne passeront point chez Dieu pour véritables chrestiens. C'est pourquoi il ne manquera pas de chastier toutes les irrévérences qu'il saura y savoir esté commises. Il apprendra aux enfants à bien lire et à faire bon usage de la lecture, et toutes autres choses nécessaires au salut et mesme à la vie civille. Il se servira pour cela du règlement intitulé : *L'Ecole naissante* et des livres françois qu'il partagera avec les maistresses d'escolle. Que sy cette écolle venait à cesser ou se relascher notablement, je veux et entends qu'elle soit transférée avec tous ses revenus et aux mêmes charges à Marigné. Et s'il arrive qu'elle y soit

(1 et 2) *Arch. de la Sarthe, fonds de la seigneurie de Belin.*

aussy interrompue ou négligée, je veux qu'elle revienne à Escommoy, et qu'elle passe toujours de l'une à l'autre, afin qu'elle soit toujours continuée. C'est pourquoi je supplye très humblement mes exécuteurs testamentaires de mettre au plus tôt copie des présentes en bon parchemin, à mes frais, dans le coffre de l'esglise de chaque paroisse, préférant celle qui en pourra davantage profiter... La cessation ou relâche de l'escolle sera jugée et arrestée par Mgr du Mans, instruit par tous les dessus dits, et sans aucun contredit de part ni d'autre, ou par Monsieur son Grand-Vicaire, que j'en supplie très humblement, auxquels on aura recours pour les troubles qui se trouveront contre tout ce que dessus. »

Le même Cosme Lambert dispose encore dans son testament : qu'il permet que l'on donne ce qui peut lui appartenir au Verger à une maîtresse d'école capable de bien instruire les petites filles dans les vertus chrétiennes. Il veut, en outre, que ce qui se trouvera chez lui de provisions en blé, vin, bois, chair, sel et chanvre, soit donné à la maîtresse d'école du lieu de son décès (1).

En 1701, Jean Trouvé, ancien soldat de milice, fonda dans l'église de Laigné, un *Exaudiat* avec répons et oraison, pour le roi, lesquels devaient être chantés aux principales fêtes de l'année. Il légua aussi trente sols de rente pour être distribués aux pauvres de la paroisse le jour de Pâques. (Le Paige, Cauvin, Pesche.)

27 août 1702. — Bénédiction de la grosse cloche, nommée Martinne par Jean Bruneau, jeune garçon, et Jeanne Bruneau, jeune fille.

1704. — Le premier juin, « les manans et habitans de la paroisse de Laigné es personnes de Pierre Bruneau leur procureur sindic, Pierre Brossier, René Bellanger, Jean Hunault, Jean Dezille, Jean Triconnay, Pierre Picouleau, Ambrois Garnier, René Houdayer, François Chauvière, René Marti-

(1) *Arch. de la Sarthe*, D. 35. — Arm. Bellée, *Rech. sur l'instr. publ. dans le dép. de la Sarthe avant la Rév.*, p. 117.

neau, Pierre Grosbois, Pierre Lehoux, Nicolas Bourgoin, Julien Drouard, Jean Jenay, Julien Hervé, Louis Touchard, Mathurin Poussin, Jean Vilotteau, Michel Garnier, François Morensais huillier, Claude Gaignot, Claude Lemeulnier, Julien Blanchard, Jean Rapillard, Louis Loison, Julien Bruneau, Jean Voisin, Jean Bruneau, Noël Fournier et René Rochereau tailleur d'habits, tous faisant la plus grande partie du général, se sont assemblés au son de la cloche et suivant lavertissement à eux fait par le sieur curé au prosne de la grande messe et des vespres, et au devant de la porte de léglise dud. Laigné en la manière accoutumée, à la diligence dud. sindic perpétuel, qui a remontré auxd. habitans que par lédit du mois d'octobre 1703 le roy a créé et érigé en titre d'office un greffier des roolles en chaque paroisse de son royaume et réuni lesd. offices et ceux de sindics perpetuels, et que par arrest du Conseil du 25 mars dernier Sa Majesté a desuny lesd. offices et permis a un chacun de les exercer séparément mesme aux communautés de faire sur elles limposition de la finance, suivant led. arrest, signifié le 18 avril par Bruneau huissier, et après avoir lesd. habitants conférez ensemble ont esté davis que, pour empescher et prevenir la multiplicité des privilèges, il leur est avantageux que led. office de greffier des roolles soit reuny a leur communauté et a cette fin suplient très humblement S. M. et Mgr lintendant de la généralité de Tours de bien vouloir leur accorder la faculté de faire la levée de la finance dud. office montant à la somme de 427 livres et des deux sols pour livre l'année prochaine sur tous les contribuables a la taille de lad. paroisse de Laigné (1). »

23 juillet 1710. — « Bénédiction de deux cloches. La plus grosse, nommée Nicole, et la moindre Marie, par Me Nicolas Thévenard, prêtre, bachelier en théologie, chantre et chanoine de l'Église du Mans, seigneur de Laigné, et par demoiselle Marie Bouvet, épouse de Me François Pouget, pro-

(1) *Et. de Laigné, min. de Me Lambert.*

cureur ducal de la baronnie de La Ferté-Bernard. — La grosse cloche pèse 573 livres et la petite 453.

10 décembre 1711. — « Vent impétueux depuis la minuit jusqu'au soleil couchant, qui renversa plusieurs cheminées et toitures des maisons du bourg et en particulier les côtés nord, sud et couchant du clocher de Laigné.

« Cette même année fut bâti le ballet qui est au devant de la grande porte du cimetière.

22 juin 1716. — « Bénédiction de la grosse cloche (1), nommée Marie-Louise par Me Claude Phlippot, prestre, maistre es ars et gradué de la faculté de Paris, chantre et chanoine de l'église du Mans, et par dame Françoise Fournier, espouse de Me Pierre de la Rüe, sieur du Can, conseiller du Roy, subdélégué de Monsieur l'Intendant à La Flèche. — Cette cloche pèse 587 livres.

1717. — « Le clocher de Laigné a été réédifié l'an 1717 aux dépens de lad. paroisse, avec permission du Roy, et à la diligence de l'intendant de la généralité de Tours. Il a coûté 850 livres. On a acheté six miliers d'ardoise neufve, et on s'est servi de la vieille autant qu'on a pu et de la vieille charpente. Sa hauteur est de 109 pieds. — La croix a esté descendue et remontée, le coq, doré, et toute la plomberie refondue.

16 juillet 1719. — « Bénédiction de la petite cloche, nommée Perrine-Louise par messire Pierre-Denis de Renusson, escuier, conseiller du Roy, juge magistrat au siège présidial du Mans, et damoiselle Louise de Renusson. — Cette cloche pèse 459 livres (2). »

1725. — Disette complète dans le Belinois, à cause des pluies continuelles. — La culture du chanvre, jusqu'alors

(1) « 3 juillet 1716. — La petite cloche de la paroisse de Moncé a été fondue dans le cimetière de Laigné, à cause de la commodité du fourneau, bois et autres matières nécessaires à ce sujet; les habitants de Laigné ayant fait fondre leur grosse cloche, nous nous sommes servis de l'occasion.» (*Reg. de l'état civ. de Moncé.*)

(2) *Reg. de l'ét. civ. de Laigné.*

très négligée, prend à cette époque une grande extension et améliore la condition des fermiers.

1727. — Les vins gèlent dans les caves; le gibier est presque tout détruit.

1728. — Les eaux manquent en hiver comme dans les plus grandes chaleurs de l'été.

1734. — Le 27 décembre, les garçons de Laigné, réunis au nombre de vingt, « considérant qu'ils sont tenus et obligés conjointement avec les garçons de la paroisse de Fillé de tirer au sort pour un soldat de milice dont lesd. paroisses sont tenües de donner et fournir à S. M. et qu'il peut ariver que le billet de soldat de milice peut tomber à l'un d'entr'eux, lequel faute de moyens seroit obligé de partir estant hors d'état de pouvoir en gager un en sa place et pour par eux prévenir limpossibilité la ou il se trouveroit, tous lesd. comparants ont convenu respectivement de payer et cottiser à l'un d'entr'eux à qui led. billet pouroit tomber chacun en droit soy, la somme de six livres dont chacun desd. garçons contribueront à celui qui aura led. billet et payeront chacun lesd. six livres aud. milicien lors qu'il sera reçu es mains de Joseph Boivier, procureur sindic (1). »

1746. — « Messire Charles-Louis de Froullay, évêque du Mans, étant au château du Plessis-Belin pour administrer le sacrement de confirmation aux habitants des paroisses circonvoisines, est venu dud. château le dimanche 23 octobre 1746, sur les trois heures après midy, faire sa visite épiscopale en l'église de Laigné, pour la première fois : les anciens du païs n'ayant jamais vu, ny entendu dire qu'on ait fait la visite en lad. église; de plus dans les registres, dans les titres et papiers, même dans tous les comptes de fabrique dudit Laigné, au nombre desquels il y en a un en bonne forme, arrêté le 9 avril 1606, il n'est aucunement fait mention que Messeigneurs les évêques du Mans, MM. les chantres doyens, archi-

(1) *Et. de Laigné, min. de Me Pottier.*

diacres de l'église cathédrale dud. Mans, doyens ruraux, ou autres ecclésiastiques par commission, ayent jamais fait la visite en l'église de Laigné. »

21 août 1749. — « Bénédiction d'une cloche, nommée Jeanne-Denise par messire Pierre-Denis de Renusson, conseiller du Roy au siège présidial du Mans, et par dame Jeanne-Marguerite Robidas de la Chenais, épouse de messire du Ponceau, avocat du Roy au siège présidial du Mans (1) ». Un incident ne tarda pas à s'élever après cette cérémonie, parmi les témoins. Le procès-verbal fut fait chez le curé, comme c'était l'usage ordinaire, et quelques jours plus tard porté à la Chanterie pour le faire signer par Jean-Michel Phlippot, grand-chantre de l'église du Mans. Celui-ci fit ajouter par un renvoi, à la suite de son nom, la qualité de « seigneur de cette paroisse », qualité qui lui était contestée par le seigneur de Belin et qui n'avait point été prise par les chantres ses prédécesseurs lors des bénédictions de cloches dans les années 1716 et 1719, quoiqu'ils y aient assisté. Ce privilège allait bientôt devenir le sujet d'un procès avec Marin Rottier de Madrelle, seigneur de Belin.

3 mars 1752. — Testament de Me Vincent du Tertre, curé de Laigné, par lequel il fonde une école pour instruire les garçons de la paroisse.

Le 13 août 1752, le général des habitants de Laigné se réunit à l'issue de la grand'messe paroissiale, afin de délibérer sur l'utilité d'avoir dans la paroisse un prêtre habitué pour y remplir les fonctions de vicaire et de sacriste, et aussi pour faire l'école aux enfants en conformité de la fondation du sieur Du Tertre stipulée par son testament. Le curé propose Me Pierre Pivron, prêtre, qui accepte, « pourvu et non autrement qu'il aura la maison du petit Chanteleux donnée pour le logement d'un vicaire, qu'on luy baillera la même glanne que les autres vicaires ses prédécesseurs étaient en droit d'avoir, et de jouir des mêmes proffits et droits. Sur

(2) *Reg. de l'ét. civ. de Laigné.*

quoy lesd. habitants ayant mûrement conférés et délibérés entr'eux, ont déclaré accepter lad. proposition aux conditions susdites. » On convient qu'à l'égard de la glanne, les fermiers de deux cents livres fourniraient deux boisseaux de blé seigle mesure du Mans; les fermiers au-dessous de deux cents livres, un boisseau et demi ; les meuniers, deux boisseaux ; les bordagers au-dessus de cinquante livres, un boisseau, et les fermiers au-dessous un demi-boisseau ; les locataires les meilleurs payeraient dix sols, et les autres cinq sols. Le blé devait être semblable à celui récolté sur les terres des donateurs.

De son côté, « le sieur Pivron s'engage à faire le service chacun an dont lad. maison du petit Chanteleux est chargée pour feu M. le Chantre de l'Église du Mans, qui a donné lad. maison à un prestre pour son logement, à la charge dud. service et de payer par an à la seigneurie de la Chanterie d'ou lad. maison relève un sol de cens ou rente ». Il devait en outre remonter gratuitement l'horloge et la régler régulièrement, en prenant les soins nécessaires pour ne pas l'endommager (1).

6 septembre 1767. — « Bénédiction de la grosse cloche, nommée Marie par sieur Marin Renaudin et par demoiselle Marie-Anne Renaudin, frère et sœur. — Son poids est de 594 livres.

« Me Jean-Michel Phlippot, chantre en dignité de l'église du Mans, seigneur de cette paroisse, nous a donné dans le cours de l'année trois chapes et une chasuble, le tout pareil.

« Cette paroisse a été vivement attaquée par la dyssenterie. La maladie a commencé à se déclarer vers la mi-septembre. Quelques-uns ont été assez heureux pour échapper à sa fureur. 45 à 50, tant grands que petits, ont succombé. Cette maladie continue encore actuellement, mais heureusement ne fait pas les mêmes ravages. M. Lehoux (2) a été envoyé par ordre de

(1) *Et. de Laigné, min. de Me Pottier.*

(2) M. Lehoux était seigneur de Chanteleux.

S. M. pour gouverner les malades de la paroisse qui ont été traités et soignés aux dépens du roy. »

Cette épidémie s'étendit aussi sur Moncé, où elle se trouve mentionnée sur les registres de l'état civil : « Cette même année (1767) depuis la Toussaint jusqu'au Carnaval on essuya une forte dyssenterie ; j'obtins de l'intendant M. Lehoux pour médeciner nos habitants, à qui on donnait le bouillon, pain, vin et tous les remèdes gratis ; et encore n'en voulaient-ils point prendre. Le Lardeux, curé de Moncé. »

« La paroisse de Laigné a en outre souffert une perte considérable causée par la gelée et la gresle. Peu de bled, point du tout de vin, point de cidre, aucuns fruits de quelque espèce que ce soit. Ce qui a conduit les habitants à une misère dont plusieurs ne se relèveront jamais.

« Le 22 avril 1768, messire Louis-André de Grimaldi, prince de Monaco, évêque du Mans, s'est donné la peine de venir au pays pour donner la confirmation ; quatre paroisses avec la nôtre l'ont reçue chez messire Marin Rottier de Madrelle, secrétaire du roy, seigneur des comtés de Belin et Vaux, dans son château du Plessis, paroisse de Saint-Gervais; le nombre de ceux et celles qui ont été confirmés était de 2.300, dont la nôtre était de 470. Ces quatre paroisses étaient Saint-Gervais, Brette, Teloché et Saint-Ouen. Chaque paroisse fut conduite processionnellement la croix levée jusqu'au château, et ramenée de même. La cérémonie commença au matin à neuf heures et finit à onze.

« Le 29 may, on a eu la mission (1) dans cette paroisse. MM. les missionnaires étoient au nombre de quatre avec un

(1) Le 29 septembre 1675, Jacques de Mesgrigny et Éléonore de Rochechouart, son épouse, seigneurs de Belin, fondèrent une mission qui devait être faite de cinq ans en cinq ans, par les prêtres de la Mission, dans l'une des paroisses du comté de Belin : Saint-Ouen, Saint-Biez, Saint-Gervais, Moncé, Laigné et Teloché. (*Arch. de la Sarthe.*) Ils donnaient à cette intention aux Lazaristes, les métairies des Grand et Petit Viviers et de la Petite-Chauvière, vendues en 1792 comme biens nationaux. Le Grand-Vivier fut acheté 12.900 livres, et le Petit-Vivier 14.100,

frère. Ils étoient logés à la Fuye. Ils ne furent icy que trois semaines. Ces messieurs étoient M. le supérieur du séminaire de N.-D. de Coëffort, M. Voisin, supérieur des missions, MM. Tillé et Dior. Il y avait 25 à 26 ans qu'ils n'avoient été à Laigné (1).

« Le 22 may 1769, M. l'abbé de Vildon, vicaire général de ce diocèse, archidiacre de Château-du-Loir, a fait la visite dans notre église. M. Phlippot, pour lors chantre en dignité de l'église du Mans et en cette qualité seigneur spirituel et temporel de cette paroisse, s'étant verbalement opposé à la visite, se prétendant seul en droit de la faire, à l'exclusion de Mgr l'évêque, M. l'abbé de Vildon voulut bien, dans le procès-verbal qu'il en fit, se contenter de prendre la qualité de grand-vicaire. On n'avait jamais vu faire de visite dans l'église de Laigné, qu'en 1746 par Mgr l'évêque messire Charles-Louis de Froullay.

« Le 27 septembre est décédé Me Jean-Michel Phlippot, chantre en dignité de l'église du Mans depuis 1728, après avoir été curé de céans huit ans. Il fut inhumé dans l'église des RR. pères cordeliers du Mans. Lui succède aujourd'hui, au

par Michel-Noël-Jacques Fay, ci-devant receveur des décimes, demeurant au Mans; la Petite-Chauvière 16.900, par Jean-Baptiste-François Lehoux, du Mans.

(1) Ces missions produisaient probablement peu de résultats. Toujours est-il qu'elles n'étaient pas du goût de tous les curés, comme le témoigne ce qu'écrivait en 1767 Me Le Lardeux, curé de Moncé-en-Belin: « Cette année la mission a été faite dans cette paroisse par MM. Voisin, supérieur, Guyot, Tillier et Sol, missionnaires du Mans, qui la commencèrent le jour de la Trinité 22 novembre et finirent le 13 décembre. Outre Me Voisin, il n'y avait pas un liard de prédicateurs: on peut dire en toute vérité que ces missions sont de véritables onguents miton-mitaine. Il y avait quatre ans que je la retardais, mais enfin, comme elle est fondée, il fallut bien les souffrir. Je vins à bout de m'en débarrasser pour le logement et de les pousser au Bignon, pour ainsi dire, malgré La Crochardière, qui était brouillé avec moi. Je donnai une fois à souper à ces messieurs qui nous en rendîmes; au delà nous ne nous voyons guère, sans être mal; mais nous ne nous gênions point. Le Lardeux, curé de Moncé.» (*Reg. de l'ét. civ. de Moncé.*)

grand contentement de tous les habitants et de nous par dessus tous, M° Joseph Paillé, vicaire général et official de ce diocèse.

1770. — « Cette année-cy a été extrêmement rude à passer vu la chèreté du bled. Le froment a valu jusqu'à 7 livres 10 sols, 8 livres le boisseau; le seigle 100 sols, 6 livres; l'orge 50 sols, un écu; le vin a manqué aussi et a été fort cher. Cette chèreté générale de grains, de vin et d'autres denrées absolument nécessaires à la vie continue encore malheureusement. Il n'y a pas d'apparence qu'elle finisse bientôt, car les bleds sont ou manqués presque partout, ou les terres n'ont pu être ensemencées, à cause de la trop grande abondance d'eau qui les inonde.

1773. — « La misère publique qui a régné pendant plusieurs années est enfin finie celle-cy. Elle a continué cependant encore dans cette paroisse-cy. La grêle dont on y a essuyé la fureur dans la nuit du 15 au 16 de juin dernier en est la cause. On avait les plus belles espérances du monde pour une récolte abondante de toutes sortes de choses. Mais on a eu la douleur de les voir perdues totalement dans cette nuit. Les bleds, les chanvres, les voliers, tous les arbres fruitiers ont souffert de cette gresle qui étoit d'une grosseur très considérable. Visite faite par deux experts dans toute l'étendue de la paroisse, la perte a été trouvée monter à la somme de 7.650 et quelques livres. Ce qui a fait la consolation des habitans dans leur malheur, c'est qu'il s'est trouvé beaucoup de bled partout ailleurs. Quant au vin et au cidre, il a manqué presque partout, aussi l'un et l'autre est-il extrêmement cher. Il n'y a même guère d'apparence qu'on en cueille sitôt dans cette paroisse-cy, car les voliers, et presque tous les arbres fruitiers ont été si abîmés par la gresle qu'on ne compte pas de plusieurs années sur leur produit. Ce qui fera pour chaque particulier un tort très considérable.

« Le samedy 4 novembre 1780, messire François-Gaspard de Gonssans-Joufroy, notre évêque, a donné dans l'église d'Écommoy la confirmation aux habitans de la paroisse dudit Écommoy, à ceux de Teloché, et aux nôtres qui étoient 247.

1781. — « Cette année-cy a été fort abondante en grains de toute espèce, vin et cidre. » (Notes de M. Renaudin, curé.)

27 octobre 1787. — « Bénédiction par Mᵉ Joseph Paillé, prêtre, licencié en théologie, chantre en dignité de l'église du Mans, en cette qualité seigneur spirituel et temporel de cette paroisse, vicaire-général de l'évêque du Mans, d'un terrain situé derrière le pignon du chœur de l'église, à l'exposition du levant, pour servir de continuation au cimetière de cette paroisse, à l'exception néanmoins d'une petite partie dudit terrain de soixante pieds quarrés situés à l'angle formé par le mur de la Chanterie et la haye vive servant de clôture du cimetière, laquelle nous avons réservée pour la sépulture des enfants morts sans baptême (1). »

« M. Paillé a donné à l'église de Laigné trois autels en marbre tiré des carrières d'Asnières près Sablé, savoir le grand autel et les deux autels latéraux. Il donna également trois bénitiers et les fonts baptismaux aussi en marbre ; ces objets existent encore aujourd'hui (2). »

La cure était un bénéfice de la Chanterie du chapitre cathédral du Mans, à la présentation du chantre, qui était archidiacre né de la paroisse. Elle valait 800 livres et possédait la moitié des dîmes ; l'autre moitié appartenait au chantre, seigneur de la Chanterie. Laigné dîmait à la treizième.

Le 2 juillet 1750, Jacques Man, huissier royal, et Jean Renault, maréchal, fermiers de la Chanterie et dépendances, louent à Mᵉ Vincent du Tertre, curé, à titre de sous-ferme pour six années consécutives à commencer du jour de Pâques dernier et finir à pareil jour, la part de la dîme de la paroisse

(1) *Reg. de l'ét. civ. de Laigné.*

(2) *Chron. de Laigné*, manuscr. de 11 p. écrit vers 1840.

attachée à la Chanterie, dans les chanvres, carabins, pois, vesces et autres menus grains, moyennant la somme de 60 livres par an. En faveur du présent bail, le curé abandonne aux sieurs Man et Renault la dîme qu'il a droit de prendre et percevoir dans la paroisse sur les terres novales défrichées et à défricher, à condition de lui fournir chacun an à la récolte 18 boisseaux de blé seigle combles à l'ancienne mesure du Mans et une charretée de paille de blé méteil.

Le 25 avril 1771, Me Renaudin, curé de Laigné, loue son droit de dîmes, pour 60 livres, au sieur Michel Lenoble, fermier du domaine et des dîmes de la Chanterie (1).

On trouve dans les aveux rendus au roi par les seigneurs de Belin, notamment dans ceux de 1608 et de 1682 : « Le curé de Laigné tient pareillement de moi en garde et rétribution du divin service son temporel de ladite cure. »

La cure possédait les biens suivants, vendus nationalement au commencement de la Révolution :

Le bordage de Sainte-Anne, loué 70 livres en 1729 et en 1754, et 72 en 1764; le bordage du Petit-Presbytère, situé au bourg de Laigné, loué 126 livres en 1787, et adjugé en 1791 à René Brossard de Saint-Ouen-en-Belin pour 5,000 livres ; deux champs, de chacun deux journaux, situés proche l'Ormeau de Vaux (Moncé), loués 30 livres en 1768 ; une portion de Gobilles (3/4 de journal), louée 5 livres en 1787.

La fabrique jouissait des biens suivants, vendus également en 1791-1793 :

Une pièce de terre nommée le champ de la Fabrice (1/2 journal) ; une portion de terre nommée le Bourgeon (1/3 de journal) ; deux autres portions, l'une appelée le Pré-rompu (1/4 de journal), et l'autre le pré du Saule ; le tout situé aux lieux des Branlardières et du Saule, et dépendant moitié cure et moitié fabrique.

(1) *Et. de Laigné, min. de Me Pottier.*

Un champ, nommé la Maladrie, de 1/2 journal, situé proche le Carrefour-Foucher (Laigné), loué 3 livres 10 sols en 1750; un pâtis, situé en Vaux (Moncé), nommé le Pâtis-Hay, d'un journal, loué 2 livres 8 sols en 1750; un champ situé au lieu des Vaux, paroisse de Laigné, loué 4 livres à la même époque; trois portions de terre situées proche le lieu de la Basselerie, louées 4 livres 10 sols en 1745, et 11 livres en 1790; une portion de terre au clos de la Rouillée, autrefois en vigne, louée 2 livres 10 sols en 1750; un champ, nommé Nos Gourdets ou la Fabrice, en Saint-Gervais, loué 7 livres 15 sols à la même époque.

En outre, la maison avec jardin du vicariat (le Petit-Chanteleux, maison actuelle de M. David, cordonnier), adjugée à Pierre Bellanger, de Laigné, pour 1,450 livres.

Noms des procureurs-syndics

DEPUIS LE COMMENCEMENT DU XVIIIe SIÈCLE.

1704, Pierre Bruneau, procureur-syndic perpétuel; .... 1721, Pierre Martineau; 1724-1726, Jean Bruneau; .... avant le 8 janvier 1730, Julien Hervé; 8 janvier 1730-14 décembre 1732, René Narais; 14 décembre 1732-12 décembre 1734, Jean Tournesac; 12 décembre 1734-...., Joseph Boivier; .... jusqu'au 7 Janvier 1742, Michel Bruneau; 7 janvier 1742-3 janvier 1745, François Chauvière; 3 janvier-8 septembre 1745, François Chauvière l'aîné, charron; 8 septembre 1745-1er janvier 1749, Charles Picoulleau; 1er janvier 1749-2 janvier 1752, René Fouqueray; 2 janvier 1752-29 décembre 1754, Charles Drouard; 29 décembre 1754-4 janvier 1767, Joseph Huard; 4 janvier 1767-...., Jacques-François Man; ....avant 1779, René Voisin-Dubois; 1780-1783, R. Lambert le jeune; 1783-décembre 1785, Julien Morencés; décembre 1785-18 novembre 1787, René Faifeu; 18 novembre 1787-1789, Julien Fétis; 1789-1790, Jacques Man; 1791, Julien Morençais, maréchal ferrand; 1792, Jacques Voisin.

III

Chapelle de l'Anglaischerie

La chapelle du Saint-Sacrement dite de l'Anglaischerie (ou l'Anglècherie), desservie dans l'église de Laigné, fut fondée, le 20 octobre 1657, par Denis Lecomte, bachelier en théologie, chantre de l'Église du Mans, qui la dota du bordage du même nom. Elle était à la présentation du curé et du procureur de la fabrique et à la collation du chantre.

Le 11 août 1790, Me Chereau, vicaire de Bouloire et titulaire de cette chapelle, fit la déclaration de ses revenus à l'administration départementale. Le bordage de l'Anglaischerie était affermé en argent 109 livres, plus 6 livres de beurre, estimées 3 livres, et 8 poulets, 2 livres 8 sols. Ce qui faisait un produit total de 114 livres 8 sols, sur lequel il y avait à déduire les charges suivantes, résultant de l'acte de fondation : acquit de messes, 31 livres 4 sols ; un *Stabat* et un *De profundis* tous les premiers dimanches du mois, 7 livres ; à la fabrique, 3 livres ; le lundi de Pâques, pour les pauvres, 1 livre 5 sols 6 den. ; le 20e pour les réparations, 5 livres 14 sols 5 den. ; en tout 48 livres 3 sols 11 den. Le revenu net n'était donc que de 66 livres 4 sols 1 den., somme pour laquelle l'abbé Chereau fut inscrit sur la liste générale des traitements de pension du clergé du département ; puis le bordage de l'Anglaischerie fut vendu au profit de l'État.

Titulaires de cette chapelle : Me Guillaume Engoullevant, vicaire de Laigné (1663-1667) ; Me André Nermord, vicaire de Laigné (1667-1675) ; Me Jacques Bougard (1693) ; .... ; Me Michel-Toussaint Fouet (1759-1776) ; Me Chereau (1785-1790) (1).

Chapelle Saint-Jean

Cette chapelle, située au hameau de la Fuye et desservie

(1) *Arch. de la Sarthe*, série L et *fonds de la seigneurie de Belin*.

en l'église de Laigné, était à la présentation du chantre. Elle était dotée du lieu de la Chapellerie et valait 185 livres suivant Le Paige, et 230 selon Pesche, d'après le Pouillé. Elle devait une messe par semaine. L'époque de sa fondation nous est inconnue.

« Par testament du 18 octobre 1722, Me René Chevallier Le Boindre, prêtre, chanoine de l'église collégiale et royale de Saint-Pierre de la Cour et titulaire de la chapelle Saint-Jean, a donné et légué à l'église de Laigné la somme de 100 livres pour être employée à acheter un parement d'autel et une chasuble pour ladite chapelle Saint-Jean (1).

En 1750, Me Claude Phlippot est titulaire de cette chapelle.

Le 7 avril 1761, Me Georges-Pascal Fildesois, prêtre du diocèse de Meaux, titulaire de la chapelle Saint-Jean, afferme la métairie de la Chapellerie pour la somme de 150 livres. — Il en était encore en possession le 12 décembre 1767.

La Chapellerie fut vendue en 1792 comme bien national.

Chapelle de la Sacristie

Cette chapelle était à la présentation du curé. (Pesche.) Nous n'avons sur elle aucun renseignement.

Prestimonies

Deux prestimonies furent fondées, l'une, en 1598, par Nicolas Heuzard; l'autre, en 1638, par Jacques Chevalier, tous deux curés de Laigné. (Pesche. — Le Paige.)

Chapelle Sainte-Anne

La chapelle Sainte-Anne est située à deux kilomètres du bourg, sur la route de Laigné à Saint-Biez. Nous n'avons rien trouvé qui pût faire connaître l'époque ou la cause de son établissement. Le Pouillé du diocèse l'intitule: annexe de

(1) *Et. de Laigné.*

Saint-Martin-de-Laigné. Elle était seulement de dévotion et ne jouissait d'aucune fondation.

Dans l'aveu de sa terre de Belin, rendu au roi le 6 février 1608, François d'Averton fait figurer cette chapelle au nombre de ses domaines : « item mon moulin et chappelle de Cluanne. »

On lit sur le lambris cette inscription : « Monsieur Chevalier, prêtre, curé de Laigné, a donné ce lambris et peinture de cette chapelle à l'honneur de Dieu, de la Vierge et de Madame Sainte-Anne, en 1623. »

Cette chapelle sert de but de station pour les processions de Saint-Marc et des Rogations. Chaque année, on y célèbre la grand'messe le 26 juillet ; l'après-midi, on chante les vêpres à l'église paroissiale. Autrefois, les fidèles et les marchands se rassemblaient le matin dans le champ de Sainte-Anne, le soir au bourg. Avant 1790, le curé et le vicaire disaient la première et la grand'messe et chantaient les vêpres à la chapelle.

Le 6 novembre 1809, la fabrique de Laigné prit à bail, pour 99 ans, de la famille Gonet, alors propriétaire, la chapelle Sainte-Anne, qui avait été vendue comme bien national. D'après les conditions, la fabrique est tenue seulement : « 1° de faire célébrer chaque année, le premier jour de mai ou le lendemain, si le premier mai est un dimanche, une messe chantée à l'intention des bailleurs ; 2° de faire toutes les réparations grosses et menues et d'entretenir la chapelle en bon état ; 3° de faire placer sur la chapelle une clochette à ses frais, laquelle clochette, ainsi que tous les ornements et meubles de la sacristie, appartiendra à ladite fabrique à l'expiration du bail (1). »

Collège

Par son testament du 3 mars 1752, Me Vincent du Tertre, curé de Laigné, fonde « une écolle à perpétuitté pour l'ins-

(1) Pesche, Cauvin et *Chron. de Laigné*.

truction de la jeunesse et pauvres enfans de la paroisse, pour la connoissance des mistères de notre foy et leur faciliter le progrès dans la religion catholique et les instruire et leur apprendre à lire. Il donne et lègue en pleine propriété son bordage du Petit-Pineau, qu'il a acquis à cette intention de François Chauvière, à un prestre qui sera vicaire dans la paroisse et devra faire l'écolle le plus régulièrement que faire se pourra, gratuitement aux enfants pauvres et moyennant une rétribution de la part des autres enfants, à la charge par ledit vicaire d'acquitter les cens et rentes dus aux seigneurs d'où le Petit-Pineau est mouvant et de faire annuellement et à perpétuité, pour le repos de son âme, un service de deux grandes messes et *libera* dans l'église de Laigné, le jour et feste de saint Vincent (1). »

Le bordage du Petit-Pineau, affermé 41 livres en 1766 et 71 en 1788, fut adjugé en 1792, comme bien national, à François Fouanon, de Laigné, pour 4,100 livres.

Autres biens ecclésiastiques

Deux abbayes du Mans possédaient dans la paroisse de Laigné plusieurs propriétés, qui furent vendues nationalement en 1791.

L'abbaye de la Couture : le moulin du Saint-Père, adjugé à Louis Briand, meunier à Saint-Biez-en-Belin, pour 7,500 livres; et la métairie de Sormigné, à François Bertrand, marchand à La Flèche, pour 14,500 livres.

L'abbaye de Saint-Vincent : le bordage de la Tremblaye, adjugé à Jean Leproux, du Mans, pour 6,025 livres.

(1) *Et. de Laigné, min. de M° Pottier.*

HISTOIRE FÉODALE

Belin

I

Le château de Belin, qui se dresse encore fièrement, malgré son état de ruines, à gauche de la ligne du Mans à Tours, est situé dans la commune de Saint-Ouen-en-Belin. Placé sur une éminence qui domine toute la contrée, il fut pendant longtemps une place de guerre de premier ordre. Des fossés d'une dizaine de mètres de largeur et d'une égale profondeur, l'entouraient complètement, sauf au côté O., qui était protégé par un rempart solidement construit; derrière, se trouvait une muraille épaisse de 1^{m}, 50 à 2^{m}, bien défendue par des tours aux quatre angles. Un pont-levis, à l'E., donnait accès dans l'intérieur de cette forteresse, dont l'approche était encore rendue plus difficile au N. et à l'O. par l'étang Rouillard et le petit étang.

Sous les bâtiments d'habitation, des caves spacieuses servaient, les unes de prisons, les autres de magasins où l'on entassait des provisions, de façon à pouvoir résister longtemps à l'ennemi. Un souterrain, qui se prolongeait jusqu'auprès de la Minerie, permettait en outre, en cas de siège, d'établir des communications avec le dehors, et même de s'échapper si l'ennemi s'emparait du château.

Assiégé à plusieurs reprises par les Anglais, il ne tomba en leur pouvoir qu'à la fin de la guerre de Cent ans, alors que toute notre province était entre leurs mains. Les d'Averton le relevèrent et continuèrent à l'habiter jusqu'à la fin du XVIe siècle. Ce ne fut qu'après la reconstruction du château du Plessis qu'il fut entièrement délaissé par ses possesseurs, probablement à cause des nombreuses réparations dont il avait besoin.

Ce qui nous reste de ce château, aujourd'hui converti en ferme, ne peut guère nous donner une idée de ce qu'il était autrefois. La tour du N., la seule qui subsiste, paraît dater du XIIIe ou du XIVe siècle ; le propriétaire l'a fait démanteler en septembre 1886 pour en utiliser les pierres, sans avoir aucun souci de sa valeur historique. Les restes de la chapelle, encore visibles il y a une cinquantaine d'années, indiquaient, selon Pesche, une époque postérieure.

La partie la mieux conservée est celle qu'occupe le propriétaire actuel, maître Landeau. C'était autrefois la demeure du seigneur, et l'on remarque au-dessus, dans le grenier, la trace de deux étages et une très belle cheminée. Un autre corps de bâtiments, transformé en écuries, servait d'habitation à la domesticité; en 176., M. de Madrelle en fit raser les étages et donna la charpente pour construire le presbytère de Saint-Gervais.

Suivant la tradition, et c'est aussi notre opinion, le château de Belin a été construit sur l'emplacement d'un *castellum* établi par les Romains pour observer la plaine du Belinois et protéger les colonies qui la défrichèrent. Sa position, jointe aux ressources de la contrée, dut en faire tout de suite un centre prospère. Aussi, lorsque les conquérants, aux premiers siècles de notre ère, organisèrent notre pays pour l'administrer, Belin fut choisi comme chef-lieu d'un des vics de la condita ou région d'Oizé. Chaque condita étant divisée en trois vics ou cantons, les deux autres furent ceux d'Oizé et d'Outillé; plus tard, au IXe siècle, apparut celui d'Écommoy. Le vic, à son tour, comprenait un nombre plus ou moins grand de villas ou communes avec des limites exactement tracées.

Deux voies romaines traversèrent de bonne heure le Belinois et facilitèrent ses relations avec la cité du Mans. De nombreuses villas furent créées et donnèrent naissance à quelques-uns de nos bourgs : Laigné (*Latiniacus*), Moncé (*Monciacus*), Écommoy (*Iscomodiacus*), etc. Des vestiges d'établissements gallo-romains ont été observés à la Chouanne (1838), à Riposson, à la Savinaie, auprès d'Écommoy, etc., et des monnaies romaines ont été trouvées en grand nombre à Mortrais (Saint-Gervais-en-Belin), en 1800, à Marigné et à Outillé.

La première de ces voies, celle du Mans à Poitiers, se dirigeait sur Allonnes et traversait la Sarthe au pont de Chahoué. On a rencontré de nombreuses traces de son encaissement en scories et en cailloux à Ponthibault, au gué de la Chouanne, auprès de Château-l'Hermitage et à Pontvallain. Après avoir passé le Loir non loin du Lude, elle gagnait Candes-sur-Loire, Loudun et Poitiers. Du Lude, partaient deux embranchements : le premier allait à Angers, par Savigné; le deuxième longeait le cours du Loir et mettait en communication entre eux plusieurs camps destinés à protéger le pays : celui du Camp (en Mansigné, au confluent de l'Aune), auprès duquel se trouvait une villa, et celui de Cré-sur-Loir.

L'autre voie (voie militaire) conduisait à Tours ; elle figure sur les tables de Peutinger. Elle traversait l'Huisne à Pontlieue et passait, ainsi qu'on a pu le constater, à Mulsanne, à Teloché, auprès d'Outillé, un peu à l'E. d'Écommoy, à Mayet, à Verneil-le-Chétif et à Vaas. La partie entre Écommoy et Vaas est encore appelée *chemin des Romains*. A Teloché, à Écommoy et à Mayet, on a trouvé en abondance des scories de fer qui ont fait reconnaître facilement son parcours.

Il est parlé pour la première fois du Belinois dans le testament de l'évêque saint Hadouin, daté du VIII des Ides de février 642. Saint Hadouin légua à la basilique de Saint-Pierre et Saint-Paul (la Couture) sa villa d'Ecommoy dans le Belinois : « *Dono sanctæ basilicæ domni Petri et Pauli apostoli... villam proprietatis meæ Iscomodiaco, sitam in pago Belini, quam data pecunia... comparavi* (1). »

(1) *G. P. C.*, p. 50. — *Vet. anal.*, III, p. 268.

En 802, Charlemagne rendit et confirma à l'église du Mans la possession de ses anciens domaines, entre autres Belin, bourg public : « *In hoc præcepto inserere jussimus... Belino vico publico* (1) »; et en 832, Louis le Débonnaire lui en assura les dîmes et autres redevances : « *Præcipimus ut nonæ et decimæ... persolvantur... id est de... et Belino vico publico* (2). » L'année suivante, il lui restitua encore plusieurs propriétés, parmi lesquelles nous remarquons les hommes appartenant à l'abbaye de Saint-Sauveur, chargés, à Spay et dans le Belinois, de la garde des bêtes de somme : « *Complacuit clementiæ nostræ... et in Cipido atque Belino eos quos jumentarios dicunt, cum redditione census quem singulis annis solvere noscuntur, id est mel et ceram* (3). »

II

La seigneurie de Belin, dont la formation remonte aux commencements mêmes de la féodalité, s'étendait sur toutes les paroisses du Belinois (Moncé, Saint-Gervais, Laigné, Saint-Ouen, Saint-Biez, Écommoy et Teloché), et sur celles d'Yvré-le-Pôlin, Mayet, Marigné, Saint-Mars-d'Outillé, Mulsanne, Brette, Parigné-l'Evêque, Ruaudin, Changé, Pontlieue, Arnage, Fillé et Guécélard. Elle relevait en partie du comte du Maine, à cause de la tour de Ribandelle du Mans, et en partie du roi, à cause de la baronnie de Château-du-Loir. Plus tard, les d'Averton, en devenant seigneurs de Belin, au commencement du XIVe siècle, augmentèrent encore son importance par les seigneuries qu'ils possédaient dans le Bas-Maine : Averton, la forêt de Pail, Saint-Loup (Crannes), Orthes, Tessé, Courcité, Chevaigné, Hardanges.

Vers l'an 1040, Herbrand, vassal de Gervais de Château-

(1) *G. P. C.*, p. 81, v. — *Vet. anal.*, III, p. 295.
(2) *Gesta sancti Aldrici*, p. 14. — Baluze, *Miscel.*, III, p. 30.
(3) *Gesta sancti Aldrici*, p. 12, v. — Bal., *Miscel.*, III, p. 25.

du-Loir, restitue l'église de Moncé à la cathédrale du Mans en présence de Gilbert de Belin et d'autres témoins (1).

1082. — Guillaume de Belin est témoin de la donation de l'église de Vezins à l'abbaye de la Couture (2).

1180. — Une charte, relative aux biens qui forment la prébende de l'archidiacre Eustache, mentionne le nom d'Herbert de Belin, dont le fief s'étendait derrière le château de Vaux (3).

1189 (v. st.). — Hugues de Belin et Guy, son frère, assistent le 10 des calendes d'avril 1189 au bail consenti par Aucher, prieur de Château-l'Hermitage, à Robert d'Épineu, chevalier, pour tout ce que son prieuré possédait dans la paroisse d'Épineu (*in parrochia Despino*) (4).

1208. — Hugues de Belin est nommé arbitre dans un différend survenu depuis quelques années entre Agnès, veuve de Philippe d'Espaigne (*de Yspania*), et Herbert, son fils aîné (5), pour une dîme dans la paroisse de Saint-Gervais-en-Belin, dont ils s'étaient mis en possession et que revendiquait le monastère de Saint-Vincent, comme l'ayant reçue en aumône. Cette affaire fut portée jusqu'au pape, qui désigna le chantre et l'archidiacre de Rennes pour en connaître. Mais les parties s'en étant remises à l'arbitrage du chantre de l'Église du Mans, de Thomas, doyen de Beaumont, et de Hugues de Belin, il fut décidé que la dîme serait partagée par moitié entre le monastère, d'une part, Agnès et ses fils, de l'autre, et que le trait s'en ferait alternativement, chaque année, par l'un ou par l'autre des décimateurs. Si les moines

(1) *Lib. alb.*, nº 179.

(2) *Cart. de la Couture*, p. 29.

(3) *Lib. alb.*, nº 148.

(4) *Arch. de la Sarthe*, H. 581.

(5) Espaigne, ou Epaigne, a aujourd'hui beaucoup perdu de sa grandeur passée : ce château, qui a donné son nom à une des plus anciennes familles de notre province et a possédé la seigneurie de paroisse de Saint-Gervais-en-Belin jusque vers le XVᵉ ou XVIᵉ siècle, n'est plus maintenant qu'une modeste ferme entourée de douves de tous côtés. Nous lui consacrons plus loin un chapitre spécial.

ramassaient les gerbes, la dame d'Espaigne leur confiait sa grange ; si, au contraire, c'était le tour de la dame, celle-ci devait tout déposer dans la maison des moines (le prieuré) (1). On décida en outre que les pailles appartiendraient toujours à celui qui ferait le trait. Le fils puîné d'Agnès donna son consentement à cet accord.

La même année, Hugues, seigneur de Belin, par une

(1) Le prieuré de Saint-Gervais était situé à l'E. de l'église de cette paroisse. Cauvin nous dit (*Géogr.*, p. 221 et 339) qu'il fut établi sous l'épiscopat de Guillaume de Passavant (1145-1187). Ses fondateurs furent, croit-on, les seigneurs de Belin, qui y introduisirent des religieux d'un ordre dont on a perdu le nom. Un article de l'aveu rendu au roi, en 1608, par François Ier d'Averton, donne du moins à cette hypothèse apparence de réalité : « Lesd. abbé et couvent de Saint-Vincent tiennent de moy en garde et ressort de la rétribution du service divin le temporel dud. prieuré de Saint-Gervais. » D'autres disent, sans nous donner de preuves, que ses fondateurs furent les seigneurs d'Espaigne, dont les terres étaient partout contiguës aux siennes. — L'histoire de ce prieuré nous semble bien obscure. D'après la chronique, les premiers moines qui l'habitèrent y menèrent « moult vie ». Un certain abbé de Sarcé s'en plaignit en cour de Rome et les fit remplacer par des Bénédictins de la Couture. Au commencement du XVIe siècle, ceux-ci en disputèrent la possession à leurs frères de l'abbaye de Saint-Vincent, et ce ne fut qu'après des débats très longs que ces derniers purent en jouir paisiblement. Nous donnons, p.   , une des pièces de ce procès, adressée au Conseil par les religieux, abbé et couvent de la Couture. — Les prieurs étaient curés primitifs de Saint-Gervais, et en cette qualité ils administrèrent longtemps cette paroisse. Ce ne fut que dans le cours du XVe siècle qu'ils se déchargèrent du ministère paroissial et établirent, sous le nom de vicaire perpétuel, un prêtre chargé de les suppléer. — La cure de Saint-Gervais, tenue à portion congrue du prieuré, valait 300 livres de revenu et était à la présentation de l'abbé de Saint-Vincent ; le prieuré était estimé par Le Paige à 400 l., et par Cauvin (Ann. 1834, p. 173), à 1,000 l.

Le fief du prieuré de Saint-Gervais, d'après des aveux rendus en 1404 par N..., prieur, et en 1486 par Michel Mauchien, prieur de Souday, au nom de Jehan Piau, prieur de Saint-Gervais, ressortissait à la baronnie de Château-du-Loir. Ses sujets étaient : le presbytère, l'obélisque et la place de Saint-Gervais ; trois maisons au bourg de Laigné ; le lieu du Châtellier, au bourg de Laigné ; la Grande-Maison, au même bourg ; le lieu du Puinais, à Laigné ; une maison, au Puinais ; une maison au bourg de Saint-Gervais ; et le lieu de Bourgneuf, à Saint-Gervais.

charte sur laquelle il appose son sceau, se désiste pour lui et ses héritiers, de quelques repas qu'il disait lui être dus par l'abbaye de Saint-Vincent, tant dans le monastère que dans le prieuré de Saint-Gervais. Son fils Hébert ou Hubert adhère à cette renonciation.

Par une autre charte, sans date, mais qui paraît être aussi de 1208, Hugues, qualifié du titre de chevalier, donne et cède à perpétuité, au monastère de Saint-Vincent du Mans, une vigne contiguë à celle que les moines possédaient déjà dans la paroisse de Saint-Gervais, avec deux autres pièces de terre, et ce, pour suppléer à la modicité des revenus assignés aux moines qui servaient Dieu en ce lieu, lesquels ne pourront être plus de deux. L'abbé Guillaume et la communauté lui accordent unanimement qu'à la messe matutinale, qui se dit chaque jour dans l'église du monastère pour les trépassés, il sera fait à perpétuité mémoire de son père, et que son anniversaire y sera célébré annuellement, au jour de son décès. Ils s'engagent de plus à donner à Guillaume, son frère, la première cure qui viendrait à vaquer, de la valeur de 100 sols, monnaie du Mans ; qu'au cas où il ne voulût pas l'accepter, on lui promet, en attendant qu'on puisse lui en donner une qui lui convienne, de la conférer à l'un des trois qui avaient des pensions et des expectatives sur le monastère. Les papes eux-mêmes, en donnant des expectatives de ce genre, consacraient cette sorte d'abus ; mais ils ne se chargeaient point, comme ici, de donner des pensions aux impétrants. Il est probable, d'après cet acte qui s'applique au prieuré, que celui-ci n'était pas d'une fondation fort ancienne alors (1).

1209. — H. de Belin est témoin d'une convention faite entre Robert de Clermont, seigneur temporel de Clermont, près La Flèche, et le prieur du même lieu (2).

25 novembre 1225. — Jehan de Fay, chevalier, a engagé

(1) Pesche, *Dictionn.*, art. *Saint-Gervais-en-Belin*, t. V, p. 265.
(2) *Cartul. de la Couture*, p. 156.

à Hugues de Belin sa dîme de Mansigné. Afin d'assurer au chapitre du Mans et aux chanoines de Château-l'Hermitage, le payement de la part qui leur revient, il fait dresser l'acte suivant par l'official du Mans : « Sachez que, en notre présence, Jehan de Fay, chevalier, s'est engagé, lui et ses héritiers, et a donné pour cautionnement tous les biens qu'il avait à l'époque de ce contrat et qu'il devait avoir dans la suite, à payer les dommages et les frais que pourraient avoir à supporter le doyen et le chapitre du Mans et le prieur et les chanoines de Châteaux, s'il arrivait que Hugues de Belin, chevalier, ou ses héritiers, refusassent le payement de toute leur dîme de Mansigné, qu'il leur a engagée par contrat pignoratif, comme il est dit dans une lettre de l'évêque du Mans et aussi dans une lettre de Jehan le chevalier lui-même ; ou s'il arrivait que ledit Hugues ou ses héritiers de droit ou de fait opposassent quelque empêchement ou quelque dommage à l'engagement susdit, et à la tranquille possession des biens sus-énoncés. Dans cette obligation sont comprises quatre mesures de froment et deux mesures de vin, que ledit chevalier percevait avant tout autre partage avec les moines du monastère-majeur de Tours. De plus, sont comprises dans cette obligation toutes les dîmes des novales, s'il arrivait qu'on en fît quelqu'une sur la susdite décimation. Mais si après quinze années écoulées, lui ou ses héritiers ont payé intégralement toute la somme, savoir, quatre cents livres du Mans, sans opposition desdits chapitres, toute la dîme reviendra à lui ou à ses héritiers, comme il est dit plus amplement dans la lettre du seigneur évêque du Mans, écrite à ce sujet. Et pour que tout ceci soit observé, il a soumis à notre juridiction, et à celle du chapitre, sa personne, ses héritiers et toute sa terre, renonçant à tout droit commun et à tout privilège, s'il en a quelqu'un, ou si lui et ses héritiers doivent en avoir quelqu'un. Et pour que tout ceci soit observé, il y a des garants, chacun en entier, Hubert de Clermont et Robert de Clermont son fils. En foi de quoi nous avons sur sa demande, ordonné d'apposer le sceau de la curie du Mans, et lui-même a apposé son sceau sur la présente lettre et devant nous. Fait l'an du Seigneur 1225, jour de sainte Catherine (1). »

1230. — « Moysen de Belin » doit au monastère de la Couture « II sol. » de cens sur son « herberg. de Ponleu, » à la fête de saint Gervais d'hiver (2).

1241 (ou 1242 avant Pâques). — Lettre de l'évêque d'Angers, qui met fin au différend survenu entre le chapitre du Mans et Herbert de Belin, chevalier : « A tous ceux qui verront les présentes, Michel de Villoiseau, par la grâce de Dieu, évêque d'Angers, salut dans le Seigneur. Que tous sachent qu'un différend s'étant élevé entre le chapitre du Mans, d'une part, et Herbert de Belin, chevalier, d'autre part, sur ceci, à savoir : que le chevalier soutenait que toute imposition lui appartenait dans tout le fief dudit chapitre, qui se trouve au bourg de Saint-Vincent. Ils ont finalement conclu, par notre médiation, l'arrangement suivant, savoir : ledit chapitre a donné, pour le bien de la paix, trois marcs d'argent au susdit chevalier, lequel a résigné et abandonné au chapitre tous les droits qu'il disait avoir sur ladite imposition, de telle sorte que ledit chevalier et ses héritiers ne pourront rien réclamer désormais sur ladite imposition. Et ledit chevalier est tenu, par serment corporel, à observer fermement et fidèlement ce traité. En foi de quoi nous avons sur la requête dudit chevalier, ordonné d'apposer notre sceau sur les présentes lettres. Donné l'an du Seigneur 1241 (3). »

1250. — Beaudoin et Guy de Belin accompagnent saint Louis en Terre-Sainte. L'un fut fait sénéchal et l'autre connétable de Chypre. Leur nom paraît s'être éteint avec eux.

En 1282, nous trouvons le nom de Guillaume d'Orne ou

(1) *Lib. alb.*, n° 90.
(2) *Cart. de la Couture*, p. 231.
(3) *Lib. alb.*, n° 433.

d'Ourne (1), seigneur de Belin, qui donne au chapitre de l'Église du Mans les dîmes de Saint-Biez, avec des vignes et des maisons. Il avait épousé, croit-on, une fille de Beaudoin ou de Guy de Belin. (Le Paige. — Pesche.)

La terre de Belin passa, après lui, probablement par héritage, à André II d'Averton, qui en était seigneur dès 1312. Ce qui tend à prouver cette hypothèse, c'est qu'en 1347, André III d'Averton se présenta à l'assise de Jupilles pour réclamer son droit de pacage dans la forêt de Bersay. D'après des aveux de 1662 et 1669, on voit que ce droit était annexé à la terre seigneuriale de Belin : de là on peut aisément inférer qu'André III tenait ce droit de Guillaume d'Ourne, et était un de ses descendants.

III

La famille d'Averton, l'une des plus anciennes et des plus nobles de notre province, tirait son nom d'un des nombreux fiefs qu'elle possédait dans le Bas-Maine, de la seigneurie d'Averton, dont la juridiction s'étendait sur une quinzaine de paroisses. Elle portait : de gueules à trois jumelles d'argent (Arm. du Maine); de gueules à six fasces d'argent, surmontées d'un petit lion d'or en chef au coin dextre de l'écusson, suivant des écussons conservés au château de Belin et dans l'église de Saint-Gervais.

1096. — Adrien et Louis d'Averton sont cités parmi les seigneurs manceaux qui prirent part à la première croisade. (Roger, Hist. de la Nobl. aux Croisades.) D'après de Maude (Arm., Ann. 1859, p. 28), les armes du premier étaient de gueules avec trois roses d'hermine, et celles de Louis, un bâton d'azur.

1100. — Bouchard d'Averton (Bulchardus miles de Avertona) est témoin de la donation de l'église de Connerré, faite à l'abbaye de Saint-Vincent.

(1) Ourne est un vieux château, autrefois très considérable, situé sur le territoire de Flée, canton de Château-du-Loir.

1189. — Juhel III, seigneur de Mayenne, ayant pris part à la troisième croisade, entreprise par Philippe-Auguste et Richard Cœur de Lion, Geoffroy d'Averton le suit avec la qualité de chevalier banneret. Quelques années plus tard, le même Geoffroy est témoin d'un accord entre Juhel et les moines de Saint-Etienne de Mayenne, à l'occasion d'une chapelle sur laquelle chacune des parties prétendait exercer le droit de patronage (1).

Commencement du XIIIe siècle. — Geoffroy et André Ier d'Averton assistent comme témoins au don de la métairie de Bois-Fétu fait par Gervais, seigneur de Courceriers, à l'abbaye de Champagne (2).

Juillet 1242. — Gaufridus Claudus et sa femme vendent à Foulques de Vernie une pièce de vigne située dans le fief de défunt Guillaume d'Averton, près de la Guarrelière, entre le chemin qui conduit à La Chapelle-Saint-Aubin et *cheminum de Montollam* (3).

Geoffroy et Guillaume d'Averton donnent à l'abbaye de Beaulieu, au XIIIe siècle, le droit de patronage de la chapelle de N.-D. de l'Érablay, à Pervenchères, au diocèse de Séez (4).

1301. — « Gieffroy d'Averton, chevalier, vassal de la châtellenie de Mayenne, et Gieffroy d'Averton, écuyer, » sont au nombre des habitants du Maine et de l'Anjou qui, en l'année 1301, en appelèrent au Parlement, après avoir été condamnés par la cour de leur comte Charles de Valois comme ayant refusé de fournir l'aide levée pour le mariage de sa fille aînée, Isabelle, avec Jean III, duc de Bretagne (5).

(1) G. de La Fosse, *Hist. des seigneurs de Mayenne.*

(2) *Arch. de la Sarthe.* $\frac{\text{H. 73, n, 2}}{1}$

(3) *Arch. de la Sarthe*, G. $\frac{4}{1}$

(4) *Arch. de la Sarthe*, H. $\frac{18}{1}$, n. 102 *bis.*

(5) De Lestang. — *Bibl. nation., layette d'Anjou, dossier J*, n°s 179 et 188.

« Guillaume Prunelé, IVe du nom, épouse au commencement du XIVe siècle, Jeanne d'Averton, fille de Geoffroy d'Averton, chevalier, et de Marguerite, sa femme, avec laquelle il transigea par acte de l'an 1326, où il est qualifié chevalier. Après sa mort, Jeanne d'Averton, sa veuve, se remaria avec Jean de Vieuxpont, chevalier, seigneur de Chalancy, qui rendit aveu à cause d'elle au comte de Blois pour la terre d'Herbaut, le samedi après la Conception de l'année 1235 (1). » Jeanne d'Averton avait eu de son premier mariage une nombreuse lignée.

André II d'Averton, seigneur de Belin, épousa Isabeau de Breinville. Ils furent tous deux enterrés sous le sanctuaire de l'église de Saint-Ouen-en-Belin, dans un caveau qui servit pendant longtemps de lieu de sépulture à ses successeurs. La pierre tombale qui les recouvrait se voit encore dans cette église. « Elle est divisée, dit M. Hucher (Arch. hist. de la Sarthe, p. 85), en deux arcatures ogivales, trilobées ; de riches pinacles présentant les distributions habituelles à l'architecture du XIVe siècle, abritent deux personnages en costume d'apparat : celui de gauche, représentant un chevalier armé de toutes pièces, est André d'Averton, l'autre est Isabeau de Breinville, sa femme. »

L'inscription suivante, en beaux caractères gothiques, sert de bordure extrême au sujet :

: cy gist monsẽur andrieu daverton jadis seigneur du bourc daverton qui trespassa lan M.CCC.XXIX :

: cy gist ma dame ysabeau de breinville dame de belin fẽme dudit monsẽur andrieu laquelle trespassa lan M.CCC.XCIIII. priez dieu pour leurs âmes.

En 1768, messire Rottier de Madrelle la fit transporter dans la chapelle de Belin, attenante à l'église, où on la laissa

(1) Moréri, *Dict.*, t. VIII, p. 600.

jusqu'au 16 mars 1844. A cette époque, elle fut levée et adossée à la muraille, grâce à l'initiative de M. le curé de Saint-Ouen. Ce monument, un des plus précieux du moyen âge dans notre province, fut ainsi préservé des détériorations que le frottement des pieds des fidèles avait déjà commencé à lui faire subir.

IV

1329. — André III d'Averton succéda à son père. Il épousa, avant l'an 1315, une fille de Guillaume Chamaillard, sire d'Anthenaise et seigneur de Vaux, son suzerain. En 1358, Guillaume lui donna par perpétuelle aumône (perpétuel don), pour lui et ses héritiers, la haute justice qu'il possédait sur la partie de la seigneurie de Belin vassale de Vaux. André jouissait déjà de ce droit sur ce qui relevait de Château-du-Loir; il fut ainsi haut justicier dans toute l'étendue de son fief.

Le siège de sa juridiction, établi d'abord dans son château, fut transféré un peu plus tard au bourg de Laigné-en-Belin, où nous le voyons aux XVIe et XVIIe siècles, puis à Ponthibault vers le commencement du XVIIIe. La cour de justice comprenait un bailli, un lieutenant, un greffier, un notaire, des avocats et des sergents ou huissiers (1); il y avait nécessairement une salle d'audience, une prison, des ceps, des carcans et un bourreau pour l'application des peines. Les fourches patibulaires à trois piliers, furent d'abord installées

(1) Baillis et sénéchaux de Belin :

1358, Philippot Nepveu; 1408, Jehan de la Teillays; 1445, René Francbouchet; 1457, René de Bressé; 1457, Jehan Francbouchet; 1482, Raoul Querlavoine; 1502, Jehan Heurtie; 1508, Georges Guyber; 1512, Geoffroy Primault; 1515, Estienne Massue; 1516, François Danguy; 1526, Guy de Marcé; 1532, François de Montreux; 1536, Jacques de Bressé; 1539, Jehan Houzan; 1541, Françoys Thomas; 1543, Joachim de Chaumières; 1553, Guillaume Trouillart; 1559, Dominique Le Roy; 1573, Estienne Le Rouge; 1574, Michel Bordeau; 1576, Alain Maurice; 1578, Jehan Aubert; 1583, Jacques Flottey; 1585, Martin Deniau; 1588, Gabriel Loyseau; 1592, Gilles Le Roy; 1593, Françoys Danguy; 1605, Jacques Danguy; 1606, Jehan Le Balleur; 1613, Robert Favril, sieur de la Godar-

aux environs de Belin, puis au bord de l'étang Hay, situé sur la route de Tours, entre la Houlberdière et le carrefour Foucher. François II d'Averton les délaissa après son acquisition de Vaux, en 1630, et adopta celles de cette seigneurie, installées depuis longtemps sur la butte du Vieux-Mans : on les y voyait encore en 1789. Il paraît que chaque tenue d'audience se partageait en plusieurs séances, interrompues par un dîner et terminées par un second repas, après lequel chacun regagnait son domicile ; de là le dicton épigrammatique du pays, en parlant d'un gourmand : « Il ressemble aux avocats de Ponthibault, il relève mangeaille. »

A l'entrée de chaque bourg se trouvait un poteau sur lequel étaient peintes les armes du seigneur haut-justicier ; celui de Belin était planté, à Laigné, en 1789, dans le grand carrefour, en face de la maison actuelle de M. Em. Cosnard.

Vers le milieu du XVe siècle, la cour de Belin condamna juridiquement une truie, coupable d'avoir étranglé un enfant, à être pendue aux fourches patibulaires placées près l'étang Hay. Pareil arrêt était assez commun au moyen âge. On était

dière ; 1614, Marin Richer ; 1617, Claude Chappelain ; 1621, Philippe Le More ; 1627, Paul Lejoyant ; 1637, Nicolas Aubert, licencié en droit, avocat au présidial du Mans ; 1649, Jean Gautelier ; 1687, Robert de la Maignée, sieur de la Motte-Denis, avocat en Parlement ; 1736, Daniel-François Duval ; 1756, Louis-Antoine Doysseau ; 1758, François-Denis Larsonneau ; 1788, Michel-Martin Belain ; 1789, Charles-Joseph Moyneric le jeune.

Procureurs-fiscaux : 1680, Loys Cornille ; 1650-1662, Pierre Liger, not. royal à Laigné ; 1672, Honorat-Jacq. Marchais, bourgeois de la ville du Mans ; 1677-1678, Pierre Foucher ; 1689, René Liger, not. royal à Laigné ; 1724, Hilaire Besnard, sieur du Breuil, demeurant au Mans, paroisse de la Couture ; 1736, Charles Gautelier, not. royal à Brette ; 1737-1764, Julien Houdeyer, notaire à Ponthibault.

En 1663, le greffe des châtellenies de Belin et Vaux était loué à Jean Careau pour 100 livres ; en 1757, à Jacques Man, huissier royal au bourg de Laigné, pour 40 liv. ; et en 1788, à Julien Le Barbier, pour la même somme.

En 1775, la charge d'huissier de ces châtellenies fut vendue 600 livres, et, en 1780, 700.

(*Arch. de la Sarthe.* — *Et. de Laigné.*)

persuadé que les bêtes savaient ce qu'elles faisaient lorsqu'elles causaient à l'homme un dommage quelconque ou accomplissaient des actes criminels : il y avait lieu, en conséquence, soit de les mettre en demeure de cesser leurs méfaits, soit de les châtier conformément aux lois ou édits en vigueur.

Lors de ce procès, Jacques de Maridort, châtelain de Vaux, voulut inquiéter le seigneur de Belin, son vassal, pour cet acte de haute justice. Jean II d'Averton fit faire une enquête et prouva par témoins que sa terre jouissait de ce droit avant 1358; en tous cas, le don que Guillaume Chamaillard avait fait, cette année, à André II d'Averton, était suffisant pour arrêter les prétentions du seigneur de Vaux. Quoi qu'il en soit, un accord eut lieu entre eux et le titre, aujourd'hui disparu, fut déposé dans les archives du château de Belin. On y lisait textuellement, dit Le Paige, Dictionn.: « Ouisse « que messire Jacques de Maridort dit au sire de Belin, je « pense (je consens) que vous fassiez pendre cette truye, c'est « votre droit, je n'y demande rien et ne pense point à le dé« battre, ni avoir la justice ravissante que le sire d'Antenaise « vous a donnée : petit pus, petit min, la chouse ne se ré« cole pas du jour. »

V

Le château de Belin eut beaucoup à souffrir de la guerre de Cent ans. Sa belle position, sur une éminence commandant toute la contrée, en faisait une forteresse formidable, à laquelle les comtes du Maine attachèrent une grande importance.

Les Anglais vinrent l'assiéger à plusieurs reprises. En 1358, ils ravagèrent, nonobstant la trêve signée, l'Orléanais, le pays chartrain, la Touraine, le Maine et l'Anjou. De tous les côtés on organisa la résistance. Foulques Riboul, sire d'Assé, maréchal du duc d'Anjou, comte du Maine, ordonna au sire de Belin « d'appeler et jupper de nuit les paroissiens de

« Saint-Ouen, Saint-Gervais et Moncé, pour faire guet et garde « au fort de Belin, qui est près de la frontière des ennemis.» Pareil ordre, donné peu après, le 12 novembre de la même année, par Bertrand de Gloiray, lieutenant du duc d'Anjou et comte du Maine, au delà du Loir, aux habitants des paroisses d'Écommoy, Saint-Mars-d'Outillé, Teloché et Laigné, « de faire guet et reguet, garde et réparations, chacun en son rang, à la forteresse de Belin, » conférait à André d'Averton, sire de Belin, « plein pouvoir et autorité pour contraindre tous et chacun desdits habitants par toutes voyes et menaces. »

La tradition rapporte que Duguesclin coucha une nuit dans le fort de Belin, peu de jours après la victoire de Pontvallain, probablement lorsqu'il conduisit au Mans les nombreux prisonniers qu'il venait de faire à Pontvallain même et à la prise de Vaas (novembre 1370).

A la mort de Charles V, en 1380, les Anglais, campés dans le Vendômois, profitèrent de la division des princes de la maison royale pour envahir de nouveau notre province. Ils se mirent aussitôt en marche, dévastant tout sur leur passage. Ils brûlèrent l'abbaye de Saint-Calais, ruinèrent le château et l'église collégiale du Gué-de-Maulny et traversèrent la Sarthe au gué de Noyen; de là, ils se dirigèrent vers Laval. Il n'y a pas de doute que, dans leurs courses, ils ne vinrent insulter la forteresse de Belin. Elle les attendait. Le 30 avril, Louis, fils du roi de France, duc d'Anjou et comte du Maine, avait adressé au sire de Belin une ordonnnance par laquelle il entendait « que hastivement et sans délay tous les parois-
« siens des paroisses de Saint-Ouen, d'Écommoy, de Saint-
« Biez, de Laigné, de Teloché, de Saint-Gervais et de Moncé,
« lesquels sont sa seigneurie, fassent guet, reguet et deffense
« au fort de Belin deffensable, comme ils avaient coutume au
« temps passé, avec deffense de contredire à venir audit lieu
« pour guet et reguet et deffense, et pour y retraire leurs
« biens et leurs personnes, qu'à soit ce que maintenant de
« monseigneur et maître soyent sur le champ grands et forts;

« enjoint audit seigneur de Belin d'y faire contraindre tous « les habitants par sergent ou par son capitaine, par tous les « appellements et contraintes. »

Un autre ordre, du 3 septembre de la même année, lui enjoignait de nouveau « de contraindre tous les habitants de « Saint-Ouen, Saint-Biez, Écommoy, Laigné et Saint-Gervais, « par prise de corps et de biens, pour réparer et fortifier le « châtel et douves de Belin (1). »

VI.

André III d'Averton laissait en mourant plusieurs enfants: Jean, l'aîné, qui lui succéda dans la seigneurie de Belin, Geoffroy et Isabelle.

Isabelle épousa Guillaume de Macheselon, chevalier, à qui elle apporta en dot la terre de Fontenailles, à Ecommoy. Cette seigneurie comprenait en outre les fiefs de la Hatonnière, en Saint-Mars-d'Outillé, et d'Entre-les-Eaux, en Pruillé-l'Éguillé, et faisait problablement depuis longtemps une des annexes de celle de Belin.

Le 30 août 1360, Guillaume de Macheselon, chevalier, veuf d'Isabelle d'Averton, Guillaume et Jeanne de Macheselon, ses enfants, suffisamment en âge, vendirent, par-devant L.-F. Tremaye, notaire, la terre de Fontenailles et tous ses droits et appartenances, à leur beau-père et grand-père, sire de Belin, pour la somme de 1.600 florins d'or à l'écu du roi, à la charge de faire foi et hommage des fiefs de la Hatonnière et d'Entre-les-Eaux à qui de droit. Cette terre fut ainsi annexée une seconde fois à celle de Belin. André d'Averton la donna en parage à Geoffroy d'Averton, son fils puîné, qui la possédait encore en 1405.

Elle entra ensuite, avec les fiefs précités, dans la famille Despeaux; on nous ignore à quelle époque. René Despeaux et Jeanne de Chahaunay, son épouse, en étaient seigneurs vers 1460 ou 1470.

(1) *Arch. de la Sarthe, fonds de la seigneurie de Belin.*

« La terre de Fontenailles a toujours été regardée comme relevant immédiatement du roi en franc alleu noble, à cause de la baronnie de Château-du-Loir, ne lui devant que la bouche et les mains et à sa personne seulement, comme il est dit par toutes les déclarations féodales qui en ont été rendues et tous les titres de propriété, contrats de vente, décrets, etc. Sur le fondement qu'elle avait fait partie du fief de Belin, et qu'elle avait été garantie en parage par André d'Averton, et aussi parce que ses prédécesseurs l'avaient toujours portée dans leurs aveux au roi, Marin Rottier de Madrelle voulut obliger son possesseur à lui en faire hommage. Un procès eut lieu, à la suite duquel ils transigèrent ensemble le 13 juin 1770. Rottier de Madrelle reconnut qu'effectivement la terre de Fontenailles ne relevait point de lui, mais en franc alleu du roi et consentit à ne plus la reporter en son aveu comme dans les anciens; il fut condamné à rayer cet article par sentences du bureau des finances de Tours des 17 août 1770 et 21 juin 1771 (1). »

Geoffroy d'Averton, écuyer, seigneur de Fontenailles, épousa Jehanne Lenfant de la Patrière, qui lui apportait en dot la terre de la Garrelière, paroisse de La Baconnière, et non celle de Fontenailles, comme l'ont prétendu Pesche et plusieurs autres auteurs. Il figure en 1406 et en 1410, à cause de son fief de la Marquisière, en Lucé, parmi les vassaux de cette seigneurie. En 1405, il avoue la métairie du Coustil, *al.* la Hastenière, paroisse de Saint-Mars, et de 1391 à 1404 la terre de Châtons, en Parigné-l'Évêque, relevant de Belin (2).

La famille d'Averton comptait en outre parmi ses membres : Jeanne d'Averton, dame d'Antoigné, qui rend aveu pour le fief du Couldreau en 1398 et 1405 ; et Robin d'Averton, seigneur de la Crochère, en Vernie, qui, en 1409,

(1) *Livre terr. de Fontenailles*, cabinet de M. Derré, expert à Écommoy.

(2) Allouis, *Les Coesmes, seigneurs de Lucé.* — *Noms féod.* — *Livre terr. de Belin.*

amortit une rente de 10 sous tournois à lui due par Pierre Moreau, bourgeois du Mans, pour sa métairie de la Hucherie, moyennant 100 sous tournois payés en monnaie blanche de dix deniers tournois (1).

VII.

Jehan Ier d'Averton était seigneur de Belin en 1399. Le seul titre qui mentionne son nom est l'aveu de la châtellenie de Vaux, rendu par Jacques de Maridort à Louis II, roi de Jérusalem et comte du Maine, le 31 mars de cette année. On l'y remarque au premier rang parmi les vassaux. « Le seigneur Jehan d'Averton, seigneur de Belin », y est-il dit, « mon homme de foy simple, à raison de son chasteau et habergement fortifié, » terres, prés, bois, étangs, métairies, etc., en un mot, de toute la partie de sa seigneurie qui relevait de Vaux : nous en verrons l'énumération dans l'aveu de Payen d'Averton du 14 mars 1406.

A sa mort, arrivée probablement peu de temps après, ses enfants se partagèrent tous ses biens. La terre d'Averton fut divisée en deux seigneuries. Payen, l'aîné, eut la terre de Belin avec celle du Bourg d'Averton, et Jean, son frère, celle d'Averton-Courcité, qu'il dut vendre presque aussitôt, car le 29 mai 1405 elle était déjà entre les mains de Jean Ier, comte d'Alençon, tué à la bataille d'Azincourt (1415), qui en rendait foi et hommage à Louis II, roi de Jérusalem et comte du Maine.

On retrouve, en 1407 et en 1413, Jean d'Averton, au nombre des vassaux du comté de Laval, et en 1437 parmi ceux du duc d'Alençon, vicomte de Beaumont (*Noms féod.*). Péan d'Averton, seigneur de Courceriers, vassal de la baronnie de Villaines-la-Juhel en 1457 ; Gilles d'Averton, procureur de Beaumont en 1492, et Antoine d'Averton, capitaine de Mayenne en 1498, étaient probablement de ses descendants.

(1) *Noms féod.* — *Arch. de la Sarthe*, $\frac{E.\ 3}{136}$, n. 4.

VIII.

Payen Ier d'Averton, sire de Belin, épousa, en 1394, Jehanne de Chourses de Rabestan. Il fut un des plus fidèles compagnons d'Ambroise de Loré et d'André de Laval, plus connu sous le nom de maréchal de Lohéac, et guerroya pendant longtemps à leurs côtés dans le Haut-Maine. Réussit-il à préserver son château de l'atteinte des ennemis? Nous l'ignorons; mais il est à présumer que les Anglais finirent quand même par s'en emparer et s'y installer en seigneurs tout-puissants. Le Maine subit leur domination pendant plus de vingt ans. Ce ne fut qu'en 1448 qu'ils l'évacuèrent, après l'avoir épuisé par des impôts exorbitants.

L'histoire est muette sur les faits d'armes de notre preux chevalier. Il dut combattre vaillamment pour repousser l'envahisseur. En 1429, il est officier dans les troupes que les dames de Laval levèrent et envoyèrent dans le Berry au secours de Charles VII.

Les *Arch. dép. de la Sarthe* possèdent de lui la copie d'un aveu rendu pour la châtellenie de Belin à Jacques de Maridort, seigneur de Vaux, le 14 mars 1406. Ce document présente un si vif intérêt pour l'histoire et la topographie du pays, que nous ne pouvons nous dispenser de le publier en entier (1). Semblable aveu fut aussi fourni (1391 *ad* 1407) pour le reste des terres composant la seigneurie de Belin, c'est-à-dire les terres et seigneuries de Belin et du bourg d'Averton, ensemble les métairies de Luyère et de la Rotière; en un mot pour toute la partie relevant du roi. Payen d'Averton y est qualifié des titres de « damoiseau, maître d'hôtel de la duchesse d'Anjou et chambellan du prince de Tarente, son fils (1). »

(1) *Pièce justificative* n° VIII.

(2) *Noms féod.*

IX.

André IV d'Averton, seigneur de Belin, fils et successeur de Payen Ier, n'a laissé aucun document pendant son passage dans notre châtellenie. Il épousa Anne de *Vermeil ?* dame du Perray (La Bruère), qui lui apporta cette terre en mariage, et en eut Jean II. La transaction suivante, qui met fin à un différend survenu entre Jean II d'Averton et Olivier Moreau, seigneur de la Poissonnière, constate qu'André était mort avant 1451 :

« Sachent tous presens et a venir que comme contens et debat fust meu ou espere a mouvoir, entre Olivier Moreau escuyer seigneur de la Poissonnière (1) demand. d'une part et noble home Jehan Daverton escuyer seigneur de Belin deffend. d'autre part, pour cause et occasion de ce que led. demandeur disoit et proposoit a lencontre dud. deffendeur que japiecza feue damoiselle Jehanne de Chourses ayeulle dud. deffend. et feu messire André Daverton chevallier son père devoient baillé par eschange aud. demandeur la somme de quinze livres dix sept solz six deniers tournoys et seize boisseaux davoine mesure de Belin quatre corvees et quatre chappons le tout de rente infeodee annuelle et perpetuelle que lesd. Jehanne de Chourses et messire Andre Daverton avoient droit davoir prendre et percevoir par chacun an a plusieurs termes sur le domaine et appartenance du Plessis assis en p̄roisse de Saint Gervaise en Belin et disait led. demand. que a tiltre dud. eschange il avoit eu saisine et poscession desd. rentes des detempteurs dud. domaine. Et disoit led. Olivier Moreau que ce non obstant led. seigneur de Belin avoit fait mectre en sa main lesd. rentes et empesche aud. demand. de les recevoir pour quoy il disoit avoir este grandement endo-

(1) La Poissonnière, fief important situé dans la commune de Saint-Ouen-en-Belin, fut possédée dans le xivᵉ siècle par la famille Cordeau. Jeanne Cordeau épousa, en 1393, Olivier Ier Moreau ; elle hérita plus tard de la Poissonnière. La famille Moreau (voir la généalogie ci-contre), dans laquelle cette terre resta pendant plus de quatre siècles, en ajoutait le nom au sien.

GÉNÉALOGIE DE LA FAMILLE MOREAU DE LA POISSONNIÈRE

ARMES : **de sable, à une fasce d'or, accompagnée de trois morilles de même** (*Preuves de Malte*)

Denis MOREAU, écuyer, vivait en 1376.

Denis MOREAU.

Jacquet MOREAU, épouse Agnès Morin.

Olivier Ier MOREAU, épouse en 1393, Jeanne Cordeau, dame de la Poissonnière.

Olivier II MOREAU, épouse, en 1417, Huette Cordeau, sa parente. Il achète, en 1424, la terre de Bezonnais (en Ecommoy), de Marion, Ve de Macé Belier.

Olivier III MOREAU, épouse, en 1438, Julienne de la Beaussonnière. Ils fondent une messe tous les samedis dans l'église de Saint-Ouen-en-B., et y choisissent leur sépulture.

Jean Ier MOREAU, épouse : 1° en 1469, Geoffrine Lillard, dont une fille (Anne); 2° Ambroise du Bouchet, dont naquirent ses autres enfants.

Jacques MOREAU.

Guillemette MOREAU.

Huette MOREAU, épouse Colinet de la Beaussonnière.

Anne MOREAU, épouse, en 1507, Thibaud de Baraton.

Jean II MOREAU, épouse, en 1510, Jeanne de Favières

Etienne MOREAU, curé de Saint-Maixent, puis de Saint-Ouen.

Guillemette MOREAU.

Jeanne MOREAU, épouse Jean..., seigneur de Saint-Laurent.

René de la Beaussonnière, qui transige, en 1507, avec Jean de Beaumanoir de Lavardin, comme héritier de la succession de Jacq. de Matefelon, chev., mari de Catherine de Rochechouart

François Ier MOREAU, épouse, en 1545, Louise de Féchal, fille de Jean, seigneur de Thurel.

Jeanne MOREAU, épouse Jacquet de Grougelin, écuyer.

Guionne MOREAU, épouse, en 1531, René de Maintiez.

Thibaude MOREAU, épouse, en 1531, Adam de Chanteloup.

Cataut MOREAU, morte sans enfants.

Marguerite MOREAU, morte sans enfants.

François II MOREAU, épouse, en 1571, Françoise le Vexel, fille de François et de Louise du Bellai, dame du Plessis, en Auvers-le-Hamon. Ayant négligé de se rendre en armes devant Amiens, *ainsi qu'il en reçut l'ordre*, sa terre de la Poissonnière fut adjugée en 1597, à Thibaut Crespin, pour la somme de 1,722 écus 50 sols : il vendit sa terre du Grez, pour retirer celle de la Poissonnière.

Claude MOREAU, seigneur de Bezonnais, épouse Catherine de Courtoux.

Jean MOREAU, épouse, en 1581, Renée de Crux. Il devint seigneur du Grez et de la Béraudière (en Ceaulcé). En 1588, Henri III lui donna une compagnie de deux cents hommes d'armes à pied. *Il prit une part très active à la Ligue.* S'étant joint aux ligueurs qui faisaient le siège de Mayenne, en 1590, sous la conduite de Lansac, il y fut blessé mortellement.

Charlotte MOREAU, épouse, en 1577, Jean de la Motte.

Louise MOREAU, épouse, en 1578, Ambroise de Monchauveau.

François III MOREAU, épouse, en 1620, Hélène de Laval, fille de François, seigneur de Tartigny.

Lancelot MOREAU, seigneur du Grez.

Anselme MOREAU, confirmé dans sa noblesse en 1633.

Renée MOREAU épouse, en 1618, Jacques de Segrais, seigneur de Segrais, en Saint-Mars-d'Outillé.

René MOREAU, épouse, en 1641, Gabriel du Mesnil, † 1692.

Urbain-Gabriel MOREAU, épouse, en 1668, Louise de Guillot.

Félix MOREAU, épouse, en 1702, Marie-Thérèse du Bouchet, † 1742.

Urbaine MOREAU.

Éléonore MOREAU.

Charles-Félix MOREAU, né en 1711, épouse : 1° Elisabeth de la Poterie de la Mérie, sans enfants; 2° Marine-Françoise-Emilie Rottier de Madrelle, fille de Rottier de Madrelle, seigneur de Belin, sans enfants.

Charles-Louis MOREAU, mort au service en 1735.

Marie-Thérèse MOREAU.

Françoise MOREAU, épouse Louis-Jos. de Caqueray, écuyer, seigneur de Beauclos, demeurant à la terre de Brion (Normandie). — *Charles-Félix Moreau étant mort sans laisser de postérité*, la Poissonnière passa à sa sœur dont les enfants l'ont vendue à M. de Cailleau

(Le Paige, *Dict.*, II, p. 387. — Pesche, *Dict.*, V, p. 454.)

maigé et requeroit que led. seigneur de Belin lui meist lesd. rentes au delivre. Et led. seigneur de Belin disoit plusieurs raisons au contraire. Et finalement en la parfin en notre court du Mans en droit par devant nous personnellement establiz lesd. parties soubzmettanz eulz leurs hoirs avecques touz leurs biens meubles et immeubles presens et a venir a la juridiction et detrait de notre dite court et de toutes autres si mestier est quant a tenir ce qui senssuit lesquels ont congneu et confesse de leurs bon gré sans nul pourforcement que sur les contens et debaz dessusd. ils sont venuz a bonne paiz accort en la manière qui senssuit cest assavoir que pour ce et affin que lesd. rentes soient et demeurent atouzjours mais perpetuellement par heritaige aud. seigneur de Belin a ses successeurs et a ceulx qui auront cause de lui sans ce que led. Olivier Moreau ne ses hoirs et ayant cause y puissent jamais aucune chose demander par vertu dud. eschange ne autrement led. seigneur de Belin a promis et sera tenu rendre et poyer aud. Olivier Moreau dedans Noël prouchain venant la somme de onze vings escuz dor du coing du roy notre sire a present ayant cours sans plege en prendre. Et a voullu et consent expressement en cest fait led. seigneur de Belin que s'il avenoit que led. Olivier Moreau ou ses heritiers puissent acquerir en son fié dud: lieu de Belin en ung lieu ou en plusieurs des heritaiges ou rentes jusques a la valleur de lad. somme de onze vingts escuz dor par ung contract ou plusieurs que led. seigneur de Belin ne pouroit contraindre led. Olivier Moreau ni ses hoirs et ayant cause a lui en poier aucunes ventes et en pourra led. seigneur de Belin si bon luy semble faire de son fié son domaine sans le transporter en autres mains. Et par cest present accort faisant led. seigneur de Belin acquite et absole led. Olivier Moreau et ses hoirs et ayant cause de toutes accions tant reelles que personnelles dont il lui eust peu faire demande tant a cause dud. domaine du Plesseys que d'autres choses par avant le jourduy. Et a promis en oultre led. seigneur de Belin donner une robe aud. Olivier

Moreau bonne et suffisante selon son estat dedans led. jour de Noël prouchain venant. Et en ce faisant led. Olivier Moreau a promis et sera tenu rendre et bailler aud. seigneur de Belin dedans led. jour de Noël toutes et checunes les lettres obligacyons quil a devers lui faisant mencion de lacquest ou eschange par lui fait desd. rentes. Et aussi led. Olivier Moreau a promis rendre et bailler aud. seigneur de Belin dedans led. jour de Noël une lettre en pappier sellée du scel de lad. feue Jehanne de Chourses faisant mencion que led. Olivier Moreau avoit fait prest à lad. Jehanne de Chourses de la somme de cent livres tournoys de groux de vingt deniers et de sept escuz et ung moutonnet dor. Et semblablement led. Olivier Moreau acquicte et quicte led. seigneur de Belin de tout ce quil lui peust demander du temps passé acause des arreraiges desd. rentes lesquels arreraiges demeurent aud. seigneur de Belin. Et generallement led. Olivier Moreau quicte led. seigneur de Belin de toutes et checunes les choses tant reelles que personnelles dont il lui eust peust demander par avant le jourduy. Et quant a tout ce que dessus est dit tenir enterigner et accomplir ont obligé lesd. parties l'une partie a lautre eulx leurs hoirs avecques touz leurs biens meubles et immeubles presens et a venir a prendre et a rendre comme pour chose jugee. Et ont renoncie lesd. parties checun pour soy quant en cest fait à toutes excepcions de mal de fraude et decevances doultre moitié de juste prix a touz applegemens contre applegemens opposicion a lexcepcion. Et generallement a toutes et checunes les choses qui de fait de droit ou de coustume leur pourroient valloir avenir obvier ou oppouser contre la fourme teneur et substance de ces presentes en tout ou en partie et que encontre ne vendront ce sont astreint lesd. parties checune pour soy et par la foy de son corps sur ce bailler en notre main. Ce fut donne et adjuge a tenir a leurs requestes par le jugement de notre dite court le vingtiesme jour de novembre lan de grace mil quatre cent cinquante et ung. Presens a de ce messire

Anthoine de Beif chevallier, Jehan Charretier et plusieurs autres (1). »

X.

Jehan II d'Averton, seigneur de Belin et du bourg d'Averton, épousa Marguerite de Laval, selon une généalogie des d'Averton placée au dos d'un titre de cette famille (2); il en eut Jehan III, seigneur de Belin, et André, pourvu d'une prébende de Saint-Pierre-de-la-Cour, au Mans, le 7 avril 1491 (3). A la même époque vivait un autre Jehan d'Averton, seigneur de Coudereau, marié à Jehanne Eveille-Chien, lesquels se font donation mutuelle le 24 novembre 1503 (4) : de là une confusion, amenée par la similitude des noms, que plusieurs compilateurs auraient évitée s'ils s'étaient appuyés sur les titres authentiques.

Jehan II d'Averton, en 1455, et Jehan III, en 1489, rendent aveu à la baronnie de Château-du-Loir pour les terres et seigneuries de Belin et de la Forest (*Noms féod.*). Le 2 juillet 1502 et le 22 août 1509, Jehan III déclare « estre homme de foy simple de hault et puissant seigneur Anthoine de Bueil, baron de Chasteaulx en Anjou et seigneur de Launay Trousseau, comte de Sancerre, au regard de sa terre et seigneurye de Launay Trousseau, a cause et pour raison de la moictié par indivis de la grant dixme de Channay (5), ainsi qu'elle se poursuyt et comporte, et en confesse debvoir la somme de six deniers tournoys de service par chacun an au jour de la feste aux morts. » Même aveu fut de nouveau rendu, le jour de l'an 1530, par André d'Averton, « chanoyne et chancellier de leglise de Tours. » En 1552, le chapitre de Saint-Martin de Tours éleva des prétentions sur cette dîme ; Payen d'Aver-

(1) *Chartrier du chât. du Plessis, en St-Gervais-en-B.*, pièce en parch.

(2) Cabinet de M. Brière.

(3) *Arch. de la Sarthe* $\frac{\text{G. 10}}{1}$, f° 56, v°.

(4) *Arch. de la Sarthe, fonds de la seign. de Belin.*

(5) Channay, comm. du canton de Château-la-Vallière (Indre-et-Loire).

ton, seigneur de Belin, fut obligé de soutenir contre lui un procès non terminé trois ans plus tard, et dont nous ne connaissons pas l'issue (1).

Jehan III d'Averton, seigneur de Belin, du Perray et du Bourg d'Averton, assista en 1508 à l'assemblée des trois ordres de la province, réunie pour l'adoption et la publication de la coutume du Maine, distraite de celle de l'Anjou. Le 14 mars 1507, il avait épousé Françoise d'O, dont il eut, entre autres, André, Péan et Mathieu d'Averton, et une fille, mariée vers 1525, à Pierre Aubery, sieur du Maurier, en La Fontaine-Saint-Martin, d'une famille anglaise établie aux confins de l'Anjou et du Maine en 1439 (2).

Le seigneur de Belin devait foi et hommage simple à l'évêque du Mans, à cause des fief et seigneurie de la communauté de Buffes, dont la moitié de la mouvance féodale appartenait par indivis avec le roi à la baronnie de Touvoie. Il était tenu d'aider à le porter, le jour de son entrée solennelle dans sa ville épiscopale, en la compagnie des sires du Breil, de Montfort, de Vaux (Yvré-l'Évêque), de Sillé-le-Guillaume, de Neuville, de Pirmil et de Mondoubleau, astreints à ce même devoir, depuis l'église de Saint-Ouen-sur-les-Fossés jusque dans le chœur de la cathédrale. Le sire de Belin avait le droit de prendre, une fois la cérémonie achevée, le drap de soie ou tout autre qui recouvrait la chaire de l'évêque pendant le transport (3). Le samedi 1er mai 1507, Jehan d'Averton, écuyer, seigneur de Belin, satisfit à cette obligation en l'honneur de François de Luxembourg, évêque du Mans.

(1) *Chartrier du chât. du Plessis.*

(2) B. Hauréau, *Hist. litt. du Maine*, t. I. — De cette union naquit Jean Aubery, père de cinq enfants, parmi lesquels on cite N..... Aubery, sieur des Baraudières, avocat au Parlement de Paris, et Benjamin Aubery, sieur du Maurier et de la Fontaine-d'Angé (1566-1636), qui fut ambassadeur en Angleterre, sous Henri IV, et en Hollande (1616-1624).

(3) *Arch. de la Sarthe*, G. 9.

Le 1er mars 1519, Jehan d'Averton et Françoise d'O, sa femme, font un testament par lequel ils déclarent qu'ils veulent être enterrés dans l'église de Saint-Ouen, lieu de sépulture de leurs ancêtres, et déshéritent leur fils Mathieu « pour ce que led. Mathieu notre fils aisné a este party devant et encores est ingrat et totallement desobeissant a nous et a machine et conspire notre mort..... mesmes que ledict Mathieu sest efforce oultraiger et de faict a oultraigé la personne de lad. Françoise notre espouse elle estant grosse denfant en maniere que le fruict delle en est mort et dont elle a este en danger de sa vie et quil a este et est de mauvaise vie et converse avecques gens malefiques mal renommez et de mauvaise vie sans voulloir vivre et soy ranger a notre raison et obeir a notre monition et doctrine et quil ne sest voulu et ne veult corriger ne amender et quil nous a jamais evocquez sans nous porter honneur ou reverences. Nous et chacun de nous pour les causes dessus et autres cy apres amplement declarees a nous iceluy Mathieu tout ingrat exherede et exheredons... de nos biens heritaiges et successions voulons et ordonnons que nos autres enfans nez cest assavoir André Pean Jacques Franczoys Jehanne Margarite et Ysabeau et a naistre a nous succeddent selon les coustumes des pays ou nos biens et successions sont et seroient assis au temps de notre trespas de chacune desquelles successions pour les causes dessusd. et nous forcloux print et debout forclorons prenons et deboutons ledict Mathieu et ses hoirs a touziours. »

Jean d'Averton nous apprend jusqu'à quel point ce fils rebelle s'était montré ingrat et pervers. « Entre autres choses » Mathieu « auroit dit nous estant à Paris quil yroit nous estrangler jusques aud. lieu..... et a certaines foys notre d. espouse estant à table pour ce quil luy dist quelques parrolles qui nestoient honnestes et quelle voulut coriger led. Mathieu soy haussa et luy dist plusieurs injures et jura le sang Dieu que si elle portoit les clefs quil porteroit les ferremens et prit ung pain et le cuida jecter a la teste de sad. mère notre espouse disant que lon tiendroit de luy. » Un autre jour il voulut fendre la tête à sa mère (1).

Notre seigneur de Belin dut revenir plus tard sur sa détermination, car, lors du partage de ses biens, à sa mort, arrivée avant 1532, Mathieu reçut pour sa part la seigneurie du Perray; ses autres fils André et Péan ou Jehan eurent, le premier celles du Bourg d'Averton et de la forest de Pail, et l'autre celle de Belin.

Mathieu d'Averton, qui avait été si mauvais fils, ne modifia pas sa ligne de conduite. Aussi il fut mis en curatelle, le 9 octobre 1543, « pour ses mauvais gouvernement et administration de ses biens », par jugement prononcé en présence de « nobles hommes maistre André d'Averton, prothonotaire du Saint Siège appostolique, seigneur du Bourg d'Averton et de la forest de Pail, messire Jehan d'Averton, chevallier et seigneur de Belin, frères germains dudict Mathieu d'Averton, Jehan de la Baussonnière, Jehan de Daillon, chevallier seigneur du Lude, Gilles de Laval, seigneur baron de Maillé,etc., cousins et parens dudict Mathieu d'Averton..... Ont été nommés curateurs : maistre André d'Averton quant au régime, gouvernement et administration des biens choses dud. Mathieu d'Averton et led. de la Baussonnière quant aux autres choses dud. Mathieu d'Averton et pour... les fiefs et faire foy et hommages telles quelles sont (2). » A sa mort, ses biens firent retour au seigneur de Belin.

André, son frère, en outre de ses dignités de protonotaire apostolique et de légat du Saint-Siège, possédait celle de grand-chantre de l'Église du Mans, pour laquelle il eut à plaider, en 1531, contre le chapitre de la cathédrale, qui voulait l'obliger à la résidence dont il se croyait exempté par son titre à la cour de Rome (3). Est-ce lui-même ou un de ses parents que nous avons vu chanoine et chancelier de l'église de Tours en 1530?

(1) Cabinet de M. Brière, pièce en parch.

(2) Cabinet de M. Brière.

(3) Id.

Quoique ses principaux domaines fussent éloignés du château de Belin, André d'Averton avait conservé dans ses environs quelques propriétés qu'il se complut à arrondir plus tard. Le contrat d'acquisition de la métairie de la Symepière, dressé le 8 novembre 1536, devant Mᵉ Mery Desbois, notaire en la cour royale du Mans et demeurant en cette ville, nous donne à ce sujet des détails très précieux pour l'histoire du Plessis, qui, à cette époque, comprenait avec les bâtiments d'exploitation de la ferme, une petite maison de campagne, sur l'emplacement de laquelle fut bâti plus tard le château du même nom. Par cet acte, « honneste homme maistre Baulde Mareschė demeurant audit Mans,... confesse de son bon gré sans contrainte avoir dujourdhuy vendu cédé quicté transporté et délaissé, vend céde quicte transporte et delaisse à tous jours mays par heritaiges à noble et discret maistre André d'Averton, prothonotaire du Sainct Siège apostholicque, seigneur de Pail et du Bourgneuf, qui a achapté dud. Mareschė tant pour luy ses hoirs et ayant cause c'est assavoir le lieu et mestayrie de la Symepière sis et situé en la parroisse de Sainct Gervais en Belin ainsy quil se poursuit et comporte près le *lieu et domaine du Plesseys appartenant aud. achapteur* tant maisons terres boys prés estres estraiges que aultres dependances d'iceluy........., pour le prix et somme de cent escus d'or sol et de prix payer compter et nombrer en notre présence en veue de nous en escus sol....... Ce fust faict et donné et faict et cellé des sceaux dicelle (cour royale du Mans) le huitiesme jour de novembre l'an mil cinq cent trente six passé au lieu du Plesseys parroisse de Saint Gervais en Belin, présens ad ce Estienne Vallée du bourg d'Averton et Marin Lechat natif de Gesvre en ce diocèse du Mans, tesmoings ad ce requis et appelés. » Renée Menault, femme de Mᵉ Baulde Mareschė, ratifie cette vendition le 11 novembre de l'année suivante, en présence de maistre André Dautret et de Jehan Mareschė, de la paroisse du Crucifix (1).

(1) *Chartrier du Plessis.*

XI.

Payen II d'Averton, seigneur de Belin, du Bourg d'Averton et du Perray, succéda à Jean IV, dont l'existence comme seigneur de Belin n'est mentionnée que dans la pièce relatant en 1543 la mise en curatelle de Mathieu, son frère. Nous sommes persuadé qu'il y a là un *lapsus calami* et que ce personnage est le même que Péan ou Payen II d'Averton, qui, d'ailleurs, était frère d'André, comme nous l'apprennent différents documents, entre autres le testament de Jean III d'Averton et de Françoise d'O, leurs père et mère. Nous le croyons avec d'autant plus de raison que, dès le 29 août 1540, Payen d'Averton avait rendu aveu au Roi pour ses terre, fief et seigneurie de Belin.

La chapelle qui se trouvait autrefois au château de Belin a dû être bâtie par lui, si l'on en juge par la requête suivante, qu'il adressa au pape : « Comme ainsi soit que noble et puissant Paian d'Averton, chevallier, seigneur temporel du chasteau et seigneurie de Belin, ait intention et devotion de doter deeument, faire bastir et construire une chappelle ou eglise à Belin....... à cause et pour raison que sondict chastel de Belin est distant de ladicte eglise parrochial de Sainct Aouen en Belin de grand'espace de terre en laquelle sont chemins et devoyemens presque inaccessibles pour icelluy territoire estre froid, esueux et marraigeux (1). »

Il épousa, le 20 décembre 1543, Anne de Maillé de la Tour-Landry, fille de Jean de Maillé et d'Anne Chabot, dont il eut quatre fils, André, Jean, Jacques et Nicolas, qui tous le précédèrent dans la tombe, et quatre filles, Renée, Jacqueline, Marguerite et Jeanne, auxquelles, à sa mort, arrivée vers 1562, on donna pour tuteur M. de Cossé.

Mesdemoiselles de Belin furent recherchées en mariage par les plus brillants partis de l'époque ; plusieurs lettres, provenant du chartrier de Belin, nous apprennent entre autres les noms de M. de Courtalain et de MM. de Lansac

(1) Cabinet de M. Brière.

père et fils (1). On voulut même les marier contre leur gré ; on les priva de leur liberté, on les retint « comme prisonnières sans moyen de se pourmener », espérant sans doute obtenir ainsi par la force le consentement qu'elles refusaient. Leur oncle, Nicolas d'Averton (2), protesta contre ces mauvais traitements et écrivit à un haut personnage dont le nom nous est inconnu, pour le prier de vouloir bien aider ses nièces, afin « quelles puissent retourner ches elles sur l'assurance quelles donnent a la Royne de ne contracter (union) avec personne sans l'advertir (3). »

Renée reçut pour sa part d'héritage les terres et seigneuries de Belin, du bourg d'Averton et de Milly en Gastinois. Jacqueline devint dame du Perray et s'allia à Charles-Robert de la Marck, comte de Maulévrier et de Braine, puis duc de Bouillon après le décès de Charlotte de la Marck, sa nièce (4). Le 20 septembre 1572, Jacques d'Humières lui remit, comme mari de Renée d'Averton, tous les titres touchant le fief du Perray qui étaient déposés dans le chartrier de Belin. Marguerite s'unit à Adolphe de Beauvau, et Jeanne à René de Foix, seigneur de Marcei et de Chavagnac.

Le 1er septembre 1546, Joachim de Chaumières, bailli de Belin, rendit un jugement contre François et Pierre les Lorris, assassins de Me Maurice Bobet, vicaire de Saint-Gervais-en-Belin. Les Lorris furent condamnés à 300 livres de réparations civiles, à 50 liv. pour faire prier à l'intention de leur victime, à une amende de 100 liv. et à être pendus et étranglés aux fourches patibulaires de Belin (à l'étang Hay), par l'exécuteur de la haute justice (5). Quoique le lieu de l'assas-

(1) Pièces justificatives, nos IX et X.

(2) Nicolas d'Averton était prêtre. Il entra dans l'ordre de Saint-Benoît et fut pourvu par l'évêque du Mans, le 31 octobre 1561, à la présentation de Payen d'Averton, seigneur de Belin, son frère, de la chapelle de Fontaine-Bouillante, desservie dans l'église d'Averton.

(3) Pièces justif., no XI.

(4) Robert de la Marck mourut en 1622, à l'âge de 84 ans.

(5) *Arch. de la Sarthe, fonds de la seign. de Belin.*

sinat ne soit pas connu, on prétend que ce fut à un endroit nommé la Mare-au-prêtre, situé près la Croix, en Laigné.

XII

La seigneurie de Belin ne demeura pas longtemps sans châtelain. Le 10 décembre 1564, Renée d'Averton épousa Jacques d'Humières, par un contrat passé au château du Perray, dans lequel elle stipulait que le second fils qui naîtrait de leur union prendrait le nom et les armes d'Averton. Jacques d'Humières (1) appartenait à une famille ancienne de Picardie, où il possédait les seigneuries d'Humières, Becquencourt, Monchi, etc. Il était chevalier de l'ordre du roi, son chambellan ordinaire, conseiller en son Conseil privé, gouverneur de Péronne, Montdidier et Roye (1560), et lieutenant-général en Picardie. Il fut fait capitaine de 50 hommes d'armes en 1567, et compris en 1578 avec son beau frère, Charles-Robert de la Mark, dans la première promotion des chevaliers de l'ordre du Saint-Esprit.

Jacques d'Humières prit une part active à la formation de la Ligue et en fut un des partisans les plus zélés. Henri de Condé ayant obtenu du roi, par le traité de Beaulieu (mai 1576), le gouvernement de Picardie, et Péronne pour ville de sûreté, d'Humières, convaincu qu'il ne pouvait sans péril pour sa foi se soumettre à l'autorité d'un prince protestant, entraîna avec lui les habitants de Péronne à signer une formule de serment par laquelle ils s'engageaient «à défendre la religion catholique envers et contre tous,» exemple qui fut tout de suite imité à Corbie, à Amiens et à Saint-Quentin. Cette association, favorisée secrètement par la reine-mère, en vue d'entretenir son autorité dans les discordes et les brouilleries, se propagea rapidement et reçut de nombreuses

(1) Armes : d'argent fretté de sable. (*Courc.*, III, 202.) — Jacques d'Humières avait été en relation d'amitié avec Payen d'Averton. Voir aux Pièces justificatives, n° XII, une lettre qu'il lui écrivait le 3 juin 1560.

adhésions à Paris et dans les provinces. Elle finit par former un État dans l'État, et son chef, le duc de Guise, devint aussi puissant que le roi.

Jacques d'Humières mourut au commencement de 1579; il laissait trois enfants : 1° Charles, sire d'Humières, marquis d'Encre, chevalier des Ordres du Roi, gentilhomme de la chambre, puis capitaine de 100 hommes d'armes (1585) et gouverneur de Compiègne (1587). Il combattit dans les rangs des Ligueurs à la bataille d'Ivry (1590) et fut tué d'un coup de mousquet à la prise de Ham sur les Espagnols, le 10 juin 1595. Il avait épousé, le 28 juillet 1585, Madeleine d'Ongnies, fille du comte de Chaulnes, et n'en eut pas d'enfants; 2° Anne, mariée, le même jour que son frère, à Louis d'Ongnies, gentilhomme de la chambre du Roi ; et 3° Jacqueline, unie en 1595 à Louis II de Crevant, vicomte de Brigueil, gouverneur de Ham; elle hérita de son frère et de sa sœur, et ses descendants joignirent à leur nom celui d'Humières.

Renée d'Averton se remaria le 14 août 1582 à Jean-François de Faudoas, cinquième fils d'Olivier de Faudoas, seigneur de la Mothe, et de Marguerite de Sérillac, et l'obligea à prendre immédiatement le nom et les armes d'Averton (1). François de Faudoas, connu depuis lors sous le nom de François Ier d'Averton et de M. de Belin, était lui-même veuf de Françoise de Warty, fille de Joachim de Warty et de Madeleine de Suze.

Le nouveau seigneur de Belin, élevé par le maréchal de Montluc, surnommé le Boucher royaliste, à cause de sa cruauté envers les protestants, mit à profit les leçons de son maître. Il se fit remarquer par un caractère bouillant, téméraire, dur et inflexible et devint la terreur du Bas-Maine, si l'on en croit les légendes que l'on raconte encore aujourd'hui à Averton, à Courcité, à Saint-Paul-le-Gaultier, etc.

Monsieur de Belin, disent les habitants de cette contrée,

(1) Il porta : écartelé au 1 et 4 de gueules à 3 jumelles d'argent (Averton), et au 2 et 3 d'azur à la croix d'or (Faudoas).

avait toujours les armes à la main et comptait pour peu la vie d'un homme. Lorsque les métayers, dans les champs, réunis pour dîner, puisaient avec leurs cuillères en bois dans le plat commun, M. de Belin venait s'asseoir au milieu d'eux et taillait dans leur pain une espèce de cuillère. Il s'en servait quelques instants pour tirer au plat à tour de rôle, puis il la mangeait et prenait ses armes en criant : « Que chacun mange la sienne, ou je le tue ! » Condamné à mort, il s'évada de prison et s'échappa de Paris avec le secours d'un équarrisseur, qui le fit sortir de cette ville caché dans le ventre d'un cheval tué. La merveilleuse agilité de son cheval, nommé l'Oiseau, lui sauva plusieurs fois la vie dans des circonstances graves.

C'est ainsi qu'un jour, étant poursuivi dans la ville du Mans, il réussit à s'enfuir en lui faisant descendre au galop les Pans-de-Gorron. Il avait les soins les plus grands pour ce fidèle compagnon, qui cependant mourut des suites de blessures reçues dans un combat. Ce cheval extraordinaire était le démon même ; il a imprimé son talon sur un bloc de granit cubant huit mètres, connu depuis ce temps sous le nom de *pierre talonnée*, et qui se voit à deux kilomètres de la chapelle du Chêne (en Saint-Martin-de-Connée), sur le chemin tendant à Saint-Thomas-de-Courceriers.

M. de Belin revint de ses égarements ; il se convertit et devint un fervent chrétien. La tradition ajoute même qu'il mourut saintement.

Madame de Belin, dont la conduite avait toujours été très régulière jusqu'à la mort de son mari, se livra pendant son veuvage à une vie licencieuse, disant : « Puisque M. de Belin est au ciel, je n'ai qu'à me divertir, puis je me convertirai et je serai sauvée comme lui. » Mais elle mourut impénitente et fut damnée. Toutes les nuits, elle revient à la tour du Pas du parc d'Averton, dans un char de feu traîné par quatre chevaux vomissant la flamme par la bouche et les naseaux. Elle part du château de la Chasseguerre, en Hardanges, passe par Villaines, entre dans la forêt de Pail, et vers minuit se trouve à la Pyramide.

Le Belinois possède aussi sa légende sur notre fameux personnage. La voici, telle que nous l'avons entendu raconter plusieurs fois : A l'extrémité de la commune de St-Gervais-en-Belin se trouve une vieille croix que l'on appelle la croix Saut-Piqué ou Sans-Pitié. Là s'est passé un événement terrible. Il y avait alors en France un roi qui n'aimait pas M. de Belin et voulait s'en défaire. Il fit venir un géant pour le combattre et choisit une chambre comme champ clos. M. de Belin, qui s'y connaissait bien et savait se servir de son pied, se défit facilement du géant et s'en revint à son château. Mais le roi, mécontent de le voir victorieux, lui envoya un nouvel adversaire. Celui-ci arriva dans un carrosse, en suivant la route du Lude. Lorsqu'il fut au carrefour formé par le chemin de Laigné, il aperçut des chasseurs dans les landes; il mit pied à terre et leur demanda s'il y avait bien loin d'ici Belin. On lui répondit : Non. — « Mais pourquoi allez-vous à Belin ? dit le seigneur qui chassait. — J'ai affaire au seigneur de Belin, répondit l'envoyé du roi. — Eh bien ! c'est moi qui le suis, répliqua le chasseur; que me voulez-vous ? » L'envoyé lui fit part de son message, et alors M. de Belin lui dit : — « Ce n'est pas la peine d'aller jusqu'à Belin; voyons tout de suite ici sur ce terrain.» Le combat commença aussitôt et dura longtemps. M. de Belin, qui était très leste, abattit à la fin son adversaire. Celui-ci eut beau lui crier : — « Grâce ! pardon ! miséricorde ! pitié ! » M. de Belin, irrité, le tua sans pitié. C'est pour rappeler ce duel et le refus de pardon, qu'on dut autrefois placer cette croix et l'appeler la croix Sans-Pitié. Elle fut érigée à l'endroit même où M. de Belin accomplit son meurtre.

Revenons à l'histoire, et accordons-lui plus de confiance qu'à tous ces récits, dont le fond a été tellement défiguré et embelli qu'il nous est impossible de le reconnaître.

A la mort du duc d'Anjou (1584), la Ligue s'organisa fortement dans le Maine. Les principaux seigneurs manceaux et presque toutes les villes se prononcèrent en sa faveur: Beaumont et Fresnay restèrent seules au pouvoir du roi de Navarre. François d'Averton se distingua au milieu de tous ses compagnons d'armes par son ardeur et son brillant courage. Philippe d'Angennes, lieutenant général pour le roi dans le Maine, le nomma gouverneur du Mans et le chargea de réparer les fortifications de cette ville de façon à la mettre en état de soutenir un siège. Plus tard, Mayenne lui donna dans son armée le grade de maréchal de camp. A Arques, il fut fait prisonnier; peut-être y mit-il de la bonne volonté. Le matin de la bataille (21 septembre 1589), Henri IV avait envoyé « le vidame de Chartres avec Palcheux, Brasseuses, Auentigny et sept ou huict autres dans les bois, lesquels luy amenerent prisonnier le Sieur de Belin, qui avec cinq ou six chevaux s'estoit aduancé dans les mesmes bois, afin de venir recognoistre l'assiette des troupes du Roy, lequel en riant (pource que le Roy l'avait receu et embrassé de mesme) l'asseura que dans deux heures il auroit trente mille hommes de pied et dix mille chevaux sur les bras, et qu'il ne voyoit pas là des forces suffisantes pour leur résister. « Vous ne les voyez pas « toutes, Monsieur de Belin, dit le Roy ; car vous n'y contez « pas Dieu, ny le bon droit, qui m'assistent (1). »

Rendu le lendemain à la liberté sans rançon, il alla s'enfermer dans Paris, dont le duc de Nemours lui confia le gouvernement en 1591. La Ligue le députa aux États généraux de 1593, réunis pour élire un roi très chrétien. Mal lui en prit, car François d'Averton, qui travaillait déjà avec MM. de Bellièvre et Zamet à la conversion de Henri IV, prit une part active dans les débats, et fit si bien qu'il réussit à faire avorter le projet d'établir sur le trône le jeune duc de Guise ou la fille du roi d'Espagne, auxquels on voulait donner la couronne. «Désia dès la prise du Sieur de Belin, nous dit Sully, peu auant que ce commenceast le grand attaquement du com-

(1) Sully, *Mémoires ou Œconomies royales*, Paris, Thomas Jolly, 1664, t. II, p. 97.

bat ou bataille d'Arques, ... ce gentil-homme receut tant de courtoisies du Roy et en fut tant humainement traitté que ses douces paroles et sa générosité luy engendrerent quelques regrets de s'estre ioint à la faction de ceux qui lui disputoient son légitime heritage, et que depuis ayant esté plusieurs fois enuoyé vers luy pour diuers faciendes, cette première semence fructifia, de sorte que peu à peu il s'estoit laissé disposer a luy devenir serviteur, et enfin se resolut sur quelque degoust qu'il prit sur Monsieur du Mayne, et encor plus des Espagnols, de se déclarer tel en luy rendant quelque signalé seruice qui le rendist recommandable, et lui asseurast vne honorable fortune : Et pour cet effet estant Gouuerneur de Paris il voulut essayer d'y faire des amis, afin de faciliter la remise qu'il en désiroit faire entre les mains du Roy, et desia en auoit-il pratiqué vn si bon nombre et préparé si bien toutes choses qu'il sembloit ne rester plus qu'à faire approcher le Roy auec forces suffisantes, et prendre l'occasion et le iour à propos pour l'exécution.

« Mais toutes ces pratiques n'ayant peu estre si bien conduittes et mesnagées et les ressorts des langues estre si bien cloz, que Monsieur du Mayne n'en eust quelque vent, n'en prist du soupçon, voire ne se laissast persuader qu'il y avoit de la vérité ; il le priua du gouuernement (1) nonobstant toutes les instances des principaux et plus gens de bien de la Ville ; et pour se mieux asseurer, voyant que Monsieur de Brissac (2) c'estoit tousiours montré et se montroit plus que iamais des plus eschauffez et enuenimez contre la personne et les droicts du Roy et du Royaume, et ne reclamoit qu'Espagne et Lorraine, il le pourueut de ladite charge et luy fit faire des sermens les plus solemnels qu'il luy fust possible, de luy estre loyal, voire mesmes avec des execrations (3). »

Henri IV, que cette guerre civile commençait à fatiguer,

(1) Au commencement de janvier 1594.

(2) Le comte Charles de Cossé-Brissac. Il avait bien choisi!

(3) Sully, *Mémoires ou Œconomies royales*, t. II, p. 196.

vit bien que la France ne serait jamais tranquille tant qu'il resterait protestant. Il se décida à abjurer pour mettre fin à la lutte et annonça sa résolution aux conférences de Suresnes (avril 1593) à François d'Averton et aux autres députés de la Ligue. On dit qne ce fut à M. de Belin qu'il adressa ces paroles célèbres : « Après tout, Paris vaut bien une messe. »

François d'Averton se conduisit dans ces circonstances avec beaucoup de sagesse. Henri IV le chargea de la défense des villes de Ham, de Calais et d'Ardres ; cette dernière ville ayant été prise par les ennemis après une courte résistance, il fut accusé de trahison et presque disgracié. Mais le maréchal de la Chastre et Charles Turquan, maître des requêtes, qui furent commis pour faire une enquête à cette occasion, présentèrent une justification si complète de la conduite du comte de Belin, que le roi le donna pour gouverneur au jeune prince de Condé et l'honora du collier de ses Ordres et du titre de gentilhomme de sa chambre. Peut-être même érigea-t-il en sa faveur la terre de Belin en comté?

Le sire de Belin payait assez cher les honneurs qu'il recueillait. Les énormes charges occasionnées par les guerres de la Ligue, surtout l'entretien à ses frais d'une partie des troupes qu'il commandait, le forcèrent à aliéner vers 1589 les seigneuries de Chevaigné et d'Hardanges, pour payer une partie de ses dettes.

Sa terre de Belin fut saisie à la requête du sieur de Rieux et adjugée devant messire Le Vayer, lieutenant général du sénéchal du Maine, par bail judiciaire, au nommé Francfort, pour 833 écus par chacun an. Me Denys Le Rouge, demeurant au Mans, se rendit caution et s'obligea à payer les créanciers, notamment le sieur de Rieux, auquel était due la rançon du sieur de Laval, montant à 1200 écus, dont M. de Belin s'était porté garant.

Henri III donna, en 1587, mainlevée à François d'Averton des saisies pratiquées sur lui, faute d'avoir rendu hommage; Henri IV lui octroya des lettres-patentes semblables le

14 janvier 1604 (1). Ce ne fut que vers la fin de sa vie, le 9 février 1608, qu'il fit aveu au roi, au regard de la baronnie de Château-du-Loir, pour ses terres et seigneuries de Belin et du Bourg d'Averton. Ce document complète l'aveu de 1406 et permet de reconstituer en entier la seigneurie de Belin. Nous allons en donner une analyse sommaire.

Domaines. — Les métairies des Grands-Marets, d'une étendue de 72 journaux ; des Petits-Marais, de 60 journaux ; des Bois (en Moncé), de 6 journaux; de la Semepierre (en Saint-Gervais), de 22 journaux de terre labourable et de 3 hommées de pré; du Plessis (en Saint-Gervais), de 53 journaux de terre labourable, 40 hommées de pré et 60 arpents de bois. Toutes ces terres « par acquisition de deffunct messire Andre Daverton lun de mes predecesseurs me sont venues ou sont a present de mon domaine. »

La métairie de la Collasière (en Ruaudin), « annexée depuis quelque temps a mon domaine », contenant 60 journaux ou environ; l'étang de Luère, d'une étendue de 10 arpents; celui de la Collasière, de 12 arpents; le bois de Luère, de 8 arpents; « le moulin de Clouenne assis en la paroisse de Laigné en Belin avec la riviere et cours de leau la maison. Vos subjects de ma dicte terre de Belin en ce quil en a en mouvance de votre dicte baronnie qui sont contraignables audict moulin estraiges usagers dudict moulin contenant deux journaux ou environ, deux hommees de pré partye en boys et un vivier a poisson assis près ledict moulin et la chapelle de Clouenne. « Item le moulin de Foullet assis en la paroisse de Monce en Belin avec les maisons estraiges yssues riviere et cours de leau au dessus et dessous led. moulin et une fuye a pigeons courtils et terres denviron contenant huict journaux de terres ou environ et quatre hommees de pre ou environ joignant led. lieu.

« item le droict de contraindre mes hommes et subjets

(1) *Arch. de la Sarthe, fonds de la seign. de Belin*, pièces du procès avec le seigneur du Plessis-Barthélemy (1688).

demeurans en lieu advenant tant en vostre dicte baronnye que en la chastelenie de Vaux en Belin de tourner ausd. moulins, mouldre leurs bleds et grains ou de contraindre mes dicts subjects daller quérir les meulles des dicts moulins toutes fois quil en est besoin, avec les rivierres et cours deau des dicts moulins.

« item ma garenne deffensable et droict de chasse que jay de tendre thesurer a toutes manieres de bestes sauvaiges rouges rousses et noyres et les prendre a toutes manieres de fillets et harnois cordaiges et aultrement en toutte madicte terre et seigneurie de Belin tant en ce qui en est tenu de vostre dicte baronnye que de lad. chastelenye de Vaulx en Belin en aultres seigneuries nonobstant que lesd. terres ne soient en vostre dicte baronnye et le droict que jay de faire hayes de boys ou dessus de pieux ou estangons pour faire mes thesures et chasses au dedans de mes terres et aussy a touttes manieres doiseaulx et tout ainsy que mes predecesseurs et moy avons jouy et use desd. choses.

« item ma rivierre du Bourray et le droict de garenne deau et pesche deffensible que jay en lad. riviere a prendre poisson a touttes manieres dangins et fillets depuis lhostel nomme lhostel au Roy des Hayes jusques au Gue de Buffart et le droict que jay de deffendre lad. pesche a touttes personnes et pareil droict de garenne et pescherie deffensible en rivierres et cours deau de mes dicts moulins de Clouenne et Foullet en ce qui est en mon fief,

« item le droict que jay de mettre mes porcs nourriz en tous mes lieulx cy dessus declarés tenuz de vostre dicte baronnie en les forest de Bersay et de Douvre pour y estre nourriz et possonnés en temps de posson et glandes sans en payer autre chose. »

— Vassaux : « Moyse de Germaincourt, escuyer, seigneur de Buffe (1), mon homme de foy simple pour raison de son

(1) Buffes, *Bufa*, était un château situé dans la commune de Fillé. Macé du Bouchet, en 1387 ; Agathe du Bouchet, en 1392 ; Jean du Bou-

fief et domaine de Buffe ou il a cinq hommes de foy et plusieurs cens et rentes et debvoirs quil tient de moy sous ce que tiens de vostre baronnie sauf la mestairye de la Minerie quil tient de moy sous lhommaige que je doibt audict seigneur de Vaulx en Belin pour raison de touttes lesquelles choses il me doibt un cheval de service quand il echet selon la coutume ;

« Pierre Amy, conseiller au présidial, mon homme de foy simple, pour raison de sa terre de Chaston (en Parigné-l'Év.), me doibt un cheval de service ; »

Le fief d'Arché (en Yvré-l'Évêque) doit foi simple et six deniers de service ;

Lazare d'Espagne, écuyer, pour son domaine et fief d'Espagne (en Saint-Gervais) ; Fontenailles (en Écommoy) ; 27 journaux de landes près la Fontaine (en Saint-Mars-d'Outillé), « pour lesquels il mest dû un cheval de service. »

« Des Escottaiz escuyer sieur de la Chevallerie, mon homme de foy et hommage simple pour son habergement dommaine fief et seigneurie du Luère fors et excepté la mestairie de

chet, en 1404 ; Pierre de Germaincourt, écuyer, mari de Marie du Boucher, en 1451, 1453 et 1455 ; Robert de Germaincourt, en 1472 ; Philippe de Germaincourt, en 1486 et en 1496 ; Ambrois de Germaincourt, en 1502, 1505 et 1513 ; René de Germaincourt, en 1539, 1541 et 1563 ; Isaac de Germaincourt, en 1626 ; Mre de la Patuelle, comte de Pontavis mari de Marie de Germaincourt, en 1627 et en 1644 ; Isaac de la Patuelle, chevalier, fils et héritier de Marie de Germaincourt, en 1654, font aveu ou foi et hommage aux seigneurs de Belin pour leur seigneurie de Buffes. Mre Charles de la Patuelle la vendit le 6 mars 1670 à Mre Le Boindre, seigneur de Gros-Chesnay. — Le 28 avril et le 21 juin 1696, Mre Guy Scallier, conseiller du roi au grand conseil, mari de demoiselle Françoise Le Boindre, avoue Buffes à Mme de Rochechouart, qui, le 15 septembre, lui donne quittance de 300 livres pour le rachat de son fief. D'autres aveux en furent encore rendus, en 1720, par Mre Jean-François Le Boindre et dame Marie-Catherine d'Ange, et en 1738, par Mre Jean-Joseph Le Boindre, chevalier, seigneur de Vauguyon et autres lieux. Buffes passa ensuite à Mre Louis-François Daniel de Beauvais, puis à son fils aîné Louis-Marie.

(*Arch. de la Sarthe, fonds de la seigneurie de Belin. — Livre terrier de Belin.*)

Chanteraine, le lieu du Moulin neuf et le lieu du Pineau qui sont de la dicte foy et hommage sont tenuz de moy soubz l'hommaige que je doibts audict seigneur de Vaulx pour raison desquelles choses quil tyent de moy a la ladicte foy tant en ce que je tiens en vostre dicte baronnie que dud. sieur de Vaulx. Il me doibt oultre la dicte foy un cheval de service quand le cas y eschet selon la coustume. »

Le fief de la Ragonnière, doit foi simple et 23 den. obole de service; le domaine de Bray (en Moncé), foi simple.

Cens. — « Le sieur de la Baussonnière pour ce qu'il tyent a cens de moy de sa mestayrie de Brebon (en Saint-Gervais), me doibt 7 sols 6 d. de cens ;

« Le Chantre du Mans pour sa mestairye de Beauchesne (en Laigné), me doibt obéissance, et pour son bois de lad. mestayrie un denyer franc devoir ; »

Le bordage de la Livonnière (en Moncé), 20 s. de rentes nféodées; celui des Scaynins (en Saint-Gervais), 34 s. 6 d. de cens ; la Belligendière, la Cordelière et les Hayes (en Saint-Gervais), 4 d. de franc devoir; le bordage du Petit-Plessis (en Saint-Gervais), 25 s. 6 d., « plus 28 d. et 10 boisseaux d'avoyne a mad. mesure et deux corvées par chacun an ; »

La mestairye de la Roterie (en Saint-Gervais, Laigné et Moncé), d'une étendue de 60 journaux, « cent solz de rentes infeodees a deux termes laquelle mestairye a este baillee par mes predecesseurs a la dicte charge; » le bordage du Bourg-neuf, 4 boisseaux d'avoine de rente inféodée ;

« Jehan Bellanger, Marie Veau, François Gaignot, Jehan de Brun, Noel Germain, Rene Poupart et aultres heritiers ou ayans causes de Jehan Berart pour la terre de Giberges dicte Langlancherye qui fut Gilles Berart et auparavant a Pasquier Coherne en ce quil y en a censive huit boisseaux davoine a mad. mesure ; »

Le bordage de la Gourdinière, « 11 boisseaux davoine a mad. mesure, 2 chappons et une poulle; » le lieu de la Houdoyrie, 8 boisseaux d'avoine; les lieux et métairies de la Huberdière, l'Oisellière et Montaigne; la métairie de Toucheronde, dépendant du prieuré de Saint-Gervais, 12 boisseaux d'avoine de devoir féodal «a mad. mesure; »

« Lesd. abbe et couvent de Saint-Vincent tiennent de moy en garde et ressort de la rétribution du service divin le temporel dud. prieuré de Saint-Gervais;

« Le cure de Saint-Gervais tient pareillement de moy en garde et retribution dudict service divin son temporel de lad. cure;

« Le cure de Laigné tient pareillement de moy en garde et retribution dudict service divin son temporel de lad. cure; »

La métairie des Mortrais (en Saint-Gervais), obéissance; la Moinerye (en Ruaudin), 3 s. 3 d. de cens; le bord. de la Peschardière (en Mulsanne), 18 d. de cens; la Paillerie (en Changé), 6 s. 6 d. de cens; la Courbe (en Ruaudin), 8 d. obole de cens; plusieurs autres terres et métairies en Changé.

« Et pour raison desd. choses que je tiens de vous au regard de lad. baronnye oultre lad. foy et hommage lige que je vous doibts et confesse debvoyr et suis tenu faire 40 jours de garde en vostre chasteau dud. Chasteau du Loir a mes despens quand le cas y eschet et advenant semonce clerge gaige droict et obeissance telle homme de foy lige doibt a son seigneur de fief et de foy lige (1).»

François d'Averton mourut en 1609. Il eut de Françoise de Warty, sa première femme, Louise de Faudoas, qui épousa, par contrat du 15 avril 1595, Claude Gruel, seigneur de la Frette, chevalier des Ordres du Roi, auquel elle porta les biens de sa mère. De la seconde, Renée d'Averton, décédée en 1603, vinrent: 1° François II d'Averton, comte de Belin, qui suit; 2° Madeleine d'Averton, mariée à Louis de Lamet, seigneur de Pinon; 3° Françoise d'Averton, qui s'unit à François de Vaugrelin, baron de Basoches en Normandie, bailli d'Argentan. Restée veuve à l'âge de 35 ans, elle se retira dans l'ab-

(1) *Arch. de la Sarthe, fonds de la seign. de Belin.*

baye de Vignats, au diocèse de Séez, et y mourut en odeur de sainteté, le 3 janvier 1655; 4° N... d'Averton, religieuse.

XIII.

François II d'Averton, comte de Belin après la mort de son père, épousa Catherine de Thomassin, fille de René, dit de Saint-Barthélemy, seigneur de Montmartin et de Mirabel, décédée le 9 octobre 1626, après lui avoir donné huit enfants. Son corps fut inhumé dans l'église de Milly et ses entrailles placées dans celle de Saint-Gervais-en-Belin, où l'on voit encore aujourd'hui, au bas de la nef, l'inscription suivante, surmontée d'un écusson aux armes de Belin et de Thomassin, avec une couronne de comte : « Sovbs ce tombeau gisent les entrailles de havlte et puissãte dame Catherine de Thovmasin vivãte épouse de havlt et pvissãt seignevr messire Frãçoys Daverton seignevr de Belin : Barõ de Mille en Gastinois seignevr du bovrg Daverton Orte Tessé et avtres seignevries laqvelle décéda le 9 octobre 1626. Requiescat ĩ. pace.»

En 1617, frère Sidérac de Baillon, commandeur du Guéliant et de l'Épine-en-Belin (1), et François II d'Averton, pré-

(1) L'hôpital, aumônerie et commanderie de l'Épine (en St-Ouen-en-Belin), avec chapelle, était un membre de la commanderie du Guéliant (en Moitron), appartenant aux Templiers. Après la suppression de cet ordre (1312), ce domaine passa aux Hospitaliers de St-Jean-de-Jérusalem, devenus plus tard chevaliers de Rhodes, et en dernier lieu de Malte. Le commandeur de l'Épine relevait de la châtellenie de la Faigne, à foi et hommage, et 12 den. de service, pour la dîme qu'il prenait à Verneil-le-Chétif dans l'étendue du fief de Crannes, et était tenu de faire dire et célébrer une messe avec absoute le 1er lundi de carême de chaque année. — Commandeurs de l'Épine : en 1506, Guillaume de Saint-Mars; en 1528, Gaucher Coaigne; en 1568, Roland de Guilmer; en 1617, Sidérac de Baillon; en 1640, Gaucher de Couaiesme; en 1656, François de Neufchaises; etc., tous commandeurs de l'Épine-en-Belin, du Guéliant et de Grateil. — En 1665, la commanderie de l'Épine était louée 162 liv. tournois. Vers 1780, ses revenus étaient de 400 livres. — En 1793, les métairies de l'Hôpitau et de l'Épine furent vendues, comme biens nationaux, à la citoyenne veuve Nouet la Boissière, du Mans, la première

sentèrent de concert une requête à l'Évêque du Mans et au pape, par laquelle ils sollicitaient l'autorisation d'échanger entre eux les terres de l'Hospital et de l'Épine, dépendant de l'Ordre de Malte, pour une terre de la même valeur voisine du Guéliant. François d'Averton demandait en outre que l'église de Saint-Ouen fût bâtie près de son château de Belin, s'obligeant à en faire les frais. Le pape donna son consentement, mais le chapitre de Saint-Julien et les habitants de Saint-Ouen firent échouer ce projet.

M. H. Chardon a publié dans la *Revue hist. et arch. du Maine*, t. XIV, p. 20, une notice biographique très remarquable sur François II d'Averton, dans laquelle il s'est appliqué surtout à nous montrer les services que ce grand seigneur rendit aux lettres en leur accordant sa protection.

« Capitaine de cinquante hommes d'armes, dit-il, François d'Averton avait été nommé bailli d'Alençon par la reine-mère. Nommé aussi chevalier des ordres du roi, il n'avait pas reçu le collier, bien qu'il eût fait les preuves nécessaires. Cela vint, dit-on, de ce qu'en 1620 il n'eut pas une attitude assez ferme dans la lutte entre le jeune Louis XIII et Marie de Médicis, brouillée avec le roi son fils. Il s'était emparé du château d'Alençon, malgré les dispositions du peuple pour le roi; mais il ne prit aucune des mesures nécessaires pour arrêter l'armée royale et conserver à la reine-mère ce château, que le marquis de Créqui reprit facilement.

« Son peu de fermeté, dans ces querelles entre la mère et le fils, lui ayant fait perdre les bonnes grâces de la cour, il s'était retiré à Averton, où il fit construire son superbe château, que la mort ne devait pas lui permettre de terminer.

« Cela ne l'empêcha pas de conserver une grande situation dans sa province. Il y était intimement lié avec tous les Lavardin, et surtout avec l'évêque Charles de Beaumanoir.

pour 32.100 liv., et l'autre pour 18.500 liv.; 20 arpents de bois, à l'Épine, furent adjugés à Pierre Leblanc et à Michel Touchard, de Cerans, pour 9.400 liv.

« Issus tous deux des plus grandes familles du Maine, de deux amis d'Henri IV, presque du même âge, unis aussi par un amour commun de la poésie et du bel esprit, ils vivaient pour ainsi côte à côte, chargés souvent d'accomplir de compagnie d'importantes missions pour la province, comme en 1628, où ils furent envoyés vers Louis XIII à la Rochelle (1). On voit le comte de Belin assister à tous les actes importants qui intéressent les Lavardin. Le 18 décembre 1633, il signe au contrat de mariage d'un des leurs, le marquis de Jarzé; bien mieux, il les aide de sa bourse, et on le voit, le 10 juillet 1632 et le 10 janvier 1634, prêter des sommes importantes aux plus proches parents de l'évêque.

« Il séjournait souvent au Mans, où il avait un hôtel. On y retrouve bien souvent sa trace, grâce aux registres de baptême des diverses paroisses.

« Son château d'Averton, avec son magnifique péristyle, aux nombreuses colonnes géminées, avec ses lambris peints et dorés, sa vaste salle de spectacle, était une habitation vraiment digne d'un prince. C'était un long parallélogramme présentant une façade d'une longueur d'environ deux cent quatre pieds sur une profondeur de quarante. Les deux ailes étaient en saillie. Au milieu de la façade du corps principal, au midi, se trouvait le péristyle aux colonnes cannelées. Chaque fenêtre du rez-de-chaussée était encadrée par des colonnes de granit d'une seule pièce, aux chapiteaux richement sculptés, posées par couple et entièrement détachées des murailles, tandis qu'au premier étage leur nombre était diminué de moitié, une seule colonne se trouvant placée entre chaque ouverture. Le toit était surmonté d'un clocheton arrondi; toute la façade, à trois étages, était en pierre de taille.

« La bande noire, hélas! n'a pas respecté cet important

(1) Le mardi 10 mai 1628, Charles de Beaumanoir, évêque du Mans, et M. le comte de Belin, allèrent trouver le roi Louis XIII au siège de La Rochelle et en furent de retour le 3 juin suivant; ils allaient assurer le roi de la fidélité de ses sujets de la province du Maine.

spécimen de l'art du temps de Louis XIII dans le Maine, qui ne possède plus guère de vastes châteaux de cette époque. De celui d'Averton il ne reste guère aujourd'hui que des souvenirs, qui ne peuvent qu'à grand'peine servir à le reconstituer dans toute sa splendeur (1). »

Le château de Belin ne put jamais se relever de l'état de ruines où l'avait mis la guerre de Cent ans, malgré les restaurations qu'on lui fit subir au milieu du XVIe siècle. L'éloignement de ses seigneurs, qui ne l'habitaient plus qu'en passant depuis la mort de Payen II, fut le dernier coup porté à son existence. Ce fier château avait vécu !

François d'Averton l'abandonna entièrement pour construire, vers 1630, celui du Plessis, sur l'emplacement d'une maison de campagne qui y existait depuis longtemps. Son projet était magnifique, digne de lui-même ; il fut forcé de l'abandonner, contraint, il est certain, par les embarras financiers dont nous trouvons trace à l'ouverture de sa succession. Le plan fut modifié de telle sorte que la partie qui a été exécutée ne devait former d'abord qu'une des ailes du projet primitif ; son achèvement n'eut lieu qu'en 1656. Une seule tour existait ; M. de Moncé en fit construire une autre au midi. Il y ajouta en 1789 le pavillon du nord, et vers 1820 celui du midi.

Le 26 avril 1630, M. de Belin, qui vivait en grand seigneur et aimait à avoir toutes ses aises, acquit aux portes du Plessis la seigneurie de Vaux, par contrat dressé devant Pierre Pasque et Pierre Guerreau, notaires au Châtelet de Paris. Par cet acte, « messire Michel Lemasle, seigneur prieur des Roches, prothonotaire du Saint-Siège apostolique, secretaire de Monseigneur lillustrissime Armand Jean du Plessis, cardinal de Richelieu, seigneur chastelain de Vaux, » vendait et transportait au nom de celui-ci « à haut et puissant seigneur messire François d'Averton, comte de Belin et du Bourg d'A-

(1) H. Chardon, *La vie de Rotrou mieux connue.* (*Rev. hist. et arch. du Maine*, t. XIV, p. 20.)

verton....., conseiller du roy en ses Conseils destat et privé, estant logé de présent en son hostel à Paris siz en la rüe de Portefoing parroisse Saint-Gervais, ce présent et acceptant, la terre et seigneurie et chastellenie de Vaux, ses appartenances et dépendances consistant en haute, moyenne et basse justice, reliefs, hommages, rachapts, mestairies, moulins, cens, rentes et redevances en bled...., moyennant la somme de 30.000 livres tournois. » Pour en effectuer le paiement, François d'Averton fut obligé d'emprunter 10.000 livres à Cardin Lebrec, conseiller du roi en ses Conseils d'État et privé, et lui en constitua 625 liv. tourn. de rentes. Le 21 mai suivant, le cardinal de Richelieu, « estant de présent en cette ville de Grenoble, » ratifia cette vente devant Michel Particelle, conseiller notaire secrétaire du roi. Le 2 décembre 1631, le comte de Belin fit foi et hommage au roi pour sa nouvelle propriété (1).

Jusqu'à présent, la construction du château du Plessis avait été attribuée au cardinal de Richelieu. Cette erreur, faite d'abord par Pesche et répétée depuis (2), était d'autant plus facile à commettre, que ce nom de Plessis était celui même de la famille du grand ministre de Louis XIII : de là on avait conclu que Richelieu, qui posséda dans son voisinage la châtellenie de Vaux, de 1623 à 1630, avait bâti le Plessis et lui avait donné son nom.

Le Plessis n'appartint jamais à Richelieu. Un accord, daté de 1451, entre Olivier Moreau, seigneur de la Poissonnière, et Jean d'Averton, seigneur de Belin, mentionne qu'à la fin du XIVe siècle, André d'Averton avait droit de prendre 15 liv. 17 s. 6 den. tournois, 4 corvées, 4 chapons et 16 boisseaux d'avoine mesure de Belin, le tout de rente inféodée annuelle et perpétuelle sur « le domaine et appartenance

(1) *Arch. de la Sarthe, fonds de la seigneurie de Belin.*

(2) Pesche, *Dictionn.*, t. V, p. 270. — H. Chardon, *La vie de Rotrou mieux connue* (*Rev. hist. et arch. du Maine*), t. XIV, p. 24. — M. Leguicheux, *Le château de la Chasse-Guerre*, p. 41.

du Plessis assis en la paroisse de Saint Gervaise en Belin. » Était-ce un château à cette époque? On ne peut l'assurer. Cependant les mots « domaine et appartenance » semblent l'indiquer.

Le Plessis fut acquis au commencement du XVIe siècle par les seigneurs de Belin, qui l'ont possédé jusqu'à nos jours. André d'Averton, protonotaire du Saint-Siège apostolique, en était propriétaire en 1536, lorsqu'il acheta la métairie de la Symepière située, dit le contrat d'acquisition, près son « lieu et domaine du Plesseys. » La présence d'un notaire du Mans venant au Plessis même faire cet acte, jointe à celle de deux étrangers comme témoins, l'un de Gesvres et l'autre d'Averton, et qui devaient être des serviteurs d'André d'Averton, nous porte à croire qu'alors il se trouvait au Plessis une maison de maître avec une métairie. Nous en voyons une preuve convaincante dans un bail de cette métairie du 1er février 1621, dont voici le résumé : « Noble, venerable et discrept frere Jacques de Moreau prestre, religieux profes de Chāulx Lhermitaige y demeurant, » loue, devant Pierre Alloyau, notaire à Yvré-le-Polin, au nom de M. et de Mme de Belin, « la maistairye du Plessis proche du chastel du Plessis, » à Jullian Le Dru, laboureur au lieu de la Bourderye en Laigné, pour la somme de 430 livres, 2 chappons gras et 2 livres de bougye (1).

Ce château ne pouvait être de date récente. Certes, il ne fut pas construit par Payen d'Averton, qui restaura celui de Belin, ni par Jacques d'Humières ou François Ier d'Averton, qui vécurent presque toujours éloignés du Belinois.

XIV.

« Pour se consoler de tous ses malheurs, de la mort de sa femme et de la perte de la faveur royale, le comte de Belin ne se contentait pas de se créer ou d'embellir de splendides résidences, et de se livrer avec passion aux plaisirs de la

(1) *Chartrier du Plessis.*

chasse, il se mit à aimer la poésie et les poètes de théâtre, la comédie et peut-être aussi les comédiennes.

« La troupe qui avait toutes les faveurs du grand seigneur manceau et de sa cassette était celle du Marais, dont Mondory était le principal personnage, et était devenu insensiblement le chef. Après Mondory, ses sujets d'élite étaient la Villiers, ainsi que Lenoir et sa femme, tous deux bons acteurs, qui avaient été attachés d'abord au prince d'Orange. La femme de Lenoir était une aussi jolie personne qu'on peut trouver. S'il faut en croire cette mauvaise langue de Tallemant des Réaux, qui me paraît, comme je l'ai déjà dit ailleurs, s'être placé en dehors de la vérité, elle eût été la protégée du comte de Belin, qui aurait été de la sorte un Mécène en partie double. D'après Tallemant, M. de Belin faisait composer des comédies par ses poètes, à condition qu'elle eût le principal personnage. « Il en étoit amoureux et la troupe s'en trouvoit bien (1). »

« Pour mettre ces comédiens en réputation, il avait prié Madame de Rambouillet de souffrir qu'ils jouassent chez elle (en 1631) la *Virginie* de Mairet. Il avait ses entrées chez la célèbre marquise, non seulement comme un des principaux membres de la société polie du temps, mais comme ami de M. de Rambouillet, qui, comme lui, était un des principaux personnages du Maine, grâce à ses titres de sénéchal de cette province et de vidame du Mans, sans parler de ses biens et de la grande renommée de sa famille....

« Ce n'était pas seulement à Paris que M. de Belin patronnait les troupes de comédiens du temps.

« Un autre contemporain qui a vu le grand seigneur manceau de plus près que des Réaux, Scarron, l'auteur du *Roman Comique*, qui se trouvait alors dans le Maine où il séjourna de 1633 à 1640 environ, a donné place en son immortel roman à M. de Belin, et s'est plu à la portraire en beau sous les traits du marquis d'Orsé.

(1) Tallemant, *Historiettes*, t. VII, p. 172.

« Voici ce portrait dans lequel il est impossible de ne pas reconnaître François d'Averton (1) :

« La pauvre troupe n'avoit pas encore bien fait ses affaires dans la ville du Mans ; mais un homme de condition qui aimoit fort la comédie suppléa à l'humeur chiche des Manceaux. Il avoit la plus grande partie de son bien dans le Maine, avoit pris une maison dans le Mans et y attiroit souvent des personnes de condition de ses amis, tant courtisans que provinciaux, et même quelques beaux esprits de Paris, entre lesquels il se trouvoit des poètes du premier ordre, et enfin il étoit une manière de *Mécénas moderne*. Il aimoit passionnément la comédie et tous ceux qui s'en mêloient, et *c'est ce qui attiroit tous les ans dans la capitale du Maine les meilleures troupes de comédiens du royaume*. Ce seigneur, que je vous dis, arriva au Mans dans le temps que nos pauvres comédiens en vouloient sortir, mal satisfaits de l'auditoire manceau. Il les pria d'y demeurer encore quinze jours pour l'amour de lui ; et pour les y obliger, il leur donna cent pistoles, et leur en promit autant quand ils s'en iroient. Il était bien aise de donner le divertissement de la comédie à plusieurs personnes de l'autre sexe, qui arrivèrent au Mans dans le même temps et qui y devoient faire séjour à sa prière. Ce grand seigneur, que j'appellerai le marquis d'Orsé, étoit grand chasseur, et avoit fait venir au Mans son équipage de chasse, qui étoit un des plus beaux qui fut en France... »

« Ce *Mécénas moderne* n'est autre que M. de Belin. Les preuves en abondent... » (2).

M. de Belin fut en relation avec les principaux écrivains de son temps et leur prodigua ses encouragements. Parmi ceux qu'il protégea plus particulièrement, nous trouvons les deux poètes dramatiques les plus célèbres alors, Mairet et Rotrou, dont la réputation le récompensa plus tard des faveurs

(1) *Roman comique*, 2e partie, chap. XVII.

(2) H. Chardon, *La vie de Rotrou mieux connue*. (*Rev. hist. et arch.*, t. XIV, p. 26.)

qu'il leur avait accordées. Mairet devint son hôte en 1631, et c'est à ses côtés, à Averton et au Plessis, qu'il composa la plus grande partie de ses tragédies.

A partir de 1637, M. de Belin, accablé par la maladie et la douleur d'avoir perdu plusieurs de ses fils, ne quitta plus le Maine ; il vint s'installer au Mans, auprès de son ami, l'évêque Charles de Beaumanoir. Sentant la mort venir à grands pas, il s'empressa, le 20 novembre, de dicter son testament à Me François Bourillon, notaire royal en la cour du Mans, en présence de « honnestes hommes Jacques Cureau, M[e] appothicaire, Nicollas Cailleau marchand drappier et Mathurin Lambert mareschal demeurant aud. Mans. » Cette pièce n'est connue jusqu'à présent que par un extrait rempli d'erreurs publié dans leur notice par MM. Bressin et Lamarre (1) et répété depuis par M. Leguicheux (2). Comme il importe de rétablir la vérité, nous allons en reproduire les parties qui nous semblent présenter le plus d'intérêt (3).

« La maladie fut si grave que le bruit de sa mort courut même à Paris. Il se rétablit un instant, mais bien imparfaitement...... La mort semble cependant l'avoir surpris brusquement. Le 27 septembre 1638, il ajoutait à son testament un codicille fait en sa maison de l'Orgerie, dans la forêt Segréal de Pail, devant Julien Chaillou, notaire au bourg d'Averton (4). Il fallait qu'une recrudescence de maladie fût venue s'abattre sur lui bien à l'improviste et bien gravement, peut-être au lendemain d'une chasse, pour qu'il dictât en ce

(1) Page 14 .

(2) *Le château de la Chasse-Guerre*, p. 30.

(3) Pièces justificatives, n° XIII.

(4) Il déclare par cet acte qu'il « veut et entend que sesdits exécuteurs testamentaires facent le plus tôt qu'il leur sera possible payer l'autel qu'il a ordonné estre fait dans l'église cathédrale dudit Mans en la chapelle de Notre Dame de Chevet.

« Comme aussy veut et entend que la chapelle et le pavillon qu'il a fait commencer à faire au chasteau du Plessis, soit fait parachevée et consacrée.» (*Arch. de la Sarthe*, *fonds de la seigneurie de Belin.*)

lieu ses dernières volontés (1). Il mourut deux jours plus tard, le 29 septembre (2). »

Sa grande bonté envers les pauvres lui avait attiré l'estime générale ; aussi il ne laissa après lui que des regrets unanimes. « Le vingt neuvième jour de septembre de l'an mil six cent trente huit, disent les registres paroissiaux d'Averton, deceda au bourg d'Averton M. de Belin au grand regrettement et dommage de ses subjets et aultres, Dieu sa grâce lui plaise faire sentir et donner. » Ceux de Saint-Gervais-en-Belin constatent les mêmes sentiments et nous apprennent en outre que son cœur fut déposé dans l'église de cette paroisse. « Le 29 septembre 1638, lisons-nous dans un extrait de ces registres, est décédé haut et puissant seigneur messire François d'Averton. Son cœur a été apporté en l'église de Laigné, le 4 octobre 1638, et le 10 dudit mois en celle de Saint-Gervais. Les curés des six paroisses avec tous leurs ecclésiastiques et habitants se sont assemblés à ce, pieux et très digne des larmes desdits, accause que Dieu nous a voulu priver du seigneur de la plus heureuse mémoire que jamais nous eussions pu souhaiter. *Lugebamus cum planctu magno et dicebamus quomodo cecidit potens qui salvum faciebat populum Domini* (3). »

L'inscription suivante, placée dans la nef de cette église, indique l'endroit où repose le cœur de cet homme de bien qui, l'un des premiers parmi la noblesse, accorda la liberté aux serfs de ses domaines : « Ci-dessous a été déposé le cœur de messire François d'Averton, chevalier, comte de Belin, baron de Millé, châtelain d'Averton, Tessé et autres lieux. »

François d'Averton laissait à ses enfants une vaste succession. Le « mémoire général » de ses biens, composé pour en

(1) « Peut-être (et c'est probable) habitait-il l'Orgerie pendant les travaux de reconstruction du château d'Averton ? » (H. Chardon.)

(2) H. Chardon, *La vie de Rotrou mieux connue.* (*Rev. hist. et arch. du Maine*, t. XIV, p. 74.)

(3) *Arch. de la Sarthe, fonds de la seigneurie de Belin.*

établir le partage, donne des renseignements précis sur sa grande fortune.

Le comté de Belin comprenait :

En Saint-Ouen-en-Belin, outre le château : la grande métairie de Belin, la basse-cour, les métairies de la Mintraie, de la Réauté, de la Gourdinière, la closerie de la Fuye et le clos de vignes de la Mintraie, de huit arpents ; en Laigné : les métairies de la Varanne, des Boulais, des Grands et des Petits Marais, les moulins de Clouanne et de Beuron ; en Saint-Gervais-en-Belin : la métairie du Plessis, « proche la mestairie est la maison appellée le Plessis fort belle maison avec le grand jardin, bois qui l'environne d'un costé, grand pré, et pour privé de l'autre, c'est la maison ou feu monsieur de Belin demeurait quand il estoit dans le pays, » les métairies de la Cimepierre et de la Harnière ; en Moncé : celles du Rosne, des Bois, des Luères et de Clé, les moulins de Vaux et de Follet, et les prés de Vaux ; en Teloché : la métairie de la Houlbardière et la closerie de Sarsay ; en Saint-Biez, la métairie de la Huaudière ; en Ruaudin,. celle de la Collasière ; en Mansigné, celle du Grand Cruchet du fief de Chambrin ; en Écommoy, celle de la Roche-Maupetit.

La closerie de la Galloppière, les vignes d'Yvré et de la Mestairie, l'estang de la Chère, les profficts de fief à la raison du fief de Belin, les rentes et rachapts.

La terre et seigneurie du Bourg d'Averton était composée « d'un château avec ses prés, jardins, estangs avec le parcq qui est fort grand ; » le domaine fief et rentes du Bourg avec les deux moulins à papier ; les métairies de la Haye, de la Pommeray, de Monthuisan, de la Bourdinière, des Grandes Noës, de la Hottière, les prés de Pail.

Les métairies de Campail, de la Tannerye, du Bas Averton, de la Bouverye, des Espinays, de la Gaynière, du hault Averton, de la Morsure.

En Saint-Paul, celles de la Tesserye et du Four ; dans la forêt de Pail, celles des Bruslés, des Prinses, de Lorgérye et des Gouttières, le moulin des Roisilles, les trois étangs du Bourg, savoir ceux du Bourg, des Grand Noës et des Roisilles.

« Feu monsieur de Belin, de son vivant, a faict bastir une belle maison dans Lorgerye séparée néantmoings de la mestairye.

« De ladicte terre du Bourg d'Averton et des appartenances d'icelle deppend la forrest de Pail, qui n'est que une petite demye lieue dudict bourg, en laquelle forrest outre le tirage qui a esté faict et baillé aux usagers de lad. forrest dans lequel tirage lad. maison du bourg y peut prendre usage, chauffage et bois pour bastir et édiffier. Il y a encore vingt-six lignes séparées par noms et cantons ou lesd. usagers ne peuvent prendre aucun bois, et contiennent lesdictes lignes la moindre cent arpens, les autres cent dix, cent douze, et jusques a six vingts arpents. Chaque ligne faict une couppe, de sorte que les 26 lignes composent 26 couppes lesquelles faict que chaque couppe a 26 ans quand elle est couppée à valoir chacune desd. couppes la forte portant la foible bien dix mil livres, qui est portant un revenu de 10.000 livres par chacun an. »

La terre de Saint-Loup, en la paroisse de Crannes comprend la terre et fief de Sainct Loup et la métairie de la Rouillardière; en la paroisse de Villepail, le moulin des Loges et la métairie des Mondués.

La terre de Tessé est composée « de logis seigneurial, fief, rentes, une mestairye dans la basse cour avec le moulin et mouttaux dud. Tessay, les deux moulins avec leurs mouttaux, » et les métairies de la Beraudière, de la Davière, du Boulay, de la Devinière, de la Cour et de Genetay.

La terre et barronnye d'Orthes est formée « de maison seigneurialle fiefs et rentes, la grosse forge et fourneaux à fer, lestang et moulin Cocleret, moulin Foulleret le tout joignant le logis, le moulin neuf, et l'estang et moulin de la Bellière en la paroisse de Saint Pierre de la Cour, la mestairye de Chastillon, celle des Marais, le moulin et lestang de Bouges, scis en la paroisse de Saint Thomas de Courceriers, le quart du moulin de Courniaulle en Saint Germain, la grande mestairye dud. Orthes, la mestairye de la Bouverye et celle de la Boussellière en Ysay et la mestairye de la Vivandière les Rentes en avoynes qui montent par chacun an a quelque neuf cens boisseaux et les tailles, le tout affermé à présent sans reserve à 5.950 livres. »

La terre et seigneurie de Courcité, composée de maison seigneuriale, prés, bois, métairies, rentes, « ainsy qu'elle a esté acquise par feu mond. s^{r} de Belin de monsieur le comte de Tresmes. »

La baronnie de Milly en Gastinoys comprend le château avec la basse-cour, les jardins, terres, rentes, etc.

« *Recueil de la valeur de toutes les terres en argent.*

« Le comté de Belin y compris la terre de Vaux qui y est annexée estant bien affermé peut valloir.... 8.000 livres.

« La terre du Bourg d'Averton y compris la coupe des bois de la forest de Pail une par an. Il y en a 26 et la maison de Lorgerye vault bien bon et mal an...... 20.000 livres.

« La terre de Saint-Loup peut valloir par an. 1.200 livres.

« La terre de Tessay est affermée à présent 3.400 livres, mais elle vault bien.................... 4.000 livres.

La baronnye d'Orthes est affermée à présent 5.950 livres compris la grosse forge, mais elle vault plus de 6.000 livres.

« La terre et seigneurie de Courcité prisée 4.500 livres, elle n'est affermée qu'à 4.300 livres...... 4.500 liv.(1).

« La terre de Milly est affermée a 7.400 livres, mais

(1) On lit ici, en marge : « Ces terres montent le revenu à 43,700 livres et sont situées en la coustume du Maine ou laisné oultre le chasteau et enclos a les deux tiers par les 2038, 2039 et 2040 articles, reste à tous les cadets ou leurs représentans un tiers montant la somme de 14,566 liv. 13 s. 4 d., lesquels cadets estant en nombre de quatre, c'est à chacun 3, 641 liv. 12 s. 7 d. »

estant bien baillée sans la coupe extraordinaire de bois vault bien.............................. 8.000 liv.(1).

« Plus de rente sur la Ville assignée sur les 300 livres par an. Total........................ 52.000 livres de revenu par an. »

Plus, tant du chef de feue madame de Belin que par le décès de madame la marquise de Villars sa sœur, de grands biens en Dauphiné et dans la ville de Lyon, en Bourbonnais (la baronnie de Gayette), en Brie (la vidamie de Meaux et la seigneurie de Trillebardon), en Franche-Comté (les baronnies d'Aultray et de Chaux, et les seigneuries de Luvilly et de Flagy), dans la ville de Paris le franc fief de Joigny « situé dans la paroisse de Saint-Eustache qui commance au jambage de la porte du Grand Pan monte jusques au coing de la rue Mauconseil conduict le long de la rue d'un costé jusques a la rue Verdelet paroisse Saint-Jacques de la Boucherie comprend les deux costez de lad. rue Verdelet remonte au bout de la rue de la Truanderie dont la rue d'un costé est dans led. fief, duquel fief sans y comprendre les cens revenus, vault bien bon an mal an quatre cens livres par an. »

Tous les biens maternels se montent à la somme de 636.073 livres 19 s. 10 d., plus 6.000 livres de rentes sur l'hôtel de ville de Paris évaluées à raison du denier six à 36.000 livres.

Sans y comprendre la baronnie de Gayette, estimée 66.000 livres, la vidamie de Meaux et la terre et seigneurie de Tribaldon, estimées 63.000 livres, la baronnie d'Aultray, affermée 4.200 francs par an, la seigneurie de Flagy 3.500 francs (2). »

Ces dernières terres provenaient du don qu'avait fait à ses

(1) En marge : « Milly, coustume de . Laisné a le manoir et la moitié du revenu, reste la moitié aux quatre cadets montant icelle moitié 4,000 liv., c'est à chacun 1,000 livres. »

(2) *Chartrier du Plessis.*

neveux, le 25 février 1623, Eléonor de Thomassin, veuve de messire Emmanuel-Philibert des Prez de Montpezat, marquis de Villars (1), suivant un article de son testament ainsi conçu :

« Item, je donne et lègue par forme d'institution particulière à Emanuel d'Averton, mon nepveu, second fils de François d'Averton, seigneur de Belin, et de dame Catherine de Thomassin ma sœur, mes terres et baronnies d'Autray, Poyen, Flaigy, Noidan et Chaux, et généralement tout ce que j'ay d'immeubles et auray lors de mon deceds au Comté de Bourgogne en quoy qu'ils consistent avec les meubles et ustancilles de maison, et bestail qui se trouvera aux mestairies dépendantes desdites terres scizes audit comté de Bourgogne. Et encore je luy donne et lègue les maisons, pensions et servis que j'ay dans la ville de Lyon, sçavoir la maison faisant le coin de la rue Mercière appellée des Bestes, celle que j'ay en la rue Saint-Jean et celle que j'ay joignant le petit palais ayant vue sur la rivière de Saône, et la portion des pensions et servis qui m'appartienne sur les maisons de la rue Thomassin : et générallement tout ce que j'ay et auray lors de mondit deceds dans ladite ville de Lion, sans en rien réserver ny retenir, et desquels biens susdits, je veux que ledit Emanuel d'Averton mon nepveu, demeure vestu et saisi dudit jour de mon deceds, et que si je decedois avant qu'il eut l'âge de vingt-cinq ans, ou qu'il fut marié, je veux que maditte sœur sa mère jouisse des choses cy-dessus, jusqu'à ce qu'il ait atteint ledit âge de vingt-cinq ans ou qu'il soit marié, sans qu'elle soit tenue de rendre compte des fruits qu'elle en recevra, à la charge qu'elle entretiendra mondit nepveu pendant ledit temps selon sa qualité, et de faire faire inventaire des meubles qui se trouveront aux dites terres et châteaux dudit Autray et Flaigy, pour les rendre le temps venu à mondit nepveu, et si madite sœur était décédée, et que ledit

(2) Le marquis de Villars avait été blessé mortellement au siège de Montauban, le 2 septembre 1621.

Emanuel mon neveu n'eut vingt-cinq ans, ou qu'il ne fut marié, je veux néantmoins qu'il jouisse des choses cy-dessus pour l'entretenir, et qu'il ne luy soit donné tuteur, pourveu qu'il ait vingt ans.

« Lequel lieu d'Autray et choses en dépendans et y annexées cy-dessous données audit Emanuel mon nepveu, je les substitue à son fils aisné, né en loyal mariage, et à ses enfants masles, et où il y aurait plusieurs enfants masles, et que sondit fils aisné vint a mourir sans enfants masles je les substitue à l'aisné d'après suivant, et ainsi de masle en masle, et où mondit nepveu cy-dessus institué n'aurait d'enfans masles, ou que ses enfans vinssent à mourrir sans masles, je substitue lesdits biens aux enfans masles de François d'Averton mon nepveu, fils aisné dudit sieur de Belin et de maditte sœur, et où il n'auroit enfans masles, aux puisnez de madite sœur ou à leurs enfans masles au cas qu'ils ne soient d'église ou de l'Ordre de Saint-Jean de Jérusalem, et où tous lesdits enfans masles viendroient à mourir sans enfans masles, je fais la mesme donation aux filles de maditte sœur et à leurs enfans, et quand aux biens et maisons scizes audit Lion, Flaigy et Chaux par moy cy-dessus données, je veux que ledit Emanuel mon nepveu en puisse disposer comme bon luy semblera.

« Je veux qu'au cas que ledit François d'Averton fils aisné dudit sieur de Belin et de maditte sœur, vint à décéder sans enfans masles, ou en bas âge, que ledit Emanuel d'Averton cy-dessus institué vint à recueillir les biens de ses père et mère comme aisné, en ce cas je veux et entens que le don et legs cys-dessus par moy à luy fait, soit et demeure au profit de son frère cadet aisné après luy si aucun y a, qui ne soit d'église ou chevalier dudit Ordre de Saint-Jean de Jérusalem lorsque cette clause serait arrivée, et au cas qu'il n'y eut point d'enfans masles dudit sieur de Belin et de maditte sœur, que ledit Emanuel d'Averton cy-dessus institués ou qu'ils fussent d'église ou chevalier dudit Ordre, je fais le mesme don aux filles de madittc sœur et audit Emanuel également, ou à leurs representans (1). »

XV.

François II d'Averton avait été précédé dans la tombe par ses deux fils aînés : 1° François, décédé sans avoir contracté d'alliance, en 1630, et 2° Emanuel, qui épousa, le 27 juillet 1633, Louise-Henriette Potier, fille de René Potier, comte de Gesvres, puis duc de Tresmes et pair de France, et de Marguerite de Luxembourg, et en eut Emmanuel-René, comte de Belin à la mort de son grand-père (1638). Il mourut le 1er août 1637 des suites d'une blessure reçue dans un combat le 23 juillet précédent ; sa veuve se remaria avec Jacques de Saulx, comte de Tavannes.

Ses autres enfants furent : 3° René, qui s'unit à Claude-Catherine Le Bouthilier de Rancé, fille de Denis Le Bouthilier, seigneur de Rancé, secrétaire des commandements de la reine Marie de Médicis, et sœur de l'abbé de Rancé ; il fut assassiné le 7 décembre 1642 à la porte Saint-Honoré par son beau-frère François de Rochechouart, marquis de Bonnivet. Il laissait trois enfants : Gaston et Jean-Emmanuel, morts sans alliance, et Antoinette, qui épousa son cousin Emmanuel-René, comte de Belin. — Claude-Catherine Le Bouthilier contracta un nouveau mariage, le 2 août 1644, avec Gilbert-Antoine d'Albon, comte de Chazeul, chevalier d'honneur d'Henriette d'Angleterre.

4° Louis-Félix, baron de Milly, mort sans postérité. Une transaction de 1656 nous apprend qu'il était déjà décédé à cette époque.

5° Eléonore, femme de François de Rochechouart, marquis de Bonnivet.

6° Madeleine, morte en 1620.

(1) *Chartrier du Plessis.*

7° et 8° Anne et Marie, religieuses.

9° Catherine, abbesse de Vernon (1).

XVI.

François d'Averton jouissait, comme nous venons de le voir, d'une fortune qui lui permettait de tenir bon rang parmi les grands seigneurs de son temps. Il vivait largement et ses revenus suffisaient avec peine à ses besoins ; aussi se vit-il de bonne heure forcé de recourir aux emprunts. La construction de ses châteaux du Plessis et d'Averton aggrava encore sa situation. En 1643, ses créanciers, voulant être remboursés des fonds qu'ils avaient prêtés, intentèrent un procès à ses héritiers. Leurs plaintes furent inutiles, car nous les voyons quarante ans plus tard plaider encore contre Mme de Mesgrigny et contre Antoinette d'Averton, comtesse de Belin.

Le partage de sa succession ne fut définitivement réglé que le 31 mai 1656. Mme de Mesgrigny, fille d'Eléonore d'Averton et de François de Rochechouart, eut pour sa part un lot de la valeur de 400 à 450.000 livres, dans lequel étaient comprises les terres de Belin, de Vaux, de Gayette et de Tribaldon. Emmanuel-René d'Averton, comte de Belin, et Antoinette d'Averton, son épouse, tous deux cohéritiers, obtinrent en commun tout ce qui restait, ainsi que les biens de la maison de Villars. Mme de Mesgrigny s'obligea en outre, le 1er octobre 1660, à payer dix mille livres de rente viagère, la vie durant de son cousin, aux anciens créanciers de la maison de Belin (2).

Emmanuel-René d'Averton, pour faire face à ses grandes dépenses à la cour et à Averton, où il menait une vie princière, et aussi pour éteindre les dettes provenant de la succession de son grand-père, aliéna tout de suite une grande partie de son héritage. Mme de Mesgrigny l'accuse, au cours d'un procès qu'elle eut à soutenir contre sa veuve, vers 1680, d'avoir

(1) *Chartrier du Plessis.*

(2) *Chartrier du Plessis.*

dissipé pendant sa vie plus de 1.100.000 livres. « Il vendait, dit-elle dans son factum, Milly 350.000 livres, Hortes et la seigneurie de Bas..... 150.000 livres, 6.000 livres de rente sur la Maison de Ville 36.000 livres, une maison à Lyon 7.000 livres, la rente sur la Chicaudière 9.000 livres, après avoir receu ou disposé de 160.000 livres provenant de la maison de Villars et dissipé toutes les debtes actives montant à 135.600 livres, après avoir touché des deniers extraordinaires pour plus de 239.000 livres (1). »

Il mourut en 1667, âgé seulement de 33 ans, de blessures reçues au siège de Douai, auquel il assistait en qualité de maître de camp du régiment Cardinal-Étranger. Il ne laissait pas de postérité. Sa veuve, Antoinette d'Averton, lui survécut jusqu'au 18 octobre 1706. Après sa mort, arrivée au château d'Averton, ses créanciers mirent ses biens sous séquestre et les vendirent, en 1712, à Pierre-Hector Le Guierchois, chevalier, seigneur de Sainte-Colombe, intendant de la Franche-Comté, et à Pierre, son frère, seigneur de Cantelou, maréchal de camp des armées du Roi.

La famille d'Averton n'était cependant pas éteinte. Nous trouvons dans divers recueils nobiliaires plusieurs personnes de ce nom, qui prétendent descendre des comtes de Belin. En 1862, l'une d'elles, le comte Guy d'Averton, ancien lieutenant de vaisseau, résidant à Avignon, vint visiter les anciennes propriétés de ses aïeux dans notre province. Un de ses cousins, Isidore d'Averton, était, à la même époque, chevalier de la Légion d'honneur et conseiller à la Cour d'appel de Lyon ; un autre, Gabriel d'Averton, était directeur des contributions directes à Rodez (2). Les petits fils de François II d'Averton étant tous morts sans laisser d'héritiers mâles, la branche actuellement existante de cette famille nous paraît devoir remonter au commencement du XVIe siècle.

(1) *Chartrier du Plessis.*

(2) *État présent de la Nobl. française*, publié en 1866.

XVII.

Louis-Jacques de Mesgrigny, le nouveau seigneur du comté de Belin, pour lequel il rendit aveu en 1664, appartenait à une famille originaire de Champagne, connue dès le XVIe siècle (1). Il avait épousé, en 1644, Eléonore de Rochechouart, fille unique de François de Rochechouart, marquis de Bonnivet, mort au mois de juillet 1647, et d'Éléonore d'Averton. Il en eut un fils, François-Romain de Mesgrigny, qui reçut le comté de Belin du chef de sa mère, et une fille, Éléonore, mariée à Philippe-Charles Turpin, chevalier, comte de Crissé, et veuve en 1688, lorsqu'elle fit aveu au roi pour sa terre des Deffens, mouvant de Maubergeon.

M. de Mesgrigny, dont les fonctions de conseiller du roi en ses conseils, de président au Parlement de Rouen et de conseiller d'honneur en celui de Paris, absorbaient tout le temps, ne dut faire que de très courtes apparitions dans son château du Plessis. Celui de Belin était déjà tout délaissé ; aussi il ne tarda pas à tomber de plus en plus en ruines. Des fermiers habitaient la basse-cour ; le 15 janvier 1676, Jacques Coussé, âgé de 115 ans, demeurant au château de Belin, fut inhumé dans le cimetière de Saint-Ouen (2).

Le 29 septembre 1675, M. de Mesgrigny et son épouse fondèrent une mission qui devait être faite tous les cinq ans, par les Lazaristes, dans chacune des paroisses de leur comté : Saint-Ouen, Saint-Biez, Saint-Gervais, Moncé, Laigné et Teloché. Ils la dotèrent de plusieurs métairies en Laigné (3).

Eléonore de Rochechouart devint veuve en 1677. Le 23 septembre 1681, elle rendit aveu au Mans et à Château-du-Loir pour ses seigneuries de Belin et de Vaux. Nous ne pouvons ici qu'analyser ce document.

(1) Armes : d'argent au lion de sable. (*La Chesn.*)
(2) *Reg. de l'état civ. de Saint-Ouen-en-Belin.*
(3) *Arch. de la Sarthe, fonds de la seign. de Belin.*

Vassaux

M. Le Boindre, pour Buffes (Fillé) ; la dame de la Forterie, pour Châtons ; le sieur de Chantilly, pour le Grand-Luères ; le sieur chantre du Mans, pour sa métairie de Beauchêne ; les détenteurs de l'Anglescherie ; le sieur curé de Laigné, pour son temporel de ladite cure ; dame Magdeleine Colbert, veuve de Louis Boulard, chevalier, dame du Rancher ; René Moreau, escuyer, sieur de la Poissonnière, pour la métairie de Courillon ; le seigneur d'Espaigne, pour son fief et domaine d'Espaigne ; Me Jacques Ollivier, advocat au présidial du Mans, pour la métairie de Chandorcé ; Jacques Marchais, pour la métairie de la Petite-Quinte (Laigné) et le fief du Plessis-Hay (Teloché) ; François Guitton, sieur de la Beaussonnière, pour son fief de la Beaussonnière ; le sieur Taffu, seigneur de Coudereau, pour le fief de Coudereau ; Anthoinette Duchesne, dame de la Branlardière, pour le fief de la Branlardière (Laigné) ; le seigneur de l'Hommais (Laigné), pour sondit lieu ; le seigneur de la Fuye *aliàs* Flée, pour la croix buissée du bourg dudit Laigné, « me doit la foy et hommage, un cheval de service quand il échet ; » messire François de Juglart, chevalier, à cause de dame Jacqueline de Breslay son épouse, pour la métairie de la Borderie (Laigné) ; Jacques Patoy, pour les Echats (Laigné) ; Pierre Chardon, pour la Hardonnière (Laigné) ; Michel Man, pour l'Audionnière (Saint-Gervais) ; Pierre Léger, procureur des religieux de la congrégation de la Mission de Notre-Dame de Coëffort du Mans, pour les métairies des Grands et Petits-Viviers et le bordage de la Mothe de Vaux ; la veuve et les héritiers de Charles du Tertre, vivant advocat au siège présidial du Mans, pour la métairie de la Grande-Quinte ; le sieur Tourneur, conseiller du Roy au présidial du Mans, pour la métairie de la Grande-Quinte ; les enfants et héritiers de défunt sieur Guillon, vivant trésorier de France, pour leur métairie de la Grande-Quinte ; Claude Jourdan, escuyer, sieur de la Tousche, et dame Louise Jourdan, sa sœur, veuve de Pierre Bouvet, pour le lieu de la Fuye *aliàs* Flée (Laigné) ; Claude de Breslay, écuyer, seigneur de Posset, pour son fief de Posset ; veuve Magdelon Rabinard, pour la métairie de la Chauvière ; etc., etc.

Le château de Belin était alors « composé, dit cet aveu, de grands bastimens entourés de grosses tours et murailles, machicoulis, doubles fossés et pont-levis, avec la basse-cour composée d'une maison pour la demeure du fermier, de granges, estables, escuries et autres appartenances et dépendances au dedans de laquelle est ma chapelle voutée de pierres de tailles fondée soubs le tittre et invocation de saint François par feu Messire François d'Averton dont je suis patronné. » Auprès se trouvait une pièce de terre labourable nommée le Verger, contenant 10 journaux, dans laquelle il y avait une grande fuye à pigeons et à un des bouts un bâtiment servant de chenil (1).

Depuis longtemps la seigneurie de paroisse de Saint-Biez, attachée au fief du Plessis-Barthélemy, situé à un kilomètre du bourg, était contestée aux seigneurs de Belin. La querelle se ranima en 1689. Pierre de La Planche, écuyer, seigneur de Bezonnais et du Plessis-Barthélemy, éleva un nouveau procès et déclara à l'appui de ses prétentions que cette seigneurie devait lui appartenir, puisque le fief qui y donnait droit était en sa possession. Madame de Mesgrigny soutint, de son côté, qu'elle et ses ancêtres en avaient toujours joui depuis un temps immémorial, ainsi qu'on pouvait le constater par les différents aveux rendus au roi et par une sentence du 15 août 1556. Quoi qu'il en soit, après des débats qui durèrent trois années, la comtesse fut condamnée et dut se résigner à la perte d'un droit auquel elle semble tenir beaucoup (2).

(1) *Arch. de la Sarthe, fonds de la seign. de Belin.*
(2) *Arch. de la Sarthe, fonds de la seign. de Belin.*

Éléonore de Rochechouart mourut le 23 octobre 1707 (1). « Son corps fut ensepulturé sous son tombeau par elle préparé d'avance depuis longtemps (2) » dans l'église de Saint-Gervais-en-Belin, où l'on peut lire cette inscription : « Cy gyst Éléonor de Rochechouart, comtesse de Belin, Vaux, Vivonne et Cersigny, marquise de Bonnivet, vidame de Meaux, décédée le 23 octobre 1707. Requiescat in pace. Amen. » Armes : parti d'Averton et de Rochechouart ; couronne de marquis.

XVIII

François-Romain-Luc de Mesgrigny, chevalier, seigneur des Espoisses, épousa, en 1684, Angélique Turpin, fille de Henri-Charles Turpin, chevalier, comte de Vihiers, et de feue Madeleine de Laurens, demeurant au château de Tacé ; il en eut Éléonore, mariée à Eutrope-Alexis Chateigner (3), chevalier, marquis de Saint-Georges. Devenu veuf, il s'unit à Marguerite-Radegonde de Bessey de Lusignan, dont naquit Éléonore-Marguerite-Radegonde, mariée, le 21 novembre 1721, à Benjamin-Louis Frotier, comte de la Coste-Messelière (4).

(1) En 1700, Mme de Rochechouart dota l'école de Saint-Gervais-en-Belin du bordage de la Grande-Bignonnière, que l'on vendit quelques années plus tard pour 2,500 livres. Cette somme placée sur le clergé de France, rapportait en 1768, 100 livres d'intérêts, destinés à l'entretien d'un vicaire chargé de faire l'école gratuitement aux enfants pauvres. — L'école de Saint-Gervais était tenue en 1698 par « dame Ambroise du Val. » Elle fut ensuite dirigée par Me Aubry (1753), Me René Mordret (1753-1773), Me J.-F. Chereau (1773-1779), Me Livet (1780-1784) et Me Pierre Voisin (1785-1792), tous vicaires de la paroisse. (*Reg. de l'état civ. de Saint-Gervais.*)

(2) *Reg. de l'ét. civ. de Saint-Gervais-en-Belin.*

(3) De Chateigner : d'or à un lion de sinople lampassé et armé de gueules (*arm. ms.*); d'or au lion léopardé de sable .(*Dub.*)

(4) Benjamin-Louis Frotier, seigneur en partie des terres et vidamie de Trilbardon et de Meaux et du comté de Belin, naquit en 1699 ; il fut reçu cornette des chevau-légers de la garde du Roi au mois de septembre 1719 ; mestre de camp, lieutenant de Roi au haut Poitou en 1727 ; il mourut le 5 septembre 173.. Il eut, de son mariage avec Éléonore-M.-R de Mesgrigny, Louis Frotier de la Messelière, page de la petite écurie du Roi en 1727. (*Le P. Anselme.*)

Il mourut le 21 mars 1712. L'inscription suivante, placée au côté droit de la nef de l'église de Saint-Gervais-en-Belin, nous apprend le lieu de sa sépulture : « Cy gist haut et puissant seignur messire François-Romain-Luc de Mesgrigny, cheuallier, comte de Belin, de Vaux, de Viuosne et de Brein, marquis de Bonniuet et des Deffens, vidame de Meaux et de Trilbadon, baron de Grisse, seigneur des châtellenies de Cheneché, Cersigny et les Espoisses, du Franc Fief de Joigny, fils aîné et principal héritier de défunt haut et puissant seigneur messire Jacques de Mesgrigny, conseiller du Roy en ses conseils et d'honneur en tous ses parlements, et de défunte haute et puissante dame Eléonore de Rochechouard aussy cy dessous inhumée, lequel après avoir servi en qualité de capitaine de cavallerie dans le régiment Colonel Général, et passé la uie dans une probité sincère et une exacte piété mourut en son château du Plessis-Belin, âgé enuiron de 59 ans, le 21e mars 1712. » Au-dessous sont ses armes : écartelé, au 1 et 4 fascé, enté ou nébulé d'argent et de gueules de 6 pièces (qui est de Rochechouart), au 2 et 3 de gueules à trois jumelles d'argent (qui est d'Averton), sur le tout de Mesgrigny, d'argent au lion de sable ; supports, deux griffons ; couronne de duc ; cimier, une tête de griffon.

Sa sœur, Éléonor de Mesgrigny, épousa : 1° Philippe-Charles Turpin, chevalier, comte de Crissé (1), et en eut Angélique, née le 2 avril 1685 (2), mariée à Armand-Gabriel

(1) Turpin de Crissé : losangé d'or et de gueules .(*Cauvin.*)

(2) « Le 29 octobre 1701, demoiselle Angélique Turpin issue du mariage de haut et puissant seigneur messire Philippe-Charles Turpin en son vivant chevalier seigneur comte de Crissé et autres lieux et de haute et puissante dame Éléonor de Mesgrigny, marquise de Bonnivet et des Deffans, comtesse de Brin, dame des baronnie de Grisse et chatellenie de Cheneché et autres lieux, née le mercredy 2e apvril 1685, et ondoyée par le sieur Nermor, curé dudit Cheneché le lendemain par dispense de Mgr l'Évêque de Poitiers et dapté du 12 apvril an 1685 signé Hard. évêque de Poitiers, a reçue la cérémonie du baptême et le nom d'Angélique par François Grassin garçon et Renée Hervé fille, pauvres mendiants de cette paroisse qui ne savent signer, par moy

de Crux, seigneur de Montaigu ; 2° en 1706, Jean-Ferdinand, comte de Poitiers (1), dont Éléonore-Henriette, unie à Maximilien Bleikard, comte d'Helmstadt (2), baron du Saint-Empire.

Le 13 novembre 1697, « Madame Eléonor de Mesgrigny, marquise de Bonnivet et des Deffans, comtesse de Vihiers et de Brain, dame des chastellenies de Chenechay, La Martinière et autres lieux, veuve de hault et puissant seigneur messire Philippe-Charles Turpin, vivant chevalier seigneur comte de Crissé et de Vihiers, demeurante ordinairement à Paris en son hostel, rue du Bacq, faubourg Sainct-Germain, parroisse de Sainct-Sulpice, » acquit la terre, fief et seigneurie d'Espagne, de messire Louis-Paul d'Espagne, seigneur marquis de Venevelles (en Luché), moyennant la somme de 6.800 livres. D'après l'acte de vente, cette seigneurie consistait « en la maison seigneurialle entourée de fossés, avec pont-levis, haulte et basse-cour, granges, estables, fuye à pigeons, etc., hommes sujets, vassaux et arrière-vassaux, profits et hazards de fief...., lesdites choses relevant à foy et hommages des comtés de Belin et Vaux (3).»

Le même jour, sa mère, Éléonor de Rochechouart, « prétendant qu'il luy est deu un rachapt sur la mestairie de la Bougentière et le lieu de la Maison neuve autrefois un moulin (moulin d'Espagne) dont il ne reste plus de vestiges, et le bordage de la Pinetière, scis en laditte paroisse de Saint-Gervais-en-Belin, relevant à foy et hommage des fiefs de Belin ou Vaux, » échangea ces terres avec leur propriétaire L.-P. d'Espagne, contre la métairie de Gesnes, en Mansigné, « et le fief et rentes de Chambrain, hommes sujets et vassaux, cir-

curé de cette paroisse soussigné. A. Tarot, Angélique Turpin. » (*Reg. de l'état civil de Saint-Gervais-en-Belin.*)

(1) Armes : d'azur à 6 besants d'or, 3, 2, 1 au chef d'or (*Trés. hérald.*); de gueules au léopard d'or. (*Courc.*)

(2) Famille des Pays-Bas. Armes : d'argent à une corneille de sable. (*Chartrier du Plessis.*)

(3) *Chartrier du Plessis.*

constences et dépendences desdittes choses, » qui étaient depuis longtemps dans le domaine des seigneurs de Belin (1).

A la mort d'Éléonore de Rochechouart (1707) et à celle de François de Mesgrigny (1712), nous ignorons comment se firent les partages de leurs successions. Tout ce que nous savons, c'est que Mme de Poitiers eut, outre différentes seigneuries situées en dehors du Maine, plusieurs terres dépendantes de celles de Belin et Vaux : le 30 juin 1727, Eléonore de Mesgrigny, marquise de Saint-Georges, baille à François Caignard, les vignes du Ribert (en Yvré-le-Pôlin), « tant pour elle que pour mesdames de Poitiers et de la Coste. » Le preneur « payra à savoir à madame la comtesse de Poitiers 25 livres, à madame la comtesse de la Coste 16 livres 13 s. 4 d. et à moy Éléonore de Mesgrigny celle de 33 livres 6 s. 8 d. (2). »

Les deux filles de François de Mesgrigny héritèrent donc de la presque totalité des comtés de Belin et Vaux et les possédèrent par indivis jusque, probablement, vers 1735 (3). Ce fut seulement à cette époque que les biens d'Éléonore de Rochechouart furent définitivement partagés (4). En 1737, « Éléonore de Poitiers, veuve de Maximilien Bleikart, comte d'Helmstadt, chevalier, mestre de camp d'un régiment allemand cavalerie entretenu pour le service de Sa Majesté,

(1) *Chartrier du Plessis.*

(2) *Arch. de la Sarthe, fonds de la seigneurie de Belin.*

(3) Baux de différentes métairies des comtés de Belin et Vaux, en 1724, 1725 et 1732, par B. Frotier, comte de la Coste, « seigneur propriétaire en partye » de ces comtés, « demeurant ordinairement à Paris, estant de présent en son château du Plessis-Belin. » — Autres baux, en 1718, 1726 et 1734, par E.-A. Chateigner, marquis de Saint-Georges, « mary de haulte et puissante dame Eléonord de Mesgrigny comtesse de Belin et Vaux. » Dans l'un d'entre eux, celui de la Mintrais, dressé en septembre 1734, il déclare être « demeurant audit Brette. » (*Arch. de la Sarthe, fonds de la seigneurie de Belin.*)

(4) Baux, en 1736, 1749, 1755, par « dame Eléonore-Henriette de Poitiers, veuve de messire Bleikard-Maximilien, comte d'Helmstadt, demeurant en son château du Plessis. » (*Id.*)

rend aveu pour la terre et seigneurie de Belin et Vaux, à elle échue par partage avec Armand-Gabriel de Crux, seigneur de Montaigu, et Angélique-Marie-Éléonore-Damaris Turpin de Crissé, son épouse, seules filles et héritières d'Éléonore de Mesgrigny, dame de Poitiers, héritière en partie de Jacques de Mesgrigny, chevalier, et d'Éléonor de Rochechouart, dame de Bonnivet (1). » Trois ans auparavant, mesdames de Crux et de Poitiers avaient fait semblable aveu pour la terre de Vihiers, mouvant d'Angers, restée indivise entre leurs mains et acquise d'Henri-Charles Turpin, en 1690, par sa belle-fille, Éléonore de Mesgrigny, veuve de Philippe-Charles Turpin (2). Madame de Poitiers dut plus tard acquérir la totalité de cette terre, puisque son fils, le comte d'Helmstadt, est dit comte de Vihiers en 1760 (3).

Le 11 janvier 1756, suivant acte passé devant Doyen Waslin, notaire au Châtelet de Paris, Éléonore de Poitiers, comtesse d'Helmstadt, vendit le comté de Belin, la châtellenie de Vaux et la seigneurie du Plessis à messire Marin Rottier de Madrelle et à Louise de Maridort, son épouse, seigneurs d'Yvré-le-Pôlin, moyennant la somme de 228.000 livres. La châtellenie de Vaux faisait ainsi retour à la famille des Maridort, qui l'avait possédée pendant plus de 250 ans.

XIX.

Marin Rottier naquit à Mayet le 21 avril 1706. Il était fils de Pierre Rottier, marchand, et de Françoise Drouet, son épouse ; il eut pour parrain Pierre Chevalier, marchand, et pour marraine Marie Drouet, femme de Jean Belot, de la paroisse de Jupilles. Ses parents jouissaient d'une modeste aisance et appartenaient à une famille honorable dont la descendance s'est perpétuée à Mayet jusqu'à nos jours.

(1) et (2) *Noms féod.*

(3) Maximilien-Augustin, comte d'Helmstadt, épousa Louise de Laval-Montmorency, dame de Châtons (Parigné-l'Évêque). Ayant émigré, en 1790, tous ses biens furent vendus nationalement.

Ses débuts ne présagèrent nullement la grande fortune qu'il devait faire plus tard grâce à son intelligence et aux heureuses circonstances qui le favorisèrent. Préposé d'abord à la tenue d'un bureau de sel, puis employé dans l'administration des ponts et chaussées, il succéda, en 172., à Julien Richard dans les fonctions de receveur des décimes du diocèse du Mans. Le 27 août 1735, il acheta de M. Le Riche sa charge de secrétaire du roi, maison et couronne de France (1), moyennant la somme de 90.666 liv. 13 s. 6 d. Il prit alors le titre d'écuyer et ajouta à son nom celui de Madrelle, d'une terre appartenant à sa famille, et située dans la paroisse de Mayet (2).

En 1736, des débats très vifs s'élevèrent entre lui et Mgr de Froullay, évêque du Mans, qui demanda sa destitution. « Charles de Froullay, dit Dom Piolin, n'accusait pas seulement Madrelle, mais encore une grande partie des ecclésiastiques qui étaient membres du bureau de la chambre ecclésiastique; il énonçait contre eux des inculpations très graves, et les traitait durement. De leur côté, les membres du bureau composèrent des mémoires où l'évêque n'est pas ménagé, et où ils lui reprochent surtout ce qu'ils appellent sa tyrannie. Dans un mémoire particulier, Rottier de Madrelle l'accuse formellement d'avoir jeté au feu une obligation qu'il lui présentait, et par laquelle le prélat reconnaissait en avoir reçu une somme considérable. Quoi qu'il en soit de ce fait, qui ne

(1) Les secrétaires du roi jouissaient de privilèges importants, tels que l'anoblissement pour eux et leur descendance s'ils avaient rempli leur charge pendant vingt ans; ils pouvaient acquérir et posséder des fiefs nobles sans payer aucun droit; ils étaient commensaux du roi et avaient droit de *committimus*. Au criminel, leurs causes ne pouvaient être jugées que par le chancelier ou le parlement de Paris. Au civil, ils avaient leurs causes commises aux requêtes de l'hôtel ou aux requêtes du palais, suivant leur volonté. (Chéruel, *Dict. hist. des institutions*, p. 1144.)

(2) Armes : d'azur à trois flèches d'argent posées deux en sautoir, la troisième en fasce, écartelé d'azur à trois gerbes d'or, qui est Maridort. (*Cauv.*)

repose que sur le dire d'une seule des parties, après plusieurs années de procédures fort vives qui émurent beaucoup le pays, Marin Rottier de Madrelle conserva son titre de receveur général des décimes du diocèse du Mans, et il en remplissait encore les fonctions sous l'épiscopat suivant. C'était un homme estimable, qui semble avoir accompli ses devoirs avec intégrité. Il était d'ailleurs instruit et pieux, et il composa un grand ouvrage intitulé : *Le chrétien formé par la raison, par le sentiment et par la foi.* Cet ouvrage, resté inédit, ne forme pas moins de quatre gros volumes in-folio. Il est dédié à Louis-André de Grimaldi, successeur de Charles de Froullay. Ce livre exprime de vifs sentiments de piété ; et s'il n'offre rien de neuf sous le rapport de l'apologétique, il n'est pas au-dessous de beaucoup d'écrits de la même époque (1). »

Malgré sa noblesse si récente, Marin Rottier de Madrelle eut l'honneur de contracter alliance avec l'héritière d'une des plus grandes maisons de notre province. Le 24 juin 1737, il épousa au Mans, dans l'église de la Madeleine, Louise-Renée de Maridort, fille du chevalier François de Maridort et de Marie-Scholastique Richard, des Richard de Fondville.

Il se défit de sa charge de secrétaire du roi le 9 septembre 1755, et la vendit pour la somme de 110.000 livres. Louis XV lui concéda le 18 octobre suivant le titre de secrétaire honoraire.

M. de Madrelle se trouvait à Paris au moment où madame d'Helmstadt mit en vente son comté de Belin. Il entra aussitôt en pourparlers avec la noble dame et lui avança, avant que le contrat d'acquisition ne soit passé, 40.000 livres dont elle avait un pressant besoin, disait-elle, pour payer ses dettes personnelles et celles de son fils. M. de Madrelle, qui était très habile en affaires, lui succéda non seulement dans le comté de Belin, mais encore dans les dettes et les hypothèques, dont il se chargea.

(1) Dom Piolin, *Hist. de l'Église du Mans*, t. VI, p. 490.

« Le nouveau seigneur de Belin fit le bien dans la contrée. Il vivait simplement, ne voyait jamais le grand monde et passait son temps avec ses travailleurs sur les buttes du Bourray, où les enfants se disputaient l'avantage de lui porter à dîner pour avoir la pièce de 12 sols. Les dames (madame de Madrelle et sa fille) s'attirèrent le respect et l'amour par leur bonté facile, leur bienfaisance et leur simplicité; on les appelait toujours les bonnes dames, et beaucoup d'habitants ne les connaissaient que sous ce nom. Elles avaient, paraît-il, une petite faiblesse pour le Jansénisme, mais sans préjudice pour la pureté de leur foi (1). »

M. de Madrelle dressa procès-verbal, le 10 mai 1756, de l'état des fermes de sa terre de Belin et Vaux. Le château de Belin se composait alors « d'un grand corps de bâtiments en ruines, où il ne reste plus que les murs et une partie d'une tour, avec quelque apparence de fossés autour, un reste en hallier de pierre par lequel est exploité un bâtiment nouvellement construit, contenant une chambre basse, greniers dessus, la terre de la basse-cour contenant une maison pour le fermier; la pièce du cannal de deux journaux et demi, y compris la douve et le cannal abandonné, etc. »

Après la description de chacune de ses fermes, il énumère ses droits seigneuriaux; c'est la partie la plus intéressante pour nous. Le seigneur de Belin possédait : « Droits de pesches, pescheries, cens, rentes en blés et argent, volailles, avenages, biannages, charrois, contrainte de mouteaux, bannalité, amendes et confiscations, justice et juridiction haute, moyenne et basse mère mixte, avec l'exercice dycelle, prisons, ceps, potteaux, carcans, fourches patibulaires à trois piliers, sceaux et contrats, mesures à bled et à vin (2), patron de soi-même

(1) M. l'abbé Gendry, *Chronique manuscrite de Saint-Gervais-en-Belin.*

(2) La contenance du boisseau du Belinois était, ras de 25 lit. 60, et comble de 30 l. 04. Les mesures de liquide, dont l'usage avait d'ailleurs disparu à l'époque de l'établissement du système métrique, étaient aussi plus grandes que toutes celles du pays.

et aux sujets et étagers de la chastellenie de Belin et Vaux et de la communauté de Buffe, circonstance et dépendance des chastellenies terres et fiefs en dépendants et y annexées; passage, billette (1), acquests..... prévosté, foire, marché, banvin pendant quarante jours, les droits de noblesse seigneurie prééminence de la Coutume, dans l'étendue de paroisse de Saint-Ouen-en-Belin, Laigné-en-Belin, Saint-Gervais-en-Belin, Moncé-en-Belin et Teloché-en-Belin. Droits honorifiques comme seigneur direct de paroisse, chastelain et haut

(1) « La *billette* était une enseigne en forme de barillet qu'on mettait aux lieux où s'acquittait le péage, pour annoncer aux voituriers qu'ils ne devaient pas passer sans payer le droit dû au roi ou aux seigneurs. » (Chéruel, *Dict. hist. des institutions*, p. 78.) — Le droit de « billette, prévosté et péage desd. comtés de Belin et Vaux aud. passage de Ponthibault et des branchères en dépendants, avec la maison et le jardin » situés au même endroit, était loué 30 liv. en 1673 et les années précédentes; 36 l. en 1687; 50 en 1732; 53 en 1742, 1749, 1755 et 1760, et 42 en 1770. — Le 19 septembre 1773, « le Roi étant en son Conseil », maintint, conformément à l'avis de ses commissaires, « le sieur Rottier de Madrelle dans la possession et jouissance du droit de péage par terre au lieu de Pontibault, pour percevoir aux charges, conditions et suivant le tarif ci-après; sçavoir : 1° par chaque bœuf, vache et porc, 2 deniers tournois; 2° par chaque brebis ou mouton, 1 d.; 3° par cheval ou âne de somme, 3 d.; 4° par cheval et poulain sans équipage achetés ou menés vendre, 1 sol; 5° par chaque mulet ou mule sans équipage, 1 sol; 6° par chaque bête asine nue, 7 den. obole; 7° par personne chargée à col, 1 den.; 8° par charette chargée de fer, 5 s. 9° par charette chargée de cuirs, 5 s.; 10° par charette chargée de miel, 5 s.; 11° par charette de meubles, 5 s.; 12° par charette chargée de pierres de meules, 5 s.; 13° par charette chargée de morues, 5 s.; 14° par charette chargée d'étoffes de laine, bas et soye, 5 s.; 15° par charette chargée d'eau-de-vie, de guetterie et de mercerie, 5 s.; 16° par charette chargée de fruits, foin, bois de chauffage, 1 s.; 17° par charette chargée de vinaigre, 1 s.; 18° par charette chargée d'huile, 5 s.; 19° par charette chargée de laine, 5 s.; 20° par charette chargée de bois ouvragé, 1 s. 4 d.; 21° par chaque pipe de vin et cidre, 9 d.; 22° par chaque somme de toile, 3 d.; 23° par chaque somme de sucre, amanderie, noix, marrons, chanvre, fil, poupée, poterie, verrerie, plume, drap de laine et étamine, drapeaux, 3 d.; 24° par chaque somme de poisson de mer ou de rivière, 3 den.; 25° par chaque somme de cuir, quinquaillerie, chaudronnerie, poëlerie, mercerie et droguisterie, 6 d.;

justicier, droit de bancs dans lesd. églises, litre, ceinture au dedans et au dehors de lad. église, armes et armoiries; de contraindre les hommes desd. chastellenies de Belin et Vaux; fiefs en dépendant et ceux y annexés de tourner auxd. moulins (de Cluanne et de Follet) leurs blés avec le cours de l'eau diceux, de les contraindre d'aller quérir les meules des moulins touttes les fois et quand ils en seront requis. Droit de pacager les bestes nouries en tous les lieux cy-dessus relevant du Comte du Maine et de la baronnie de Château-du-Loir dans les forests de Bercé et de Douvres même les porcs dans la glandée pour y être noury et possonnés en temps de posson et de glandes sans en payer aucune chose;

26° par chaque somme de beurre, fromage et suif, 3 d.; 27° par chaque dard et faulx, 3 d.; 28° par chaque somme de fer et d'acier, 6 d.; 29° par chaque somme de chapeaux, 3 d.; 30° par chaque daim ou chèvre, 3 d.; 31° par chaque somme de meules, 3 d.; 32° par chaque van, 1 d.; 33° par chaque barique d'huile, 2 d.; 34° par cent de cloux façonnés et de caboches, 2 d.; 35° par chaque somme de grains à moutarde, 3 d.; 36° par chaque barique d'eau-de-vie, 6 d. » Très expresses inhibitions et défenses furent faites « aud. sieur Rottier de Madrelle de percevoir d'autres et plus grands droits de péages que ceux compris dans le tarif ci-dessus ni aucun droit sur les bleds, grains, farines et légumes verds ou secs passant debout par ledit lieu de Pontibault, conformément à la déclaration du 25 mai 1763, nonobstant tous arrêts, réglemens, tarifs ou pancartes à ce contraires, auxquels il est dérogé par le présent arrêt. Enjoint Sa Majesté audit Rottier de faire transcrire le susdit tarif en caractère bien lisible sur une feuille de fer blanc qui sera attachée à un poteau, lequel sera posé à l'endroit où le droit se perçoit, d'entretenir à l'avenir en bon état le pont dudit lieu de Pontibault et les chemins des abords dudit pont, d'acquitter les autres charges dont il peut être tenu pour raison dudit droit de péage, et de se conformer dans la perception d'icelui aux édits, déclarations, arrêts et réglemens concernant les droits de péages, le tout à peine contre lui de suppression dudit droit, de restitution des sommes qui auroient été induement exigées, d'une amende arbitraire au profit de Sa Majesté; et contre ses fermiers ou receveurs d'être poursuivis extraordinairement comme concussionnaires, et punis comme tels suivant la rigueur des Ordonnances. » (Arrêt du Conseil d'État du 19 sept. 1773, une f. pl.; *Bibl. publ. du Mans*, 617 C.)

ma rivière de Bouray depuis l'hôtel du Roy des Hayes jusqu'au gué de Buffart (1). »

Et les autres droits relatés dans les aveux antérieurs des terres de Belin et Vaux.

L'année même de son acquisition, M. de Madrelle eut de très longues difficultés avec la dame de la Baussonnière, au sujet de sapins qu'il avait fait abattre sur un terrain de Vaux et que ladite dame prétendait lui appartenir sinon totalement, au moins en partie (2).

Il exposait ainsi ses droits dans un factum que nous avons sous les yeux :

« Depuis deux ans que le sieur de Madrelle a fait l'acquisition des terres de Belin et Vaux, il a épuisé tous les moyens de conciliation avec la dame veuve du sieur Corbin de Varennes, dame de la Beaussonnière. Madame la comtesse d'Helmstat la venderesse luy ayant remis plusieurs procédures qu'elle avoit commencées contre lad. dame de la Beaussonnière, faute d'obéissance féodale, led. sieur de Madrelle ne les a point suivies, au contraire, il a proposé à lad. dame de communiquer ses titres si elle en avoit, afin de pouvoir se concilier sans procez. Il a même souffert les amis et gens de lad. dame chasser sur luy jusqu'à présent, et même dans les garennes défensables auxquelles elle disoit que ses fiefs étoient fort étendus, et qu'elle avoit aussi droit sur toutes les terres de Belin. En effet elle a aujourd'huy quelques sujets, mais où les a-t-elle pris? En remontant seulement à l'aveu rendu par René de la Beaussonnière du 29 déc. 1495 au seigneur de Belin tout se réduit à un seul sujet.

(1) *Arch. de la Sarthe, fonds de la seign. de Belin.*

(2) Le 28 juin 1661, Louis de Belot, sieur de Haut-Bois, et Jacqueline de la Baussonnière, son épouse, vendirent la Baussonnière à François de Guiton, écuyer, sieur de Moutiers, lieutenant du Roi au gouvernement de Landrecy. Son fils unique François de Guiton, sieur des Marais, lui succéda en 1690 ; il eut une fille, Marie-Jeanne-Philippe, qui épousa le sieur Corbin de Varennes, et que nous voyons procéder contre M. de Madrelle.

« Si la dame de la Beaussonnière s'étoit bornée à recréer son esprit de ces belles imaginations, le sieur de Madrelle n'en auroit point été jaloux, mais les ayant réalisées en faisant assigner le sieur de Madrelle devant M. de Blanchardon, maître des eaux et forêts du pais et comté du Maine par exploit de Mongendre du 11 janvier 1758, luy faisant défense d'abattre ny d'enlever le reste de la sapinière que le sieur de Madrelle auroit vendu aux sieurs Bougard et Chenevot marchands demeurants au Mans et à Teloché, le dernier février 1757.

« Le sieur de Madrelle auroit été obligé en conséquence de l'ordonnance du juge qui porte que toutes choses resteront en état, de faire signifier ladite ordonnance auxdits sieurs Bougard et Chenevot, lesquels en conséquence ont fait retirer les bucheurs, lyonnais et autres ouvriers qui étoient dans la dite sapinière et renvoyéz au Mans, distance de trois lieues et autres endroits, aussy bien que tous les chartiers et voituriers qui étoient commandéz pour l'enlèvement desdits sapins.

« Ce n'est pas encor là le plus grand mal, ce ne sont que des journées, et des dédommagements à payer à des ouvriers et voituriers ; mais ce qui est de plus intéressant pour le sieur de Madrelle, ce sont les poursuites que les marchands sont forcéz de faire contre luy affin de se parer de celles que plusieurs autres marchands font contre eux, faute de leur livrer dans le temps les sapins qu'ils leurs ont vendus, entre autres pour la marine, qui doivent être livréz journellement, de sorte que cela occasionne des frais considérables, et des dommages et intérests contre le sieur de Madrelle. D'ailleurs ce retardement luy cause beaucoup de perte pour la plantation de sa sapinière, chacun profite de l'absence des ouvriers pour emporter les pommes de ces sapins, et par conséquent les graines.

« La dame de la Beaussonnière n'a sans doute pas préveu toutes les suites de sa procédure, si elle avoit répondu aux vues de conciliation que le sieur de Madrelle lui a proposéez par sa lettre, elle ne serait pas dans le cas aujourd'huy de se voir condamner dans tous les dépens, dommages et intérêts de toutes les parties.

« Il n'est question que de jetter les yeux sur les titres du sieur de Madrelle pour s'élever contre un procédé aussy injuste de la part de ladite dame de la Beaussonnière.

« Qu'est-ce que le sieur de Madrelle a fait ? Il a vendu une sapinière qui luy appartient, que ses prédécesseurs ont fait planter en 1675, suivant la quittance passée devant Le Dru, notaire, dans une partie de 500 journaux de landes qui ont toujours appartenu à ses autheurs, dès 1399 suivant l'aveu rendu au Roy de Jérusalem et de Sicile, comte du Maine, par messire Jacques de Maridort comme seigneur de Vaux et propriétaire desdits 500 journaux de landes tous en une pièce sise préz le Ponthibault entre le chemin de Gandelin aux boilles des Bigottières d'un côté, et d'autre côté le chemin comme l'on vat de Buffes à Laigné, et d'autre bout au chemin allant de Ponthibault à Pontvalain.

« Autre aveu rendu au Roy par ledit sieur de Maridort pour lesdits 500 journaux avec les mesmes confrontations cy dessus marquées, le 20 mars 1407.

« Autre aveu rendu à Mgr Charles d'Anjou, comte du Maine, par Jacques de Maridort, écuyer, pour lesdits 500 journaux avec les mesmes confrontations au mois de may 1452.

« Autre aveu rendu à Mgr Charles d'Anjou, fils et nepveu du Roy de Jérusalem, comte du Maine, par Jacques de Maridort, écuyer, pour lesdits 500 journaux avec les mêmes confrontations, le 10 septembre 1538.

« Foy et hommage faite à la chambre des Comptes par messire François d'Averton, comte de Belin et de la terre, seigneurie et châtellenie de Vaux, ladite foy et hommage faite pour ladite châtellenie de Vaux, le 21 juin 1630.

« Autre aveu rendu au Roy notre souverain seigneur par dame Eléonore de Rochechouard, marquise de Bonnivet, veuve de Me Jacques de Mesgrigny, qui déclare tenir de S. M.

à cause de son comté du Maine et tour Ribandelle du Mans la châtellenie de Belin et Vaux et 500 journaux étants en bruyères et landes appellées Bouray autrement Chamaillard, tout en une pièce au dedans de laquelle il y a une sapinière nouvellement plantée proche les pilliers et fourches patibulaires, une garenne à connils, le tout proche Ponthibault,... le 18 mars 1682.

« Le sieur de Madrelle pourroit rapporter une foule d'autres titres, et notamment un arrêt du Parlement rendu contre le sieur François Guitton, sieur des Marais, de la Beaussonnière, père de ladite dame, du 11 mars 1690, qui constate la propriété desdites landes au seigneur de Vaux, et même les limites. Voici en substance ce qu'il porte :

« La cour condamne ledit sieur Guitton à réparer et rétablir dans trois jours pour tout délay le chemin par lequel on vat de Moncé et de Gandelin aux Bigottières qui fait l'une des bornes des limites de 500 journaux de landes appartenants à ladite dame de Rochechouard tant à cause de sa châtellenie de Vaux que de sa seigneurie de Belin, et en outre condamne ledit sieur Guitton en tous les dépens, dommages et intérests.

« Mais en voilà plus qu'il n'en faut pour prouver que la sapinière appartient incontestablement au sieur de Madrelle.

« Ladite dame de la Beaussonnière ne rapporte aucun titre pour justifier son chimérique droit qu'un prétendu aveu rendu au seigneur de Belin le 19 juin 1553, et il luy seroit bien impossible d'en produire d'autres. Mais en quel temps cet aveu a-t-il été rendu par Jean de la Beaussonnière? C'est précisément lorsque Macé de la Beaussonnière était au service du seigneur de Belin en qualité de recepveur. L'on en peut tirer des conséquences. Mais ce n'est point sur cela que le sieur de Madrelle anéantira cet aveu et son prétendu droit. Il a un moyen sans réplique qui est que quand même le seigneur de Belin auroit concédé à Jean de la Beaussonnière ce droit, il ne le pouvoit donner sur les 500 journaux de landes en question dépendantes de la terre de Vaux, et qui n'a été acquise par le seigneur de Belin de M. le cardinal de Richelieu que le 26 apvril 1630 pendant que ce prétendu aveu est datté du 19 juin 1553. Or M. de Belin ny ses officiers ne pouvoient donc par conséquent concéder un droit sur un bien qui ne luy appartenoit pas, et qui n'a été acquis qu'en 1630, 77 ans après la datte de cet aveu.

« Macé de la Beaussonnière, recepveur de Belin en favorisant Jean de la Beaussonnière par l'étendue de ses droits depuis le Gué de la Ronceraye jusqu'à Fromenteau, ne portoit aucuns préjudices à ceux du seigneur de Belin son maître, puisqu'il ne les étendoit que dans les landes de Bouray qui appartenoient au Roy et sur quelques terres et landes qui appartenoient alors au seigneur d'Epagne, et que les seigneurs de Belin n'ont acquises que le 13 novembre 1697, 144 ans après ledit aveu de 1553. Ces droits usurpés par Jean de la Beaussonnière au soutien desquels on ne peut rapporter que cette pièce, et réclaméz aujourd'huy par la dame de la Beaussonnière, ne s'étendent donc que sur des domaines qui appartenoient alors, comme aujourd'huy au Roy et à des particuliers, ce qu'il est aisé de justifier sur les lieux. Le gué de la Ronceraye étant fort éloigné de la sapinière en question et hors l'enceinte desdits 500 journaux appartenants au sieur de Madrelle, et à une demi-lieue de Fromenteau, de sorte qu'il est impossible à la dame de la Beaussonnière de pouvoir asseoir et user de son prétendu droit à moins que ce ne soit dans son imagination.

« Le sieur de Madrelle conclut à ce que ladite dame de la Beaussonnière soit condamnée dans tous les dépens, dommages et intérêts, et à ce qu'il luy soit fait défense de chasser ou faire chasser sur les terres du sieur de Madrelle, et qu'il luy soit permis d'informer en outre contre les particuliers qui ont cy devant voléz des sapins de ladite sapinière de Vaux, pommes et graines d'icelles (1). »

(1) *Chartrier du Plessis.*

Les raisons invoquées par Mme de la Baussonnière tombèrent d'elles-mêmes devant les droits incontestables de son adversaire ; aussi fut-elle condamnée à payer tous les frais et dépens.

M. de Madrelle, dans un de ses libelles, nous édifie sur cette dame et sur sa famille :

La dame de Guiton, dit-il, après la mort de M. de Guiton son père, déshonora sa maison par ses mauvaises mœurs et sa conduite scandaleuse qui obligèrent de la faire enfermer aux Filles repenties à La Flèche. Son valet, vrai scélérat, mourut sur le gibet. Sa fille (celle avec qui il était en procès), ayant sucé un aussi mauvais lait et marché sur ses traces, fut aussi placée dans le même établissement. Ne trouvant point de parti qui lui convînt, elle épousa le sieur Corbin de Varennes, né le 30 janvier 1689, à Saint-Pierre-Église, diocèse de Coutances, employé dans le contrôle des actes des notaires, puis révoqué honteusement en 17... C'était un homme digne d'une pareille femme. Il vendit du vin en fraude à la Baussonnière et usurpa les titres d'écuyer et de chevalier ; il se disait même fauconnier, pour chasser les corbeaux sur les buttes de Chamaillard, quoiqu'il ne fût que simple piqueur au vol et exempt de taille pendant qu'il remplissait ces fonctions. Après sa mort (septembre 1754), un certain abbé Bourgeois de Vitré, son parent, fit épouser à sa veuve le sieur Hector de Girodeau, chevalier, seigneur de Clairaunay et autres lieux. Il ne put tenir à la Baussonnière, malgré ses 70 ans, et s'en retourna dans son pays huit jours après son mariage.

La dame de la Beaussonnière eut un fils pire qu'elle encore. Il devint capitaine au régiment de Rouergue et prit le titre d'écuyer, malgré la sentence du tribunal de Ponthibault, devant lequel il lui fut impossible de faire ses preuves. Cruel et féroce, il marchait armé de pistolets et attaquait tout le monde, de concert avec sa mère, qui ne lui en cédait point. Un dimanche, après la grand'messe, et sans aucun motif, il maltraita si fort avec un bâton le pauvre sacriste de Moncé qu'il le laissa presque mort. La blessure fut si grave qu'on adressa un rapport au roi pour demander la punition du coupable (1).

Vers 1760, M. de Madrelle entreprit de défricher ses buttes du Vieux-Mans et de Mont-Noyé, dont le sol aride et pierreux ne produisait que de maigres bruyères. Il en fit extraire beaucoup de roussard qui servit à empierrer les routes de Tours et d'Angers au Mans, alors en construction, et abandonna la jouissance de son terrain pendant trois années, avant de l'ensemencer en pins maritimes, à tous ceux qui voulurent bien le cultiver.

Plusieurs particuliers, voulant imiter son exemple, s'adressèrent au roi, en 1768, pour obtenir en concession une partie de la lande du Petit-Bourray. Les habitants de Saint-Gervais-en-Belin et de Moncé, qui usaient de cette lande depuis un temps immémorial pour le pacage de leurs bestiaux et pour les bruyères, en vertu du don que leur en avait fait la reine Blanche, recommandée tous les dimanches au prône de ces deux paroisses, prirent aussitôt l'alarme et firent une telle opposition que toute demande fut repoussée.

Le Belinois était à cette époque loin de ressembler au pays riche et fertile que nous voyons aujourd'hui. Des bois, disséminés çà et là, en couvraient une partie, et les champs, entourés de larges chaintres et mal cultivés, ne produisaient que de faibles récoltes. Les loups et les sangliers y exerçaient continuellement leurs ravages, et pendant plusieurs années ils répandirent l'effroi dans les campagnes. Le 1er mai 1753, sur les dix heures du matin, Madeleine Frontault, de Saint-Ouen-en-Belin, fut « dévorée par une bête féroce inconnue (2). » Deux jours plus tard, la même bête, un loup-cervier, mit en lambeaux une pauvre jeune fille des Ardrillers, Jeanne Lemaignan, âgée de douze ans (3). Des battues furent orga-

(1) *Chartier du Plessis.*

(2) *Reg. de l'état civ. de Saint-Ouen-en-Belin.*

(3) *Reg. de l'état civ. de Saint-Gervais-en-Belin.*

nisées de toutes parts, mais aucune ne réussit. Un garde de Château-l'Hermitage, à qui le prieur avait remis des balles bénites, finit cependant par atteindre cet animal et le tua sur la butte de Montagenêt.

Un autre loup fit également plusieurs victimes trois ou quatre ans après. « Cet animal, écrit M. de Madrelle, se cachait dans les blés et dans les bois, et se transportait d'un endroit à l'autre avec une vitesse incroyable. On l'a vu s'élancer et sauter par dessus plusieurs vaches pour dévorer un enfant de dix ou douze ans qui les gardait; de sorte qu'on n'osait plus exposer les enfants à la garde des troupeaux ni sortir de chez soi sans armes à feu, piques ou brocs. On entendait de toutes parts sonner le tocsin et crier : A la beste! J'ai été (*sic*) plusieurs fois à sa poursuite sans pouvoir la rencontrer. Un jour qu'on vint me dire qu'elle venait d'entrer dans un bois de l'Hospital à Saint-Ouën, je fis sonner le tocsin et assembler plus de cinquante personnes, armées de fusils, de brocs et de vouges, que je conduisis sans bruit. Je fis placer autour de ce bois ceux armés de fusils, et les autres qui l'étaient de brocs et de vouges entrèrent dans le bois pour en faire sortir la beste. Il y avait plusieurs chemins qui le traversaient, et, comme j'étais à mon affût au coin de ce bois, j'entendis crier : A la beste! Je courus à la voix et étant entré dans un jardin, parmi des voliers, proche des maisons (de la Gourdinière), j'y trouvai une femme couchée sur le ventre, entre deux sillons, et évanouie. J'appelai alors les personnes qui étaient dans le bois et qui vinrent aussitôt me trouver; nous remarquâmes que l'animal avait déchiré avec les dents la bordure du corps (corsage) de cette femme, proche le cou, coupé le lacet et arraché plusieurs baleines, en laissant beaucoup d'écume, mais comme le corps (corsage) était fort large, il avait remonté au-dessus du cou et empêché l'animal d'étrangler. On prit cette femme et l'ayant mise sur son lit, elle fut encore près d'une demie-heure sans connaissance; enfin elle reprit ses sens et nous remercia en disant qu'elle n'avait aucune blessure.

« Dans le moment on vint nous dire que la beste était du côté de Saint-Biez ; nous continuâmes d'aller à sa poursuite, sans pouvoir la rencontrer et nous trouvâmes plusieurs personnes armées qui se joignirent à nous ; on s'assembla sur la route de Tours, proche de la Couesmeric, plus de *trois cents* personnes armées; ensuite nous nous séparâmes. J'emmenai ma troupe à Laigné dans un cabaret où je lui fis donner à boire et à manger. De retour chez moi, on vint me dire que cet animal avait manqué d'étrangler la femme du nommé Bruneau, qui ne s'en était deffendue qu'avec la poupée de sa quenouille, qu'elle lui présenta à la gueule ; et ayant par hasard laissé tomber un paquet de clefs, qui firent du bruit, l'animal avait eu peur et s'était retiré dans un bois voisin, où je fus le soir à l'affût sur le bord d'un chemin qui conduisait à la maison de cette femme. Comme le jour finissait, j'aperçus à cent pas un animal qui venait à moi ; je crus véritablement que c'était la beste ; j'avais trois balles dans mon fusil et je croyais bien la tuer ; mais point du tout, ce n'était qu'un lièvre que je laissai passer. Le lendemain je sortis avec un petit broc à la main pour aller à la promenade : je rencontrai dans mon chemin un meunier à cheval qui venait à toute bride me criant : N'avancez pas, monsieur, j'ai vu la beste qui vient après moi ! Je continuai cependant mon chemin, mais lorsque je fus dans celui du Lude, j'aperçus plusieurs personnes assemblées dans une sapinière, où les ayant été joindre, elles me montrèrent la place où cette beste venait d'étrangler une jeune fille de 15 à 16 ans, avec les restes de son cadavre que l'on emporta à Laigné, où elle fut enterrée. La terre où la beste l'avait étranglée était toute couverte de sang. — Après que les blés furent coupés la beste disparut (1). »

M. de Madrelle rendit aveu pour ses terres et seigneuries de Belin et de Vaux le 12 novembre 1776 à Louis-Stanislas-

(1) Copie d'un manuscrit de M. de Madrelle, déposée à la bibliothèque du Mans.

Xavier, frère du roi, duc d'Anjou et comte du Maine. Ses domaines se composaient alors du château de Belin, de la grande prée de Belin et des métairies de la Mintraie, de la Grande-Métairie, de la Harnière, de la Ruauté et de la Fuye, en Saint-Ouen ; des métairies du Plessis, de la Sèmepierre, de Brebon, de la Fouquelerie, d'Epagne, de la Pintière, de Toucheronde, des Terres et de la Besnardière, en Saint-Gervais; de celles des Grands et des Petits-Marais, des Boulais, de la Varenne et de la Galopière, et des moulins de Cluanne et de Buron, en Laigné; des métairies des Petits-Luères, des Bois, de Vaux, de Clée et de Chambeslain, des moulins de Follet, de la place du four à ban au bourg de Moncé, de maisons à Ponthibault, et des landes d'Anthenaise ou de Chamaillard, en Moncé, de la métairie de Sarcé, en Teloché, et de celle de la Huaudière, en Saint-Biez; et des vignes du Ribert, en Yvré-le-Pôlin.

Ses vassaux étaient : l'abbé et couvent de l'Epau et le comte de Tessé, pour le fief d'Arché (Ruaudin) ; François-Daniel de Beauvais, pour son fief de Buffes (Fillé) ; l'abbé et couvent de Saint-Vincent, pour le temporel du prieuré de Saint-Gervais ; Marie-Francoise Niepceron, pour le fief incorporé des Hayes (Yvré-le-Pôlin) ; Charles de Vançay, pour les Hunaudières (Mulsanne) et le Fresne (Pontlieue) ; Maximilien-Augustin, comte d'Helmstadt, à cause de Louise-Henriette de Laval-Montmorency, son épouse, pour la métairie de la Colasière (Ruaudin) et la seigneurie de Châtons (Parigné) ; Henry-Charles Pépin, pour le lieu des Courbes (Ruaudin) ; Jean Voisin, pour les lieux des Mineries et des Chauchais (Laigné) (1) ; François Jousselin, seigneur de Fretay, pour le fief de Posset; le supérieur de la Mission du Mans, pour le Grand et le Petit-Viviers (Laigné) ; les propriétaires des lieux de Livonnière, de la Péchenardière, de la Motte de Vaux (Moncé), du

(1) M. de Madrelle acquit de M. de Beauvais, seigneur de Buffes, la mouvance de ces lieux, par contrat du 21 janvier 1761.

Plessis-Lancelin (Teloché); le fief et domaine de la Rouzière (Saint-Ouen); demoiselle Madeleine Gomer et Me Alexandre Morel, pour la métairie des Grandes-Quintes (Laigné); demoiselle Perrine-Marguerite de Renusson, pour la seigneurie de la Fuye ou de Flée (Laigné); Marie-Jeanne-Philippe de Guitton, pour la seigneurie de la Baussonnière; François de Belot, pour le fief de la Gourdinière (Moncé); Marg. Olivier, veuve de Pierre-Denis de Renusson, pour la métairie du Grand-Champ-d'Orcé (Laigné); le prieur de Château-l'Hermitage, pour plusieurs pièces de terre; demoiselle Marie Chouet de Villaines, pour les fiefs de la Narechère (Teloché) et de la Rochère (Mulsanne); Négrier de la Crochardière, pour les domaines et métairies du Bignon et du Verger; Me Martigné, notaire, pour la métairie de la Hatonnière (Moncé); M. Négrier de Posset, pour le bordage du Petit-Aunay; Jean-Michel Gauvin, seigneur du Rancher, pour la seigneurie du Rancher (1); Mre Charles-Félix Moreau, seigneur de la Poissonnière, pour le fief de Courillon; Me Claude-René Vasse, pour le Petit-Champ-d'Orcé; Jacques-Louis Marchais, pour le fief de la Quinte et le Plessis-Hay; Me Le Féron, seigneur des Touches, pour la métairie de la Potinière; René Monrobin, pour le fief de la Chevallerie (Saint-Biez); M. Ruaudin, pour le fief incorporé de la Grande Sevaudière (Saint-Ouen); Alexandre Taffu, paur le Coudereau et Brisson (Teloché); demoiselle Cath.-Suzanne Curault, veuve de Jean Valeinne, pour la Branlardière (Laigné); les religieuses de Sainte-Ursule du Mans, pour Jumeau (2) et la

(1) « Le seigneur du Rancher a droit d'avoir justice foncière, moyenne et basse, justice à sang, droit d'avoir gibet et justice patibulaire à deux pilieux et poteau avec collier ou carcan comme il est planté au village de Theloché de tout temps, avec droit de marcs et mesures à la charge d'en prendre le patron à cet effet au comté de Belin et Vaux... duquel il s'avoue vassal, à la charge de payer à chaque mutation d'homme et de sujet un cheval de service..... » (*Arch. de la Sarthe*, E. 299.)

(2) La terre de Jumeau, dit notre aveu, « doit audit seigneur (de Belin) la foy et hommage simple et homme vivant et mourant que de

Rousselinière (Teloché); Charles Cailleau, seigneur du Breil, pour le Grand-Breil (Moncé); Julien Morançais, pour le champ de Sainte-Anne (Laigné); René Duval, seigneur de Cereaux, pour les Fromenteaux (auprès de la Parentière); demoiselle Chouet de Villaines, pour les Grandes et les Petites-Sauneries et les Grands-Rôtis (Mulsanne); M. Louis-Antoine Boisseau, avocat au Mans, pour la seigneurie de Loridier (Teloché); Pierre Lehoux, pour les Hardonnières; Henri Belin, pour l'Audionnière; le pâtis des Vieux-Rôtis (Mulsanne); le Petit-Epaigne (Saint-Biez); bordage du Ruisseau, *alias* le Carrefour (Moncé); demoiselle Marthelèon, veuve de René Jouanaux, pour le Léart (Saint-Ouen); le Bourg-Neuf (Laigné); Charles et Hélène Picouleau, pour la Borderie; etc. (1).

Les cens (2) se percevaient sur un grand nombre de métairies, dans 15 paroisses : Laigné, Saint-Gervais, Teloché, Saint-Ouen, Saint-Biez, Écommoy, Marigné, Saint-Mars-d'Outillé, Brette, Mulsanne, Ruaudin, Changé, Pontlieue, Moncé et Mayet. Ils se montaient, suivant le procès-verbal des assises de 1715, à la somme de 44 livres 13 s. 3 d., plus 9 poules ou gélines, 8 chapons, 17 corvées et 73 boisseaux d'avoine. La paroisse de Laigné était ainsi comprise dans leur répartition :

La Bataillère, 2 deniers; la Grande-Chauvière, 2 deniers;

droit de rachapt à son décès. » — « On appelait *homme vivant et mourant* pour une abbaye ou une église, celui que les mainmortables ou possédant fief de mainmorte présentaient au seigneur, afin qu'il lui fît hommage et qu'à sa mort le seigneur pût exercer ses droits. Cet usage, qui nous paraît étrange, tient à ce que les communautés de mainmorte, ne mourant pas, le seigneur n'aurait jamais pu exercer les droits auxquels donnait lieu l'ouverture de la succession d'un fief, comme le droit de relief, retrait féodal, etc. Par la fiction de l'*homme vivant et mourant* pour la communauté, le seigneur n'était plus privé de ses droits. » (Chéruel, *Dict. hist. des institutions*, p. 550.)

(1) *Arch. de la Sarthe, fonds de la seign. de Belin.*

(2) Le cens était un impôt que l'on payait au seigneur.

le Saule, 18 deniers ; la Grande-Quinte, 12 deniers ; la Bourmaudière, 14 sols 1 denier et 2 boisseaux de seigle ; les Grandes-Maisons, 10 deniers ; la fabrique de Laigné, pour un journal et demi de pâtis aux Vaux, 1 denier ; le Petit-Chandorcé, 3 deniers ; la Rainière, 20 sols 4 deniers ; Chanteleux, 1 sol ; l'Oizonnière, 1 denier ; la Maison-Neuve, 14 deniers ; les Malitières, 6 sols 6 deniers ; la terre noble des Mineries, 6 deniers ; le Carrefour-Foucher, 1 denier ; le Houx, 1 denier ; le Drouet, 10 deniers ; le titulaire de la chapelle de Saint-Jean de Laigné, pour un pré nommé le pré Drouet, sis près le moulin de Cluanne et dépendant de la métairie de la Chapellerie, 10 deniers ; le Bordage, 16 sols ; la Pierre, 9 deniers et 24 boisseaux d'avoine ; la Coudraie, 3 sols 4 deniers ; la Brière, 6 deniers ; la Hardonnière, 5 sols 6 deniers ; le Pastis, 8 deniers ; Beauchêne, doit franc devoir et 1 denier ; le Petit-Pineau (à la fabrique de Laigné), 3 livres 3 sols 12 deniers et 2 poules ; les Échats, 8 deniers et un cheval de service ; la Borderie, 1 denier et 2 boisseaux et demi d'avoine ; l'Écluse, 1 sol 6 deniers ; la Fuye, 1 cheval de service ; la Branlardière, 2 sols 4 deniers ; le titulaire de la chapelle du Saint-Sacrement dite de l'Anglècherie, pour son lieu de l'Anglècherie, 7 sols 4 deniers ; le curé de Laigné, pour un journal de terre près la Chapellerie, 1 sol 8 deniers ; l'Anglècherie, 18 sols (1).

En 1777, M. de Madrelle, « tant pour honorer la vertu » que pour montrer « son zèle pour notre sainte religion », voulut établir dans son comté l'usage de couronner une rosière. « Il donna une somme de 300 livres pour dotter une fille qui seroit reconnue par MM. les curés du Belinois pour une des plus sages et des plus vertueuses de leurs paroisses, lesquels ont observé fidellement et ont mis sur des billets les noms des filles qu'ils ont reconnues pour telles, lesquels billets

(1) *Livre terrier* et *Livre censier de Belin, aveu de 1776.* (*Arch. de la Sarthe, fonds de la seign. de Belin.*)

rassemblés et cachetés au nombre d'environ 60 ont été tirés au sort et c'est Françoise Froger de la paroisse de Mulsanne à qui est tombée cette dot de 300 livres. Pierre Maillard (de la paroisse de Saint-Gervais), garçon reconnu pour être également sage et vertueux, en ayant été instruit, fit la demande de cette fille qui lui a été accordée. Le mariage fut fait gratis ainsi que la publication des bans en trois paroisses, tous ayant voulu contribuer à cette bonne œuvre. Monseigneur l'Évêque du Mans a aussi donné des preuves de sa charité et de sa bienfaisance en faisant donner gratuitement la dispense de deux bans avec une permission de célébrer le mariage dans la chapelle du Plessis (1). » La cérémonie eut lieu le 17 septembre de la même année, en présence de tout le clergé du Belinois et d'une nombreuse assistance.

« Vers la fin de sa vie, M. de Madrelle devint triste et préoccupé. Jamais la cause de son chagrin et de ses inquiétudes n'a été bien connue. Ce que tout le monde sait, c'est qu'il disparut tout d'un coup, et quelques mois se passèrent en vaines recherches. Les propos tournèrent dans tous les sens, et la superstition enfanta des histoires terribles, telles qu'on en faisait au moyen âge. Déjà les mieux informés avaient eu des rencontres nocturnes fort peu rassurantes ; on parlait de chasses dans les bois, de courses dans les landes et d'autres diableries de ce genre. Heureusement que le tout s'était passé dans l'imagination des peureux ! Enfin on finit par le découvrir, caché à Noirmoutiers ; il en revint bientôt après et reprit son ancien genre de vie (2). »

De son union avec Louise-Renée de Maridort naquit : 1° au Mans, le 3 février 1742, Marin-Louis Rottier de Belin, mort subitement, d'un accès d'épilepsie, au château du Plessis, le 17 juillet 1785. Son père lui avait acheté, le 18 février 1767, pour la somme de 27.000 livres, la charge de lieutenant-

(1) *Reg. de l'état civ. de Saint-Gervais-en-Belin.*

(2) L'abbé Gendry, *Chron. manusc. de Saint-Gervais-en-Belin.*

criminel de la sénéchaussé du Maine, que possédait Pierre-Jacques-René Nepveu, sieur de Rouillon. — 2° Joseph-Augustin-Emmanuel Rottier, dit l'abbé de Moncé, qui suit. — 3° Marine-Françoise-Émilie Rottier de Madrelle, qui épousa, le 12 juin 1759, Charles-Félix Moreau (1), chevalier, seigneur de la Poissonnière, mort le 2 octobre 1787. Elle ne vécut pas longtemps avec son mari, dont la conduite à son égard, pendant les quelques années qu'ils demeurèrent ensemble, lui causa, déclare-t-elle le 25 août 1782, « beaucoup de peines et de chagrin, par ses mauvais traittements et ses durtés pour elle jusqu'à la laisser manquer de tout et la faire mépriser par ses domestiques et surtout par une servante, en laquelle il avait mis toute sa confience et son amitié... Elle auroit encore bien d'autres sujets de plainte à faire de la conduite de son mary si l'honneur et les sentiments de religion ne la retenoient pas. Toutes ces peines lui occazionnèrent une maladie des plus dangereuses, ce qui l'obligea, faute de secours, de ce retirer dans la maison de Monsieur son père, ou on lui procura tous ceux dont elle eut besoin et ou elle est restée depuis ce temps (2). » Elle mourut à Paris, le 20 thermidor an X, sans laisser de postérité.

XX

Joseph-Augustin-Emmanuel Rottier de Moncé naquit en 1750. Il se destina dès l'enfance à l'état ecclésiastique. Après

(1) Le 12 juin 1759. Mariage de « Charles-Félix Moreau, chevalier, seigneur de la Poissonnière, Courillon, Bordeaux et autres lieux, âgé de 42 ans, veuf de dame Elizabet de la Poterie (de la Mérie), fils de deffunts messire Félix Moreau, chevalier, seigneur de la Poissonnière et autres lieux, et de dame Marie-Thérèse du Bouchet, son épouse; » avec « Marine-Françoise-Emilie Rottier de Madrelle, demoiselle, âgée de 19 ans, fille de messire Marin Rottier de Madrelle, écuier, seigneur des comtés de Belin et Vaux, et de dame Louise-Renée de Maridor, etc. » (*Reg. de l'état civ. de Saint-Gervais-en-Belin.*)

(2) Acte dressé par M° Fouineau, notaire à Ponthibault. (*Ét. de Laigné-en-Belin.*)

avoir fait avec distinction ses études au collège du Mans, il alla étudier la théologie à Saint-Sulpice et se fit recevoir bachelier en Sorbonne. Revenu au Mans en 1772, il y reçut la prêtrise et fut pourvu d'un canonicat au chapitre royal de Saint-Pierre de la Cour. C'est là que la fortune vint le trouver, lorsque par la mort de son frère aîné (1785) il devint seul héritier des comtés de Belin et Vaux.

Pendant la Révolution, M. de Moncé mena une vie retirée, d'abord au Mans, jusqu'en 1793, puis à Paris, « où il était, disait-il, plus en sûreté que partout ailleurs, » grâce à la protection que lui accordait un ami très influent. Partisan des idées nouvelles, il prêta le serment demandé par la Constitution civile du clergé (1790). Une nouvelle loi ayant exigé ce serment de tous les ecclésiastiques sans exception, il fut arrêté le 30 mars 1793, avec plusieurs autres prêtres non fonctionnaires publics, et enfermé dans une prison du Mans. Il eut beau dire qu'il « avait prêté le serment, mais avait perdu les lettres d'attestation, » cela ne lui servit de rien, il fut obligé, pour obtenir sa délivrance « de le prêter de nouveau ; son patriotisme, d'ailleurs, était connu. Il est vrai que ce serment n'était plus celui de la Constitution : c'était celui de liberté et égalité (1). »

Quand la tempête fut passée, il revint habiter Le Mans, où il fut fait chanoine honoraire de la cathédrale. Il refusa, a-t-il dit plus tard, un évêché à cette époque.

M. de Moncé fit beaucoup de bien autour de lui. « Il procura l'aisance à tous ceux qui eurent l'avantage d'être employés par lui, soit en qualité de fermiers, soit comme ouvriers ou fournisseurs. Ses plus belles propriétés ne lui rapportaient souvent pas la moitié de leur produit naturel, et ceux de ses fermiers qui furent économes et intelligents se firent facilement une honnête fortune sous ce maître désintéressé. Les familles se conservaient depuis un temps immémorial dans les

(1) Dom Piolin, *L'Église du Mans pendant la Révol.*, t. VIII, p. 254.

fermes du Belinois. Jamais M. l'abbé de Moncé n'eut d'autres places à donner que celles qui étaient cédées volontairement par ceux de ses locataires dont l'avenir était assuré, et qui voulaient jouir en paix du fruit de leurs travaux. Alors c'était un concours empressé pour obtenir une préférence que chacun regardait comme une fortune.

« Pendant un demi-siècle, il entretint à lui seul plusieurs corps d'ouvriers. Les menuisiers avaient leur atelier au château qui, d'un bout à l'autre de l'année, leur fournissait un travail plus ou moins utile, mais toujours bien rétribué. Les maçons et les charpentiers étaient employés sur la terre du Plessis-Belin aussi presque exclusivement. Une douzaine de journaliers à 0 fr. 80 en hiver et à 0 fr. 90 en été trouvaient chaque jour du travail, soit dans le parc, soit dans les bois, les allées ou les avenues.

« M. l'abbé de Moncé, par un goût assez original, n'aimait pas l'ouvrage trop solide ; c'est dans ce but qu'il n'employait généralement que de mauvais bois ou des matériaux de peu de durée, parce que, disait-il, il fallait bien toujours avoir du travail à donner. Un jour qu'il faisait construire en sapin le grand portail de la cour d'honneur, il répondit à un ouvrier qui lui faisait la remarque que ce bois ne durerait que six à huit ans : Croyez-vous que dans ce temps-là vous puissiez vivre de vos rentes ?

« On a estimé que le bosquet joignant le jardin du château coûtait d'entretien 3.000 fr. chaque année, et que la cathédrale en treillage qui en était le principal ornement, et qui a été remise à neuf plusieurs fois, a dû demander dans l'espace de trente-cinq ans une dépense de plus de 25.000 fr., soit pour les peintures, soit pour les différentes décorations et les réparations.

« Les ouvriers comme les fermiers étaient inamovibles. Ils travaillaient peu et trouvaient souvent le moment pour faire leur petite partie. Il suffisait d'avoir un outil à la main et de se démener un peu quand le maître faisait sa ronde. Une fois la visite passée, on pouvait se reposer en sûreté, et on n'y manquait guère. Aussi quand on voulait faire honte à un paresseux ou à un lâche, on lui demandait s'il avait fait son apprentissage chez M. l'abbé de Moncé.

« La maison se composait d'un concierge, d'un valet de chambre, d'un cuisinier, d'un aide de cuisine, d'un cocher, d'un jardinier, d'un garde-champêtre et d'un journalier-commissionnaire, serviteur de tous ceux qui avaient besoin d'aide. Sur la fin de sa vie, M. de Moncé avait aussi une bonne chargée de lui donner tous les petits soins et de le promener en fauteuil roulant. Il était d'usage de laisser dire ce bonhomme, comme on l'appelait, ou même de parler plus haut que lui s'il venait à se fâcher, et chacun s'acquittait à sa guise de ses fonctions respectives. M. l'abbé, comme certains souverains, régnait mais ne gouvernait pas. Il était bon prince et ne changeait presque jamais de ministres ! Il y avait bien quelquefois des crises un peu orageuses, mais tout se terminait d'ordinaire assez pacifiquement. Cependant tant de bras, et surtout tant de langues dévouées au service d'un seul homme, composaient une véritable puissance, et en y ajoutant les classes pauvres, qui attendaient et recevaient beaucoup du château, M. de Moncé se voyait appuyé de toute une armée qu'il mettait en ligne chaque fois que son autorité ou ses caprices se trouvaient menacés. C'était sa meute, disait-il dans son langage de grand seigneur, qu'il lançait et découplait dans les occasions décisives, soit contre le curé, soit contre le maire, quand ils ne marchaient pas dans le sens de ses idées ou de celles de son gouvernement ; mais on en était quitte pour une rendonnée pendant laquelle on rentrait dans son gîte, jusqu'à ce que les chiens, enroués et épuisés d'une course inutile, rentrassent au quartier. Le seigneur et ses gens n'étaient d'ailleurs nullement rancuniers. Après cette sortie, la paix se faisait, et presque toujours les propositions venaient du château.

« M. l'abbé de Moncé était dans ses relations ordinaires

d'une politesse exquise, un peu piquant, mais bon au fond. S'il eût été toujours bien entouré, jamais personne n'eût eu à se plaindre de ses procédés. Mais sans cesse prévenu, indignement abusé par des gens qui avaient leur intérêt à éloigner de sa personne les âmes sincères et honnêtes, il était souvent défiant et injuste à leur égard. Voilà la cause de la plupart de ses chagrins et de ceux qu'il occasionnait autour de lui. Sa maison était un embarras pour tous ceux qui avaient quelque autorité à exercer, car ce vieillard, presque toujours inaccessible aux conseils du bon sens et de la raison, recevait facilement l'influence des brouillons et des malintentionnés. Il se plaignait amèrement de son sort, et prétendait être plus malheureux que le dernier des journaliers qu'il employait. Il le disait avec conviction et nous croyons qu'il avait raison. A quoi sert donc la fortune? Cependant cette fortune était belle et susceptible de s'accroître du double entre des mains simplement économes, sans qu'il y eût rien à retrancher sur les bonne œuvres. Mais elle fut toujours gaspillée.

« M. de Moncé aimait les affaires, les échanges, les spéculations ; il s'arrondissait en vendant une ferme qu'il remplaçait par un bordage, abattait une futaie vendue au tiers de sa valeur pour un taillis qui gênait moins son goût pour la perspective. Pendant cinquante ans il fit ce genre de commerce. Il lui est arrivé, sur ses dernières années, de conclure, pour la somme de 10,000 francs, la vente de tous ses sapins des buttes du Vieux-Mans et de Mont-Noyé, avec l'exploitation des bruyères et le droit de chasse pendant dix ans. Si ce marché ne fut pas exécuté, c'est que le notaire de M. de Moncé, Me Chevereau, maire de Saint-Gervais, le força de porter plainte contre l'homme qui avait si indignement abusé de sa confiance. Il arriva tout naturellement qu'après une gestion si bien entendue, la terre de Belin se trouva réduite à la moitié de sa valeur primitive à l'époque de la mort de son propriétaire. M. de Moncé fut retenu bien souvent aussi par Me Chevereau dans le projet bien arrêté qu'il avait formé de vendre ses domaines, pour se faire un produit plus considérable. Le jour même où il fut pris de la maladie qui devait en quelques heures le conduire au tombeau, plusieurs avocats du Mans et un notaire étranger étaient appelés au Plessis en consultation, afin de mettre à exécution ce dernier caprice d'un vieillard presque en enfance.

« Après ces détails, qui sont d'une exactitude rigoureuse, il convient de faire l'exposé au moins succinct des bonnes œuvres qui recommandent M. de Moncé au souvenir de la postérité.

« Cet homme bienfaisant était une providence pour ses fermiers, ses ouvriers et ses domestiques. Les travailleurs âgés ou infirmes trouvaient auprès de lui un travail en rapport avec leurs forces. Les pauvres n'étaient pas oubliés. Ils recevaient des secours habituels et proportionnés à leur âge et à leurs besoins. Mais dans les hivers rigoureux, dans les disettes, sa charité s'exerçait en grand et de la manière la mieux ordonnée. Elle s'étendait sur les cinq paroisses qui formaient autrefois son comté : Moncé, Saint-Gervais, Laigné, Teloché et Saint-Ouen. Sur un tableau par paroisse, où étaient inscrits tous les pauvres désignés par le Conseil municipal, M. de Moncé dressait sa répartition suivant le nombre d'individus que présentait chaque famille et fixait le nombre des bons à délivrer à chacun dans le courant du mois. MM. les curés étaient exclusivement chargés de la distribution de ces bons, qui avaient pour effet de procurer aux pauvres, à prix réduit, le pain nécessaire à leur subsistance. C'est ainsi qu'ils l'obtinrent à 1 franc les six kilogrammes, lorsqu'il valait 1 fr. 50, 1 fr. 60, 1 fr. 80, en 1828, et dans les années suivantes jusqu'à sa mort. Le soulagement qu'il apporta certaines années à la classe souffrante fut immense. Ses déboursés montèrent quelquefois à 5 ou 6.000 francs pour un seul hiver.

« Les pauvres trouvaient encore une ressource inépuisable pour leur chauffage dans les immenses sapinières des buttes du Vieux-Mans et de Mont-Noyé, dont l'accès leur était toujours ouvert ; tout le bois mort et les sapinettes leur étaient abandonnés, ainsi que dans les taillis avoisinant le Plessis. Les habitants de Moncé abusaient, comme il arrive trop souvent, de la bienveillance accordée aux pauvres ; ceux mêmes qui possédaient quelque aisance se donnaient le droit de prendre, *dans les taillis de mon oncle*, les liens, les manches d'outils, etc., dont ils avaient besoin. Cependant les dommages n'étaient jamais bien considérables.

« Tous les ouvriers des environs venaient s'approvisionner au Plessis du bois nécessaire à leur industrie, avec l'espoir de l'avoir un tiers meilleur marché que partout ailleurs. Le maître ne visitait jamais sa propriété, et il suffisait de dire qu'à tel endroit se trouvaient des arbres *couronnés*. L'homme de confiance était chargé d'y voir ; il rapportait son estimation, et le marché était conclu.

« Dans tous les temps, M. de Moncé s'occupa de la décoration des églises; celles d'Arnage, de Saint-Gervais (l'ancienne) (1), de Laigné et de Saint-Ouen furent peintes et réparées à ses frais. Plus tard, de 1839 à 1842, il construisit à ses frais celles de Mulsanne, de Guécélard et de Saint-Gervais. L'année qui précéda sa mort il fit aussi restaurer celle de Parigné-le-Pôlin et ériger son clocher ; il donna 12.000 francs pour aider les habitants de Pontlieue dans une circonstance où les travaux de leur église étaient arrêtés.

« Il contribua puissamment à l'établissement de charité de Laigné, fondé pour cette paroisse et celle de Saint-Gervais.

(1) L'église de Saint-Gervais-en-Belin, adjugée comme bien national, le 11 fructidor an IV, au citoyen René Maillard, pour la somme de 1,125 livres, fut acquise quelque temps après par M. de Moncé, qui la loua d'abord aux paroissiens pour 29 ans et leur en assura la propriété après sa mort, puis en fit don le 4 juin 1811 à la commune, lorsque celle-ci fut menacée de suppression par l'administration départementale si elle ne s'assurait pas immédiatement la propriété d'une église et d'un presbytère. Napoléon Ier en autorisa l'acceptation par un décret du 29 février suivant. (*Chartrier du Plessis.*)

La maison fut construite et meublée (en partie) à ses frais. Enfin il dota, en mourant, les bureaux de bienfaisance de Saint-Gervais, Moncé, Laigné, Teloché et Saint-Ouen (1). »

Sa demeure habituelle, le château du Plessis, aujourd'hui disparu sous la pioche du démolisseur, offrait une masse considérable de constructions. Le principal corps de bâtiments, à deux étages, dont un en mansardes, avait ses façades à l'Est et à l'Ouest. Il était flanqué au Nord d'un pavillon carré, aussi à deux étages, qui formait une troisième façade en regard du bourg de Moncé. On remarquait « dans son intérieur la chapelle, richement et élégamment décorée ; plusieurs beaux salons, dans l'un desquels se trouvait la collection complète des portraits des évêques du Mans depuis saint Julien jusques et y compris Mgr Bouvier, avec une collection de notices historiques retraçant l'histoire de l'épiscopat de chacun d'eux. Il est probable que dans cette suite non interrompue de portraits, comprenant 80 prélats, quelques-uns étaient au moins hasardés. Cette collection précieuse existait dans la salle du synode de l'ancien évêché. Elle fut achetée par un tiers, lors de la destruction de ce bel édifice, en 1798, et cédée à M. l'abbé de Moncé. » Replacée à sa mort dans le palais épiscopal, elle périt en 1871, dans l'incendie de cet édifice par les Prussiens. C'est une perte irréparable.

« Les dehors du château formaient un parc de huit à neuf hectares d'étendue, enclos de murs et consistant en vastes jardins potagers et fruitiers, en de belles allées et des bosquets chinois et à l'anglaise, dans lesquels, entre autres objets curieux, on remarquait un modèle de l'église cathédrale de Saint-Julien, parfaitement exact dans ses proportions réduites. La position du château du Plessis, construit à mi-côte, lui procurait une vue très étendue, embrassant celle

(1) L'abbé Gendry, *Chron. manusc. de Saint-Gervais*. — Notes diverses.

de neuf clochers, de la cathédrale du Mans et de plusieurs des nombreux châteaux et des maisons de campagne du Belinois. De la façade du pavillon, on avait, au Nord, l'aspect d'une prairie bordée d'environ 45 hectares de bois-taillis, percés d'allées réunies en éventail, dont une, d'un kilomètre et demi de longueur, conduisant jusqu'auprès du bourg de Moncé, à l'extrémité de laquelle M. l'abbé de Moncé a fait construire une chapelle dédiée à la Vierge. L'allée du côté de l'orient se prolongeait jusqu'au bourg de Saint-Gervais; une troisième conduisait à la route du Lude (1). »

M. l'abbé de Moncé mourut le 28 février 1843. Son corps fut inhumé dans l'une des chapelles de l'église de Saint-Gervais, et l'on plaça sur son tombeau cette inscription, qui résume entièrement sa vie :

« Ci-gît M. Joseph-Augustin-Emmanuel Rottier de Moncé, prêtre, chanoine honoraire de la cathédrale, ci-devant du chapitre royal de Saint-Pierre, chevalier de l'Ordre pontifical de l'Éperon d'or, bachelier de Sorbonne, propriétaire du comté de Belin du chef de messire Marin-Louis Rottier de Madrelle, écuyer, et de dame Louise-Renée de Maridort, dernière du nom, ses père et mère, décédé à son château du Plessis, le 28 février 1843, dans sa 93e année. Pendant plus d'un demi-siècle, il fit tout ce que peuvent inspirer la religion et ses chants. Aidé des ressources d'une immense fortune, il rendit d'éminents services à la ville et à la province en ses qualités de directeur du bureau de charité, de membre de l'Assemblée provinciale, de commissaire royal, de président du Conseil de la Commission intermédiaire et du Conseil d'arrondissement. Il consacra tout son revenu au soutien des classes laborieuses et indigentes. Il légua une rente perpétuelle de 310 francs à chacune des cinq paroisses du Belinois. Plusieurs églises furent réparées et décorées par ses libéra-

(1) D'après Pesche, *Dictionn. hist.*, t. IV, p. 505.

lités et il fit construire à ses frais celles de Saint-Gervais, Mulsanne et Guécélard. Requiescat in pace. »

Longtemps avant sa mort, il se préoccupa de régler les partages de sa succession. Un « tableau général » de tous ses héritiers, dressé par lui, en 1830, nous apprend qu'à cette époque la ligne maternelle était représentée par un seul, le marquis de Courcival, et la ligne paternelle par sept (Voir ci-contre la généalogie de la famille Rottier) : M. Gaullier et Mme Lefebvre, sa sœur, M. Le Paige et sa sœur, demeurant à La Suze, M. Rivière, Mme Destaignes et Mme veuve Loiseau (1) ; plusieurs d'entre eux moururent avant lui, sans laisser de postérité.

Le 11 avril 1836, il dressa son testament et détermina la part de chacun de ses héritiers survivants. « Je donne et lègue, y lit-on, à mondit sieur Maurice de Courcival, ancien officier de dragons, fils de M. Jacques-François-Timoléon de Baigneux de Courcival, chevalier de Saint-Louis, appelé pour représenter mes héritiers au côté maternel, la nue propriété de la moitié de tous mes biens, meubles et immeubles, que je laisserai à l'époque de mon décès, sous la réserve de l'usufruit de cette moitié au profit de M. son père, s'il lui survit, que je lui donne et lègue aussi par préciput et hors part.......

« Et je donne et lègue l'autre moitié de tous les biens meubles et immeubles que je laisserai à l'époque de mon décès, à mondit sieur Le Paige (2) et auxdits deux enfants de défunt M. Gaullier, appelés pour représenter mes héritiers au côté paternel, pour par mondit sieur Le Paige en recueillir moitié et lesdits deux enfants Gaullier l'autre moitié, comme je l'ai dit ci-dessus.

« A ce moyen, j'institue mesdits sieurs Maurice de Courcival fils, Le Paige et les deux enfants Gaullier mes légataires

(1) Cabinet de M. Brière.

(2) Charles-Jacques-François Le Paige, propriétaire à Montertreau (Parigné-le-Pôlin).

GÉNÉALOGIE DE LA FAMILLE ROTTIER

Pierre ROTTIER, marchand à Mayet, qui épousa Françoise Drouet

- rin ROTTIER DE MADRELLE, receveur des décimes du diocèse du Mans, puis seigneur de Belin et Vaux, † vers 1790; marié à Louise-Renée de Maridort, † le 3 prairial an XIII
  - rin ROTTIER de Belin, † le 17 uillet 1785, sans avoir contracté l'alliance.
  - Marie-Françoise-Emilie ROTTIER, DE MADRELLE, mariée à Charles-Félix MOREAU DE LA POISSONNIÈRE, † le 20 thermidor an X.
  - Joseph-Augustin-Emmanuel ROTTIER de Moncé, † le 28 février 1843.
- Pierre ROTTIER, conseiller du roi, receveur des aides, qui épousa, le 3 février 1732, Marie Barbot, fille de César Barbot, maître chirurgien, et de Louise Moquereau, de la paroisse de Malicorne.
  - Marie-Michelle ROTTIER, mariée à Jacques-Charles GAULLIER, avocat, conseiller du Roi juge grenetier au grenier à sel de Malicorne.
    - Jacques-Louis GAULLIER, conseiller du Roi, juge au siège des gabelles de Malicorne, marié le 17 février 1783, à Marie-Renée-Victorine Guyot; il fut juge de paix du canton de Malicorne (an VII et an VIII).
      - Charles GAULLIER.
      - Rose-Virginie GAULLIER, mariée à M. Théodore PILON DE SAINT-CHEREAU.
    - X..., mariée à M. LEFEBVRE de Parcé.
  - Louise ROTTIER, mariée en 1770, à Charles-Henri-André LE PAIGE, président au grenier à sel de La Flèche.
    - Charles-François LE PAIGE, émigré, qui épousa Rose de la Porte, † le 11 oct. 1844.
      - Joséphine LE PAIGE, † le 29 décembre 1860.
      - Amélie LE PAIGE, † le 21 mars 1874.
    - Une fille.
  - X..., morte religieuse
- X..., qui épousa M. de la Richardière.
  - X..., mariée à M. RIVIÈRE de Chanteloup, de Requeil
  - X..., mariée à M. DESTAIGNES de Clefs.
  - X... qu'épouse M. LOISEAU, de Saint-Jean-de-la-Motte

universels pour les parties et portions que je leur ai ci-dessus assignées..... (1). »

Le même acte attribuait, en outre, un grand nombre de gratifications ou de legs à diverses personnes et accordait aux pauvres de chacune des communes de Moncé, Saint-Gervais, Laigné, Teloché et Saint-Ouen une rente de 475 francs, sur laquelle une somme de 10 francs serait prélevée pour l'acquit des frais d'un service funèbre annuel.

M. de Courcival reçut, pour sa part, aux termes du testament, le château du Plessis et ses dépendances. Mme Rose-Virginie Gaullier, épouse de Théodore Pilon de Saint-Chereau et M. Charles Gaullier, employé dans l'Administration des Postes à Paris, son frère, eurent les biens de Laigné (deux fermes, deux grands bordages et deux moulins), et M. Le Paige, ceux de Saint-Ouen avec le château de Belin.

En 1846, Mme de Saint-Chereau et M. Gaullier se défirent de leurs biens et les vendirent à MM. Jean, Pierre et François Fouqueray, fils d'un ancien fermier du Plessis, pour la somme de 140,000 francs.

M. de Courcival, à qui M. de Moncé avait légué le Plessis afin d'éviter qu'il fût divisé et détruit après sa mort, commença par céder aux démolisseurs en 1851, pour 3,000 fr., les deux ailes du château, ne conservant plus que la façade principale et les deux pavillons (2). Presque en même temps il vendit plusieurs fermes et des moulins, situés commune de Moncé, et toute la partie de ses terres séparée par le chemin vicinal de Saint-Gervais à Fromenteau et par la route du Lude. Par ces morcellements, ses terres du Plessis se réduisaient aux taillis et aux prairies, aux fermes tronquées du Plessis, d'Épaigne, de Brebon, de la Semepierre, et aux bordages de la Fouquelerie, de la Bénardière, de la Bignonnière, de la Rotterie et aux deux buttes du Vieux-Mans et de Mont-Noyé.

(1) *Tit. authent.*

(2) Ces deux ailes, ainsi que le pavillon et la tour du Midi, avaient été construites vers 1820, par M. de Moncé.

Enfin, en 1855, ces restes de la terre du Plessis, sauf les deux buttes, furent acquis pour 400,000 francs par les frères Pierre et Jean Fouqueray et vendus par eux en détail aux cultivateurs de la contrée. Les landes des deux buttes de Mont-Noyé et du Vieux-Mans furent cédées quelques années plus tard pour 120,000 francs (1).

Il ne reste plus maintenant du château du Plessis que le pavillon du Nord, dont la conservation est due à son acquéreur, M. Langlais, qui a voulu en sauver au moins cette partie comme souvenir de sa grandeur passée.

A la mort de M. Le Paige, Belin, avec les fermes de Saint-Ouen, passa à ses filles, Mlles Joséphine et Amélie Le Paige, qui tinrent à honneur de le conserver. A son tour, ce vieux château en ruines, dont les dernières fortifications encore debout bravent les injures du temps, subit le sort des autres terres de ses anciens seigneurs. Mlles Le Paige étant décédées sans postérité, il tomba avec les autres biens, en 1874, entre les mains d'un spéculateur et fut acheté avec quelques terres environnantes par M. Jacques Landeau, qui l'occupe encore aujourd'hui.

Vaux

Le château de Vaux, aujourd'hui disparu, était situé sur le haut d'une butte artificielle, tout près du hameau auquel il a donné son nom (en Moncé-en-Belin). Cette motte, de forme circulaire, est parfaitement conservée, bien qu'on l'ait baissée de quatre ou cinq mètres il y a une cinquantaine d'années, pour niveler la prairie qui l'environne. Elle a encore cinq mètres de hauteur, avec un escarpement de dix mètres ; son diamètre est de trente mètres. Le fossé qui l'entourait, large de dix mètres, devait être toujours rempli d'eau.

La position de ce château, sa forme et surtout son genre

(1) L'abbé Gendry, *Chron. man. de Saint-Gervais.* — Notes diverses.

de fortifications nous font croire qu'il faut attribuer sa construction aux Francs, qui, « conservant quelque chose de leur origine germanique, possédaient des demeures fortifiées, destinées plutôt à la défense de leurs domaines qu'à celle du territoire national.

« La forteresse franque était construite d'après les errements romains; elle était assise sur une éminence ou dans une plaine, et consistait en une enceinte palissadée entourée de fossés, au milieu de laquelle s'élevait, sur un tertre factice ou *motte*, un donjon qui en était la défense principale. Quand le château était en plaine, il affectait la forme d'un rectangle ou d'une ellipse plus ou moins régulière ; quand il était placé sur une élévation, son assiette était toujours choisie sur une colline en forme de promontoire projeté à la rencontre de deux vallées, et son enceinte se trouvait naturellement tracée par la configuration du plateau qui couronnait l'éminence.

« Mais il arrivait fréquemment alors » — et c'est ici notre cas — « que l'assiette du château n'était pas assez vaste pour contenir ses nombreuses dépendances. Le long des remparts de la colline, ou au bas de l'escarpement, on élevait une première enceinte en palissades ou en pierres sèches, protégée par des fossés, au milieu de laquelle on construisait les logements propres à enfermer la garnison, les magasins, les écuries, etc. Cette première enceinte, que nous retrouvons dans presque tous les châteaux du moyen âge, était désignée sous le nom de *basse-cour*. Quelquefois il y avait plusieurs cours successives ayant leur enceinte particulière avec fossés et palissades; souvent les clôtures de ces basses-cours étaient faites de haies d'épines et de branchages fortement enlacés. Le bois devait être seul employé, aussi bien pour les enceintes que pour les bâtiments de service et ceux de défense, tels que les donjons (1). »

(1) L. Château, *Hist. et caract. de l'Architecture en France*, p. 345.

C'est ce qui explique pourquoi, en pratiquant une brèche dans la *motte* de Vaux, il y a une dizaine d'années, on ne rencontra aucune trace de muraille, mais seulement quelques pierres éparses et de gros morceaux de bois en partie carbonisés. Ces débris, parmi lesquels on trouva aussi des bois de cerf, des os d'animaux et une hachette, forment, à un mètre et demi au-dessus du niveau du fossé, avec les cendres d'un incendie qui détruisit le château, un lit assez épais, visible dans tout son pourtour.

Placé dans un endroit peu accidenté, à 250 mètres sud de la crête d'un côteau, Vaux était une forteresse de peu d'importance. La première enceinte, protégée par un fossé large de 7 à 8 mètres, garni de palissades, décrivait une ellipse qui pouvait occuper, au nord de la motte, une surface de 50 à 60 ares ; elle dominait d'environ deux mètres le terrain extérieur et aboutissait à 30 mètres du chemin allant de la route de Tours au bourg de Moncé et à Ponthibault. Du sommet des tours du donjon, on pouvait facilement découvrir la ville du Mans et le château de Belin, avec lequel, nous rapporte la tradition, il était souvent en guerre.

Le seul événement militaire qui soit connu, concernant ce château, est son incendie en juillet 1099. La guerre s'étant rallumée cette année-là entre Hélie de La Flèche et Guillaume le Roux, roi d'Angleterre et duc de Normandie, qui prétendait à la suzeraineté du Maine, celui-ci, alors en Angleterre, s'embarqua en toute hâte sur un mauvais navire, réunit précipitamment une armée et s'avança dans le Maine. Hélie recula devant lui, brûlant et dévastant tout sur son passage. Guillaume s'attacha à sa poursuite et ne daigna même pas s'arrêter au Mans, encore tout en feu. Il fit dresser ses tentes au delà de Pontlieue, dans une vaste plaine qui depuis en a retenu le nom de *Camp*, et se mit le lendemain à ravager la contrée voisine d'Écommoy. Mais les partisans d'Hélie faisaient eux-même le dégât, « afin que les dévastateurs ennemis ne trouvassent rien à piller : c'est ainsi que les châteaux de Vaux et d'Outillé (1) furent livrés aux flammes avec plusieurs places et plusieurs campagnes. Robert de Montfort, chef de l'armée, se porta en avant, escorté de 500 chevaliers, éteignit l'incendie qui dévorait le château de Vaux et fortifia la place pour le service du roi. Hélie se tenait avec des troupes considérables au Château-du-Loir et, se réservant pour de plus favorables circonstances, attendait l'événement (2). » Guillaume le Roux alla ensuite inutilement assiéger Mayet, où il manqua d'être tué, et se retira au Mans, après avoir désolé et ruiné tout le pays : les vignes furen arrachées, les arbres fruitiers coupés, les maisons et les murailles démolies; en un mot, il fit porter partout le fer et la flamme.

Il est probable que, dans cette guerre, le château de Belin eut à subir quelque insulte de la part de l'un ou de l'autre parti. L'histoire est muette sur ce point.

La châtellenie de Vaux fut vendue le 13 septembre 1367, par Guillaume Charaillart (3), chevalier, seigneur d'Anthenaise, à Jehan Turpin, seigneur de Sainct-Julien-en-Champaigne, qui la revendit, le 5 mai suivant, à Guillaume Becquet (4), parent de saint Thomas Becquet, pour la même somme de « cinq cens vint et deux frans dor de bon coynz et lial (loyal) (5). »

Guillaume Becquet n'eut qu'une fille, Marie, qui épousa en 1370 Jacques de Maridort, aussi d'une famille anglaise, et devint seul héritière de tous ses biens.

(1) « *Valles et Ostilliacum consumpta sunt.* » Ord. Vital., p. 775. — D. Bouquet lit *Ustitiacum* et traduit ce mot par Oizé, où se voient les ruines du vieux château du Bouchet-aux-Corneilles.

(2) Ordéric Vital.

(3) Armes : chevronné d'or et de gueules de huit pièces. (*Cauvin.*)

(4) Guillaume Becquet était chevalier et maître d'hôtel de la reine de Sicile. Armes : d'azur au chevron d'or, accompagné de deux quintefeuilles de gueules en chef, et en pointe d'un cygne d'argent becqué et membré de sable; au chef de gueules chargé de trois croissants d'argent. (*Arm. de la Mayenne.*)

(5) *Arch. de la Sarthe, fonds de la seign. de Belin.*

La famille de Maridort prétendait descendre des anciens comtes de Warvick, *alias* de Maldoc ou Maridort, célèbres dans l'histoire de l'Angleterre. Il y eut un comte de Warwick qui accompagna Édouard III, roi d'Angleterre, et le prince de Galles à la bataille de Crécy (1346) ; on est porté à penser que c'est lui qui vint s'établir en France. Ce qu'il y a de certain, c'est que la famille de Maridort d'Angleterre porte les mêmes armes que celle du Maine : d'azur à trois gerbes d'or.

Le 31 mars 1399, Jacques de Maridort, écuyer, rendit aveu au roi de Jérusalem, comte du Maine, pour sa châtellenie de Vaux. Ses domaines se composaient alors de la Motte de Vaux (1), des terres de Clefs, du moulin de Moncé, de landes près de Ponthibault, des bois, landes et bruyères nommés d'Antenaise, du four à ban au bourg de Moncé; des métairies de la Rembourgère, de Clefs, de l'Autonnière près le Bray, etc.

Parmi ses vassaux, nous trouvons : « Jehan d'Averton, seigneur de Belin, mon homme de foy simple pour son chasteau et habergement fortifié de Belin ; » la Maison-Dieu de Coëfort du Mans, foy simple par trois fois, à raison des métairies du Petit et du Grand-Vaux ; le prieur de Chasteaux-l'Hermittage, foy simple pour la métairie du Plessis-Lancelin (Teloché) ; les Pastoreries ; le Grand et le Petit-Viviers ; le clos de Vaux, fief, dix-huit journaux ; le domaine de la Roussière ; « Jehan de Frescout (ou Frescent), escuyer, seigneur de Monthaumeau, mon homme de foy simple, à cause de Jehanne sa femme, par raison de son lieu, fief et domaine de la Grande-Quinte (Laigné), est tenu à hommage simple et douze deniers tournois de service chacun an ; Jehan Follenfant, mon homme de foy simple pour la Fuye (Laigné), » doit quinze sols onze deniers tournois de service ; les terres

(1) Cette dénomination du château de Vaux nous apprend qu'il était détruit à cette époque, probablement depuis déjà longtemps.

GÉNÉALOGIE DE LA FAMILLE DE MARIDORT

JACQUES Ier DE MARIDORT, épousa Marie Becquet, fille de Guillaume Becquet, chevalier, seigneur de Vaux, en 1368.

JACQUES II, seigneur de Vaux, épousa Perrine d'Orvaux, en 1421.

GUYON.

JACQUES III, seigneur de Vaux, de Château-Sénéchal et de la Freslonnière, épousa en 1451, Laurette de Coisnon, fille de Guillaume de Coisnon et de Gillette de Hardas de Hauteville.

JEAN Ier, seigneur de Vaux, épousa Marguerite de Maulni, fille de Jean de Maulni, des comtes de Flandre.

ANTOINE, curé de Souligné.

RENÉ.

MARIE, mariée à Christophe du Bailleul, seigneur de Bauvoir et de Boisronnel.

HERCULE, épousa en 1532, Guillemine de Maulni, fille de François de Maulni et de Renée Villebranche, sœur d'Hélène, femme de Jean de Beaumanoir de Lavardin.

GUILLAUME, seigneur de Vaux, épousa en 1504, Renée de Maulni, fille de Pierre de Maulni, seigneur de St-Aignan de Bourg-le-Roi, etc., et de Françoise de Beaumanoir.

JACQUINE, mariée à Guy d'Assé de Montfaucon.

JEANNE, épousa Jean de Chalunay.

RADEGONDE, mariée : 1° à Jeannot d'Yverses, seigneur de Balan ; 2° au seigneur de Chillon, vice-amiral de France.

MARIE, mariée : 1° en 1527, à Christophe de Poncé ; 2° à René de Maulni.

JEAN II, gentilh. de la Chambre de Monsieur, frère unique du Roi, seign. de St-Ouen-en-Champagne, du Breil, de Lucé, de Doucelles et de Bourg-le-Roi, épousa, en 1572, Claudine de Tillon.

FRANÇOIS, mort sans alliance au siège de Lusignan.

MARIE. RENÉE. N... — Mortes sans alliances.

OLIVIER, chev. de l'Ordre du Roi, gentilh. ordin. de S. M., écuyer tranchant de la reine de Navarre, marié en 1552, à Anne de Matignon, fille de Jacques de Matignon, maréchal de France.

JEAN, mort au service du Roi.

MADELEINE, épousa en 1536, Joachim de Karadreux, vicomte de Neuvillette.

RADEGONDE, mariée, en 1535, à Louis Fresneau, seigneur de Créans et de Pringé. Elle hérita de la Châtellenie de Vaux.

ANTOINETTE.

DAVID, chev., gentilh. ordin. de la Chambre de Monsieur, frère unique du Roi, épousa en 1583, Germaine de Riants, fille de Gilles de Riants, président à mortier au parlement de Paris, et de Fermel.

JEAN, épousa Jeanne de Briconnet.

FRANÇOISE, mariée : 1° en 1574, à Jean de Coesme, seigneur baron de Lucé et de Bonnétable ; 2° En 1576, à Charles de Chambes, comte de Montsoreau et de Pontchâteau.

ANNE, épousa en 1579, Antoine d'Haraucourt de Longueval.

PHILIPPE, mariée en 1580, à Yves du Liscouet, grand-sénéchal du Maine.

RADEGONDE FRESNEAU, dame de Vaux, mariée à Jean de Thévale, seigneur de Thévale, comte de Créans, chevalier des Ordres du Roi, gouverneur de Metz.

JACQUELINE DE THÉVALE, dame de Vaux, épousa, en 1597, Charles de Maillé, marquis de Brézé. La châtellenie de Vaux fut saisie sur elle en 1623, et vendue au cardinal de Richelieu.

Urbain de MAILLÉ, marquis de Brézé, marié le 25 nov. 1617, à Nicole du Plessis Richelieu, sœur du cardinal.

GILLES, chev., lieutenant aux gardes, seigneur de Bourg-le-Roi, le Breil, châtelain de Lucé, Doucelles et Clarance, épousa, en 1613, Françoise de Vignoles, fille de Pompée de Vignoles, seigneur de la Rochère (en Mulsanne), et de Louise de Ludai. Il en eut 18 enfants, dont 12 morts jeunes.

JEAN, mort sans enfants.

MARGUERITE, épousa François de Champs, écuyer, seigneur d'Ingrande, président à la Cour des aides de Paris.

BARBE, abbesse de Sainte-Claire d'Alençon.

MADELEINE, relig. du Ronceray d'Angers, prieure d'Avenières, en 1603.

LOUISE, mariée, en 1614, à Michel de Gibot, chevalier, seign. de Moulinvieu, fils de François de Gibot et de Louise de Courtarvelt.

POMPÉE, mort sans enfants.

GILLES, tué au siège de Coulioure, commandant des Enfants-Perdus.

LOUIS, gentilh. ordin. de la Chambre du Roi, seigneur de Saint-Ouen-en-Champagne, Vildieu, le Bourg-le-Roi, etc., marié, en 1661, Suzanne de Crosselay. Tige de la branche des Maridort, seigneurs de Saint-Ouen-en-Champagne et de Bourg-le-Roi éteinte en ...

FRANÇOIS, seigneur de Lucé, marié à Louise de Bergiau.

FRANÇOIS, chev., officier des vaisseaux du Roi, marié : 1° à N..., de Sarrasin de Vezins, sans enfants ; 2° à Scolastique Richard.

N..., religieuse de l'abbaye du Pré, au Mans.

FRANÇOIS, chev., seigneur de Sainte-Marie-aux-Bois, épousa : 1° Henriette Bouchet, dont Henriette ; 2° Charlotte Chouet de Vilaines, dont un fils mort jeune et une fille.

LOUISE, mariée, en 1736, à Marin Rottier de Madrelle, seigneur de Belin et Vaux.

HENRIETTE, mariée à N... Neveu, écuyer, chev. de l'Ordre militaire de Saint-Louis, seign. du vicomté de Neuvillette, etc., sans enfants.

N..., mariée, en 1763, à N... de Baigneux de Courcival.

JACQUES DE BAIGNEUX DE COURCIVAL.

Marin-Louis ROTTIER DE BELIN, † 1785. Marine ROTTIER DE MADRELLE, † l'an X. Auguste ROTTIER DE MONCÉ, † 1843. — morts sans postérité.

P. 132

de la Coudrais (Laigné) ; le seigneur de la Beaussonnière, pour son habergement de la Beaussonnière et le moulin du même nom ; la Gourdinière ; la Rochère ; Jehan Despaigne, foy simple pour son habergement d'Espaigne et une autre foy simple pour sa métairie de Champ-Dorcé ; fiefs de Croy, du Petit-Aunay ; le sieur de Bruslay, pour son fief de Posset ; « maistre Jehan Perot, mon homme de foy simple, pour raison de la Grande-Chauvière (Laigné), me doit un denier tournois de debvoirs » ; la métairie du Pont, la communauté de Buffes, etc., plus un grand nombre de censitaires (1).

Jacques de Maridort renouvela cet aveu le 20 mars 1407.

En mai 1452 et le 18 mars 1476, semblable déclaration fut faite par Jacques de Maridort pour la terre et châtellenie de Vaux et pour celle de Château-Sénéchal (en Clermont), avec le droit de chasse à grosses bêtes rouges, rousses et noires, dans la seigneurie de Long-Aulnoys. Relevaient de lui, en 1452 : Jehan d'Averton, écuyer, seigneur de Belin ; Jehan Frestain, écuyer, seigneur de Montchauveau, etc. (2).

La châtellenie de Vaux fut ensuite possédée par Jean Ier de Maridort, puis par son fils Guillaume, qui en fit foi et hommage le 10 septembre 1538. A la mort de Guillaume, elle échut en partage à une de ses filles, Radegonde, mariée en 1535 à Louis Fresneau (3), chevalier, seigneur de Créans et de Pringé. Leur fille, Radegonde Fresneau, épousa Jean de Thévalle (4), seigneur de Thévalle et de Bouillé, comte de Créans, chevalier des Ordres du Roi, capitaine de 50 hommes d'armes de ses ordonnances, gouverneur de Metz et du pays Messin ; elle en eut une fille, Jacqueline de Thévalle, qui s'unit le 24 novembre 1597 à Charles de Maillé, marquis de Brézé, son cousin. La châtellenie de Vaux fut saisie sur elle

(1) *Arch. de la Sarthe, fonds de la seign. de Belin.*

(2) *Noms féod.*

(3) Armes : de gueules à deux fasces d'or accompagnées de six merlettes de même. (*La Chesn.*)

(4) Armes : d'or à 3 annelets de sable, 2 et 1. (*Cauvin.*)

en 1623, par décret passé devant le sénéchal du Maine, à la requête de Sébastien de Broc, chevalier, seigneur du Perray, et acquise au nom du cardinal de Richelieu, le 23 juin suivant, par noble Jacques le Maire, secrétaire ordinaire de la Reine mère, moyennant 25.000 livres. Richelieu la céda cinq ans plus tard, avec 5.000 livres de profit, à messire François d'Averton, comte de Belin, qui l'incorpora à son comté de Belin (1).

La châtellenie de Vaux avait droit de haute, moyenne et basse justice sur toute son étendue et sur la communauté de Buffes, avec audience et prison au hameau de Ponthibault; ses fourches patibulaires étaient placées sur la butte du Vieux-Mans. Elle jouissait encore du droit de mettre et bailler mesures à blé et à vin; de ceux de péage à Ponthibault, de tabellionnage et de sceaux, de chasse et de garenne, de pêche à toutes manières d'engins et de filets dans la rivière de Rhonne et dans ses affluents, tant sur elle-même que sur Buffes, etc. Elle avait son four banal dans le bourg de Moncé et ses sujets étaient tenus de moudre leurs blés à ses moulins (2).

La Chanterie

La Chanterie était un bénéfice ecclésiastique dont l'église du Mans se trouvait en possession dès le temps de Charlemagne, comme nous le voyons par un capitulaire de ce prince, daté de 802, et par un autre de son fils, de 833, qui lui en confirment la propriété.

Ce domaine fut usurpé peu après, lors des invasions normandes, par un seigneur laïque. Gervais de Château-du-Loir, évêque du Mans, le racheta et le restitua à son église (1040-1047) (3).

(1) *Arch. de la Sarthe, fonds de la seign. de Belin.*
(2) *Arch. de la Sarthe.* Aveux des seigneurs de Vaux.
(3) *Lib. alb.*, n° 177.

Le titulaire, nommé par l'évêque, était le grand-chantre de la cathédrale. Il percevait la moitié des dîmes dans la paroisse et contestait, vers la fin du XVIIe siècle, la seigneurie de Laigné aux seigneurs de Belin, qui en avaient toujours joui. Cette querelle, qui devait remonter plus loin, prit de bonne heure un caractère aigu. Chacune des parties défendit ses droits avec acharnement. M. de Madrelle reprit ce procès en 1788 avec la ferme résolution d'y mettre fin ; il durait encore lorsque la Révolution trancha la question en abolissant les privilèges dans la nuit du 4 août 1789. Il était clair que l'issue lui aurait été favorable, d'autant plus qu'une première sentence avait été déjà prononcée à son profit.

Le chantre invoquait pour principaux motifs, qu'il présentait à la cure et qu'il était propriétaire de tous les terrains avoisinant l'église. Comme celle-ci se trouvait enclavée au milieu d'eux, il concluait de là que le sol sur lequel elle est bâtie était compris dans le don de la Chanterie au chapitre de la cathédrale, fait par les comtes du Maine à une époque où ceux-ci étaient seigneurs de tout le pays, au VIIIe ou au IXe siècle (1). Le comté de Belin, disait-il, n'était pas encore formé ; ses seigneurs ne pouvaient, par conséquent, être regardés comme fondateurs et seigneurs de l'église de Laigné.

De leur côté, les seigneurs de Belin exposaient leurs droits avec courage. M. de Madrelle les résumait ainsi dans l'une des pièces du procès :

Le seigneur de Belin est en possession de temps immémorial de ladite seigneurie, ainsi qu'il peut le justifier par anciens titres, notamment par ceux-ci :

Procuration du chantre du Mans, donnée le 26 août 1526, pour gérer ses affaires, dans laquelle il ne prend point la qualité de seigneur de Laigné, dont aucun de ses prédécesseurs n'a joui.

(1) Les landes du Bourray furent, jusqu'à la Révolution, les derniers vestiges de cette propriété.

Quittance de Marin Julien pour avoir fait et peint les armes de Belin au lambris de l'église de Laigné en 1624.

Registres de baptêmes, mariages et sépultures de la paroisse de Saint-Gervais-en-Belin, du 29 septembre 1638, portant que le seigneur de Belin est décédé au bourg d'Averton et que son cœur a été déposé dans l'église de Laigné, le 4 octobre de cette année, et le 10 dudit mois porté dans celle de Saint-Gervais par les six curés des six paroisses du Belinois (celui de Laigné était compris parmi eux) avec tous leurs ecclésiastiques et les habitants assemblés.

Actes de 1649, 1658 et 1670, qui prouvent que la juridiction de Belin se tenait au bourg de Laigné.

Acte de prise de possession par le seigneur de Belin de la seigneurie de Laigné, le 6 août 1656. Le 2 février précédent, les habitants, assemblés à la réquisition de leur procureur-syndic, l'avaient reconnu comme tel.

Résultat du général des habitants de Laigné (1680) qui déclarent « unanimement n'avoir jamais vu ni entendent avoir du passé ni à l'avenir aucun autre seigneur temporel et haut justicier que le seigneur de Belin. »

Dans son aveu rendu au roi le 23 septembre 1681, Éléonore de Rochechouart déclare tenir de S. M., à cause de son comté du Maine, à foi et hommage-lige les châtellenies de Vaux et de Belin, « seigneuries, prééminences de la Coutume dans l'étendue de la paroisse de Laigné-en-Belin au dedans de laquelle paroisse est son poteau pour marque de seigneurie, » et qu'elle y a « tous les droits honorifiques appartenant à un seigneur châtelain et haut justicier, droit de banc dans l'église, litre, ceinture au-dedans et autour de ladite église, armes et armoiries telles qu'elles paroissent encore à présent aux autels, vitres, voûtes, lambris et murailles d'icelles, esquelles ont été posées par mes prédécesseurs seigneurs de Belin. » Cet aveu fut publié par Me Leverrier, curé de Laigné, par trois dimanches consécutifs, sans aucune opposition ; mais il en parut une du chapitre en 1682, sans indiquer pour quel motif.

En outre, la seigneurie de Belin comprenait plus des trois quarts de la paroisse ; plusieurs maisons du bourg lui appartenaient et le fief de la Chanterie était son vassal pour une partie de ses domaines. La qualité de seigneur de Laigné ne fut prise qu'une fois, au milieu du XVIe siècle, par le chantre, dans les déclarations qu'il eut à rendre au seigneur de Belin.

Les armes de Belin : de gueules à six fasces d'argent surmontées d'un petit lion d'or en chef au coin de l'écusson, étaient peintes aux vitres, au maître-autel, au-dessus du tabernacle, sur la lampe, la bannière et sur le lambris à droite et à gauche. Me Thévenard, chantre, les fit disparaître en 1680 et remplacer par celles du chapitre. Quelques années plus tard il fut forcé de les rétablir.

La seigneurie de la Chanterie comprenait, outre la maison du chantre, la métairie du même nom, d'une contenance d'environ 15 journaux de terres labourables et de 6 hommées de prés, et celles de l'Étang et de Beauchêne, toutes exemptes de dîmes et vendues comme biens nationaux en 1791. La Chanterie fut adjugée à Jean Mauchien, du Mans, pour 12,200 livres ; Beauchêne, à Charles Besnard, de Laigné, pour 8,900 livres ; et l'Etang, à René Coutable, aussi de Laigné, pour 9,200 livres.

La fabrique de Laigné avait le droit de prendre 4 livres chaque année sur la baillée de Beauchêne, pour l'entretien de l'horloge. Beauchêne relevait du seigneur de Belin et lui devait obéissance et un denier franc.

Les titulaires de la Chanterie furent, au XVIIe et au XVIIIe siècle : 1657, Me Denis Lecomte ; 1680-1711, Me Nicolas Thévenard; 1716-1749, Me Claude Phelipot ; 1749-1769, Me Jean-Michel Phelipot ; 1769-1789, Joseph Paillé (1).

(1) *Arch. de la Sarthe, fonds de la seign. en Belin.*

Chanteleux

La seigneurie de Chanteleux avait le droit de basse justice. Elle devait « chacun an au jour de l'Angevine, » au seigneur de Belin, « la somme de 12 deniers de service et en outre plaige, gages et fidélité, ainsi qu'à seigneur de fief appartient, etc. »

Elle appartenait en 1394 à André de Chanteleux, qui en rendit aveu au seigneur de Belin, le 31 décembre de cette année. Macé des Écotais (1404-1477); Michel, son fils, qualifié du titre d'écuyer (1478-1550); et Michel des Écotais (1550-1628), son petit-fils probablement, font à plusieurs reprises des déclarations pour leur fief de Luères et pour partie de la métairie de Chanteleux.

En 1492, Guillaume Huë fait aveu, au lieu de Jean de Segraye, pour sa métairie de Chanteleux. Différents aveux et des fois et hommages sont rendus en 1508, par Guillaume Huë, écuyer, seigneur de Chanteleux ; en 1522 et 1533, par damoiselle Louise Robinard, veuve de Guillaume Huë, comme tutrice naturelle de Charles Huë, son fils mineur, seigneur de Chanteleux ; en 1542 et en 1559, par Charles Huë ; en 1580, par Louise Lehardy, curatrice de Jean Huë ; En 1610, par Jacques Huë, seigneur du Breil et de Chanteleux ; en 1638 et en 1639, par Claude de Breslay (1), seigneur de Posset et autres lieux, mari de Charlotte de la Rivière, et à cause d'elle, seigneur de Chanteleux ; en 1686 et en 1701, par Me René Fournier, avocat au présidial du Mans ; en 1759 et en 1761, par Jean-Baptiste-Jacques Lehoux, docteur en médecine, demeurant ville du Mans, paroisse du Crucifix, dans la famille duquel elle se trouvait encore au commencement de ce siècle (2).

(1) Armes : d'argent au lion rampant de gueules portant en sa patte droite un croissant d'argent. (*Hist. de Sablé.*)

(2) *Arch. de la Sarthe, fonds de la seign. de Belin. — Livre terrier de Belin.*

Le 8 mai 1670, messire François du Juglart (1), chevalier, seigneur de Forgeais, de Chanteleux, Vaumoreau, comte palatin, est parrain dans l'église de Laigné. Les registres de l'état civil de Laigné nous fournissent encore les noms de Mademoiselle Marie Fournier, dame de Chanteleux (1714); de Me François Fournier, avocat au siège présidial du Mans, seigneur de Chanteleux (1717), et de Me Pierre-Charles Rivière, sieur de Chanteleux (1726).

Chanteleux comprenait en 1761 une maison de maître et une autre pour le fermier.

La Borderie

Le fief de la Borderie était chargé de fournir chaque année au seigneur de Belin, le jour de la fête des Trépassés (*aveu de* 1764), un boisseau et demi d'avoine, mesure de Belin, et un cheval de service, avec les loyaux, tailles et aides quand elles étaient dues.

Il fut possédé tout d'abord par une famille qui en prit le nom, et dont les derniers représentants, Rembourg de la Bourderie, veuve de Geoffroy de la Fosse, et Estienne de la Bourderie, veuve de Geoffroy Garnier, en rendent aveu en 1402 et en 1406. Le *Livre terrier de Belin* nous indique quels furent leurs successeurs, d'après leurs aveux ou leurs prestations de foi et hommage; c'est ainsi que nous voyons accomplir ces devoirs féodaux, en 1453, par Jean de Segrais; en 1486, par Macé Huë et Jean de Neschette; en 1509 et en 1520, par Guillaume Huë, seigneur de Chanteleux; en 1522, par Louise Robinard, veuve de Guillaume Huë; en 1539, 1546 et 1558, par Charles Huë, seigneur de Chanteleux; en 1568 et en 1572, par Jacquine de Hurçois, veuve de Charles Huë; en 1597 et en 1610, par Jacques Huë, seigneur du Breuil; en 1619, par Claude Breslay, seigneur de Posset; en 1640,

1) Armes : d'argent à un pal de sable, écartelé de sable à un pal d'argent. (*Arm. ms.*)

par Nicolas de Breslay, puis par sa fille Jacquine, qui épousa François du Juglart, chevalier, seigneur de Forgeais ; en 1693, par Apoline de la Rivière, veuve de Pierre du Juglart, seigneur de Forgeais; en 1733 et en 1740, par Charles Picouleau, sieur de la Borderie; en 1764 et en 1776, par Charles et Charlotte Picouleau (1).

L'Anglècherie

Rembourg de la Bourderie, veuve de Geoffroy de La Fosse, en 1402 ; Macé Huë, curateur de Jean de Neschette, en 1486; Guillaume Huë, seigneur de Chanteleux, en 1509 ; demoiselle Robinard, veuve de Guillaume Huë, en 1522 ; Charles Huë, en 1539 et en 1550, font foi et hommage et avouent au seigneur de Belin leur lieu de l'Anglècherie.

Ce fief, qui eut d'abord une certaine importance, était divisé au commencement du xve siècle. Estienne de la Bourderie, veuve de Geoffroy Garnier, paraît en 1406 dans l'aveu de Payen d'Averton et est tenue de lui payer « pour son bordage de Langlècherie » six sols tournois de service. Le 19 mars 1539, Jean Berard est condamné de payer au seigneur de Belin 24 boisseaux d'avoine, mesure de Belin et de Vaux, pour son lieu de l'Anglècherie.

Les aveux des seigneurs de Belin mentionnent encore, en 1608, « Jehan Bellanger, Marie Veau, François Gaignot, Jehan de Brun, Noël Germain, René Poupard et autres héritiers ou ayans causes de Jehan Berart, pour la terre de Giberges, dicte Langlancherie, qui fut Gilles Berart et auparavant à Pasquier Coherne en ce qu'il y en a censive huit boisseaux d'avoine à mad. mesure ; » en 1681, « les détenteurs de l'Anglescherie doivent 24 boisseaux d'avoine et 18 sols en argent de rente féodale, » et François Mottay 25 sols de cens et 48 boisseaux d'avoine ; et en 1776, Michel-Toussaint Fouet, prêtre titulaire de la chapelle du Saint-Sa-

(1) *Arch. de la Sarthe, fonds de la seign. de Belin.*

crement, dite de l'Anglècherie, doit 7 sols 4 deniers de cens pour son lieu de l'Anglècherie (1).

La Fuye ou Flée

Ce fief, situé tout près du bourg de Laigné, relevait des trois seigneuries de Belin, de Vaux et de la Chanterie.

Jean Follenfant figure, en 1399, pour la Fuye, dans l'aveu de Jacques de Maridort, seigneur de Vaux, et Marguerite de la Bourderie, veuve de Pierre Rousseau, en 1406, dans celui de Payen d'Averton, seigneur de Belin.

Des aveux sont rendus pour la Fuye, au seigneur de Belin, en 1402, par Jean de Monjacob, et en 1455, par Jean Folenfant ; Guillaume Folenfant en fait foi et hommage en 1485, et en 1495 lui et ses cohéritiers avouent cette seigneurie.

Le 19 août 1491, Jean Folenfant déclare ainsi ses métairies de la Coudrais et de Flée au chapitre de la cathédrale du Mans, pour la partie qui en relève :

« De vous vénérables et discrètes personnes mes seigneurs les doyens et chapitre de l'église de Monsieur sainct Julian, je Jehan Folanfans tiens et avoue tenir à foy et hommage simple les choses pour lesquelles je suis en votre foy et hommage à raison de vos fiefs de Saint-Ouen-en-Belin, lesquelles sont tant en terres et domaine, dont et desquelles la déclaration s'ensuit, c'est assavoir :

« La métairie domaine et appartenances de la Coudrais, etc.

« Item la métairie, domaine et appartenance de Flée, contenant en estraiges, courtils, murailles, vergers et terres, avec la garenne et fuye dudit lieu, trois journaux de terre ou environ, joignant d'un cousté aux choses de Flée que mes cohéritiers et moi tenons du seigneur de Vaux en Belin, et d'autre cousté la terre de Monsieur le Chantre du Mans et

(1) *Arch. de la Sarthe, fonds de la seign. de Belin.*

celle de Jean Housseau, aboutte d'un bout au chemin de la croix-boüessée et d'autre bout à la vigne du dit Housseau.

« Item une pièce de vigne en frîche, contenant trois quarts de journau ou environ joignant... d'un cousté aux terres de la Coudrais.

« Item une pièce de terre contenant un demi-journau de terre environ.

« Item une pièce de terre, sise au cloux de Heullin, contenant un journau ou environ, joignant d'un cousté les terres Le Rétois et d'autre cousté les terres de la Coudrais, aboutte d'un bout au chemin de Laigné à la Quinte et d'autre bout aux choses de la chappelainie de Saint Jehan de Laigné.

« Item s'ensuit la déclaration de mon fief et les noms des personnes qui tiennent de moi tant à foy que à cens et premier le seigneur de la Baussonnière pour sa métairie de Brebon, etc.

« Et pour raison de ce vous dois et suis tenu faire chacun an au jour de la Saint Gervais d'hiver quatre deniers tournois de service et quarante sols tournois de rente au jour de Langevine, rendus à vous ou à vos alloués en la ville du Mans ou nos autres debvoirs sont reçus, etc. Signé de ma main et à ma requeste fait signer du sinq manuel de Gervais Riboulle et à...... confirmation fait sceller du petit sel des contrats de l'archidiaconé de Sablé le xix[e] jour d'aoûst l'an mille cccc[c] quatre vingt onze, ainsi signés : J. Follenfant et Riboulle et scellé en queue simple de cire verd. Au dos est écrit : présenté par Jean Follenfant à l'assise du Chapitre du Mans, tenuë par nous, Raoul Quierlavoine, licentié es loix, bailly, le xix[e] jour d'aoust lan mil cccc[c] quatre vingt onze et à icelle le dit Follenfant a fait arrêt et en est envoié sans jour sauf à le faire révenir, s'il est trouvé moins que suffisant. Ainsi signé. J. de Launay (1). »

René Folenfant en 1510, 1522 et 1523 ; Claude Jour-

(1) *Chartrier du chat. du Plessis*, copie en papier du xviiie siècle, en mauvais état.

dan (1), écuyer, sieur de la Tousche en 1667 ; demoiselle Marie Bouvet en 1693, et Me François Pouget, procureur ducal de la baronnie de La Ferté, son mari, en 1695 et en 1710, font foi et hommage ou rendent aveu au seigneur de Belin pour leur fief de la Fuye *aliàs* Flée. Marie Bouvet était fille de Pierre Bouvet, sieur de la Mazurée, inhumé dans l'église de Laigné, le 26 juin 1662, et de Louise Jourdan, sœur de Claude Jourdan.

En 1719 et en 1746, Pierre-Denis de Renusson (2), écuyer, conseiller du Roi, juge magistrat au siège présidial du Mans, seigneur de la Fuye, est parrain d'une cloche dans l'église de Laigné; en 1764, sa fille, Perrine-Marguerite de Renusson, dame de la Fuye, fait hommage à M. de Madrelle (3).

La Coudraie

En 1462, Pierre Bloislin et sa femme, seigneur de la Coudraie, abournèrent la métairie de Brebon (en Saint-Gervais-en-Belin), dont une partie relevaient d'eux, à Jean de la Baussonnière, père de René de la Baussonnière, pour 400 écus d'or. Jeanne de Grandmoulin, veuve de celui-ci en 1463, avoue tenir de Jean Bloislin, seigneur de la Coudraie, « le lieu de Brebon à la charge d'un denier tournois de service » qu'elle lui « confesse debvoir à chacun an sans foy, sans loy, sans amende ne aucune autre redevance au jour de la saint Gervais d'hiver au lieu de la Coudrais, avec le droit d'obéissance telle qu'à femme de foy, seigneur de fief appartient. »

Le 19 août 1491, Jean Follenfant déclare au Chapitre de

(1) Le 31 juillet 1578, François Jourdan exhiba son contrat d'achat de la Fuye devant le seigneur de Belin. — Armes : d'azur à une étoile d'or et un chef de même, chargée d'une croix tréflée de même. (*Arm. ms.*)

(2) Armes : d'or à l'arbre arraché de sinople, supporté par deux lions affrontés de gueules et mouvant d'un croissant de même. (*Arm. ms.*)

(3) *Arch. de la Sarthe, fonds de la seign. de Belin.*

l'Église du Mans : « La métairie, domaine et appartenances de la Coudrais, contenant en maisons, courtils et vergers, deux journaux de terre ou environ, joignant d'un costé et des deux bouts aux choses de la chapelle de Saint Jean de Laigné et d'autre costé à mes choses cy-après déclarées.

« Item une pièce de terre contenant quatre journaux, joignant d'un costé mes terres dessus dites.

« Item une autre pièce de terre et pré, contenant en tout onze journaux de terre ou environ, joignant d'un cousté aux choses de la ditte chapelle, d'autre cousté aux terres que tient à présent le Chantre du Mans et aux terres Jehan Aufray et Jehan Rochereau, qui furent Guillemine La Fournière, aboutte d'un bout au chemin de Belin à l'étang Hay et d'autre bout au chemin tendant de la Quinte à Laigné.

« Item une autre pièce de terre contenant huit journaux de terre ou environ, joignant d'un cousté le chemin tendant de la croix boissée de Laigné à la Quinte, que je tiens à présent, aboutte d'un bout au chemin tendant du dit lieu de la Quinte à Laigné et d'autre bout à mes choses.

« Item une pièce de pâtis contenant quatre journaux de terre ou environ, joignant des deux coustés et aboutte des deux bouts à mes choses.

« Item une pièce de pré contenant journée à quatre hommes faucheurs, joignant d'un cousté et d'autre à nos choses que mes cohéritiers et moi tenons de Vaux, aboutte d'un bout aux choses de Jamin Fournier et d'autre bout au chemin tendant de la croix boissée à la Quinte (1). »

« Katherine, veufve de Guillaume Folenfant, » et dame de la Coudraie, eut de 1505 à 1507, des démêlés avec Me Jehan Deshayes, curé de Saint-Gervais-en-Belin, pour une pièce de vigne en Laigné, située entre « la garenne du chantre et les terres de l'Audionnière (2). »

(1) *Chartrier du Plessis.*

(2) *Titres de la fabrique de Saint-Gervais-en-Belin.*

En 1520, Jehan Follenfant et René Follenfant, prêtre à Laigné, son frère germain, possédaient la Coudraie; elle appartenait, en 1574, à Me Gervais Follenfant, aussi prêtre à Laigné et décédé en 1600 curé de Saint-Gervais (1).

Catherine de Vignolles, épouse de Louis de la Baussonnière et sa tutrice, rend aveu pour Brebon, en 1621, à Mathurin Poupard, seigneur de la Coudraie, et reconnaît lui devoir un denier tournois de service à la Saint-Gervais d'hiver. En 1669, Gervais Poupard, écuyer, seigneur de la Roberderie et du fief de la Coudraie, fait saisir les fruits de Brebon sur Louis de Belot, sieur de Haut-Bois (2).

Me Charles Poupard, prêtre, seigneur de la Coudraie, fils de Mathurin Poupard, fut inhumé dans l'église de Laigné le 29 octobre 1711, en présence d'Anne Poupard, femme de M. de la Butonnière (3).

Une partie de la Coudraie relevait du seigneur de Belin, à qui elle devait 3 s. 4 d. de cens.

La Grande-Chauvière

La Grande-Chauvière devait au seigneur de Belin 2 den. de cens.

« Maistre Jehan Perot » était vassal de Jacques de Maridort, seigneur de Vaux, en 1399, pour raison de la Grande-Chauvière.

Ollivier Dubouchet vend, le 20 octobre 1598, le lieu et fief de la Grande-Chauvière à Nicolas Cailleau, qui en exhibe le contrat d'acquêt devant le seigneur de Belin le 9 juillet 1615. Magdelon Rabinard, sieur de Launeau, écuyer, garde du corps du Roi, en rend aveu pour Cailleau en 1658. Autre aveu en 1693 par Bernard Rabinard (4); Marie Ra-

(1) et (2) *Chartrier du Plessis.*

(3) *Reg. de l'ét. civ. de Laigné.*

(4) Bernard Rabinard était fils de Magdelon Rabinard et de Marie de Lesboil ou Laboy. Il avait été baptisé dans l'église de Laigné le

binard, son héritière, vend la Grande-Chauvière, en 1712, à François Le Romain, et celui-ci s'avoue vassal de Belin en 1717 et en 1737. Ce fief passa ensuite à Jean-Baptiste-Jacques Lehoux, docteur en médecine, demeurant au Mans, par son mariage avec Marie-Anne Le Romain (1).

La Bataillère

Ce fief devait au seigneur de Belin 2 den. de cens. François Mariette lui en fit aveu en 1693, ainsi que son fils Étienne en 1738, et son petit-fils Louis-Étienne-François en 1759. Ce dernier était conseiller du Roi, lieutenant particulier et assesseur civil et criminel en la sénéchaussée et siège royal du Château-du-Loir. Il possédait encore la Bataillère en 1776 ; il la vendit à M. Lehoux quelque temps après (2).

La Grande-Quinte

Jacques de Maridort, seigneur de Vaux, désigne au nombre de ses vassaux, dans son aveu de 1399, « Jehan de Frescout (ou Frescent), escuyer, seigneur de Monthaumeau, mon homme de foy simple, à cause de Jeanne sa femme, par raison de son lieu, fief et domaine de la Grande-Quinte....., tenu à hommage simple et 12 den. tourn. de service chacun an. »

Ce fief était très divisé aux XVIIe et XVIIIe siècles. Le *livre terrier* de Belin nous donne les noms de quelques-uns de ses possesseurs. Charles du Tertre, mari de Gabrielle Poullard, en 1617 et en 1624 ; Charles du Tertre, sieur de la Rageottière, avocat au siège présidial du Mans, en 1641 et en 1665 ; Anne Moreau, sa veuve, en 1666 et en 1671 ; Julien Lorgerie, mari de Gabrielle du Tertre, en 1681 et en 1682 ;

21 août 1655. — Armes : de sable à neuf billettes d'argent, 3 en chef, 3 en fasce, 2 et 1 en pointe. (*De Miroménil.*)

(1) *Arch. de la Sarthe, fonds de la seign. de Belin.*

(2) *Arch. de la Sarthe, fonds de la seign. de Belin.*

Me Mathurin Gommer, acquéreur des héritiers de Charles du Tertre et d'Anne Moreau, en 1683 ; Marthe Châton, sa veuve, en 1688,1696 et 1702 ; Pierre Cherreau, sieur de la Bataillère, mari de Marie-Anne Gommer, en 1740; Magdeleine Gomer, veuve de Bertrand Seru, en 1754; Madeleine Gomer et Alexandre Morel, en 1776; et enfin M. du Moulinet, sieur des Étrichets, en 178., font différentes déclarations au seigneur de Belin pour leur métairie des Grandes-Quintes, chargée de 12 deniers de service.

« Le sieur Tourneur, conseiller du Roy au présidial du Mans, me doit foy et hommage simple, pour raison de sa métairie de la Grande-Quinte, et 12 den. de service..... Les enfants et héritiers de deffunt sieur Guillon, vivant trésorier de France, foy et hommage simple pour leur métairie de la Grande-Quinte et 12 den. de cens. » (*Aveu de* 1681.)

Gilbert des Arcis, écuyer, seigneur des Arcis, du Ronceray, Bercé et autres lieux, y possédait aussi une métairie dans le cours du XVIIIe siècle (1).

En 1793, une métairie située aux Quintes, appartenant à Alexandre Morel, de Courdemanche, émigré, fut adjugée à Michel Rouillard, du Mans, pour 1,915 livres.

Après la conquête, les Romains ayant divisé administrativement le pays des Cénomans et des Diablintes en quatorze conditas, la première de ces circonscriptions eut pour chef-lieu Le Mans et porta le nom de *Quinte* du Mans, « parce qu'elle s'étendait le long d'une dizaine de voies, qui rayonnaient autour du Mille d'or jusqu'à la cinquième lieue ou pierre; au siècle dernier, la *Quinte*, division ecclésiastique et civile, formait encore une ceinture dont le rayon variait de 9 à 17 kilomètres. Ses limites étaient d'un côté le bourg et la paroisse de *La Quinte* (2), sur la voie du Bas-Maine ; et,

(1) *Arch. de la Sarthe, fonds de la seign. de Belin.*

(2) « Le mot *Quinte* (*leuca*) nous présente exactement la traduction de banlieue (ben-lieue, *cinquième pierre*), en celtique. » L'abbé Voisin, *Les Cénomans anciens et modernes*, t. I, p. 57.

d'un autre côté, le point qui sépare, sur l'ancienne voie de Tours, les communes de Mulsanne et de Laigné, à peu de distance de la métaire de la *Quinte* (1). » Le hameau de la *Quinte* a donc une origine très ancienne, et on peut, sans aucune crainte, la faire remonter jusqu'à l'occupation romaine.

Champ-Dorcé

Le fief de Champ-Dorcé, tenu sous la foi simple seulement, relevait par parties des seigneuries de Belin, de Vaux et d'Espaigne.

Jehan d'Espaigne le possédait en 1399. Perrot d'Espaigne, en 1402 ; damoiselle Jehanne d'Espaigne, en 1407 ; Loys d'Espaigne, en 1490 ; Jean d'Espaigne, en 1499, 1500 et 1523 ; Anthoinette de Dureil, sa veuve, en 1528 ; René de Sarcé, curateur des enfants mineurs de Paul d'Espaigne, en 1624 ; Suzanne Levasseur, veuve de Henry d'Espaigne, tutrice de ses enfants, en 1660, rendent diverses déclarations pour leur fief de Champ-Dorcé aux seigneurs de Belin et de Vaux. Henry d'Espaigne en vendit, le 7 juin 1654, une partie, qui prit le nom de Grand-Champ-Dorcé, à Me Jacques Olivier, avocat au Mans ; sa petite-fille, Marguerite Ollivier, veuve de Me Pierre-Denis de Renusson, en rendit aveu en 1764. L'autre partie, le Petit-Champ-Dorcé, fut acquise plus tard par la famille Le Tourneur : Pierre Le Tourneur, sieur de la Guittonnière en fait foi et hommage en 1740 et en 1764, et Alexandre Morel, sieur de la Charbonnière, mari de Hortense Le Tourneur, demeurant à Congé-sur-Orne, près Ballon, l'avoue en 1764.

Me Claude-René Vasse figure, en 1776, dans l'aveu de M. de Madrelle, pour son lieu et bordage du Petit-Champ-Dorcé (2).

(1) Ann. 1036-1055. Murcenna infra *Quintam* Cenomannicum. *Vet. Anal.*, t. III, p. 305. — L'abbé Voisin, *loc. cit.*, p. 57.

(2) *Arch. de la Sarthe, fonds de la seign. de Belin.*

La Branlardière

Pierre Branlard ou Brandart fait aveu au seigneur de Belin, le 17 avril 1393, pour son « fief et domaine de la Branlardière », et lui «confesse est retenu faire chacun an 2 sols 4 den. tourn. de service au jour de la saint Christophe, et trois sols pour taille quant elle échet selon coutume du pays, pleige, droit et obéissance comme a seigneur de fief. » Pavin Branlard en était seigneur en 1406.

En 1654 et en 1655, Antoinette du Tertre, femme de M. de la Fontaine, sieur de la Branlardière, et Madeleine, sa fille, sont marraines dans l'église de Laigné.

Antoinette du Chesne, dame de la Branlardière, figure en 1681 parmi les vassaux de Belin. Catherine-Suzanne Curault, veuve de Jean Valienne, fait foi et hommage pour ce fief en 1743 et 1759 ; elle le possédait encore en 1776 (1).

La Minerie

La Minerie était un fief noble de la seigneurie de Buffes tenu à foi et hommage simple et à 6 den. de service de celle de Belin, qui le reportait à foi et hommage simple au seigneur de Vaux. M. de Madrelle en acquit la mouvance directe de M. de Beauvais, seigneur de Buffes, par contrat du 21 janvier 1761 (2). Suivant la tradition, il aurait existé à la Minerie un château dont le possesseur était souvent en guerre avec celui de Belin.

La Maison-Neuve

Me Jacques Drouard et Perrrine Drouard, enfants héritiers de Claude-René Drouard, fils de Nicolas Drouard et de Perrine Lair, avouent ce fief à Mme d'Helmstadt le 17 novembre 1751. La Maison-Neuve était chargée de 1 sol 2 den. de service (3).

(1), (2) et (3) *Arch. de la Sarthe, fonds de la seign. de Belin.*

La Malitière

Ce fief devait au seigneur de Belin 6 sols 6 den. de service. Le 25 février 1692, Claude Gaignot, fils de Olive Beau, et Nicole Moiret, sa femme, vendent à Bernard Rabinard, écuyer, sieur de Launeau, le fief de la Malitière; et le 17 novembre 1751, Me Jacques Drouard et Perrine Drouard en font aveu. Me Jacques Drouard et M. Poisson, écuyer, à cause de Marie Drouard, figurent en 1776 dans l'aveu de M. de Madrelle (1).

Le Grand-Pineau et les Bois

Nous trouvons dans l'aveu de Payen d'Averton, rendu en 1406 : « Guillaume Huë, son homme de foi (de Michel des Escotais) pour raison de son fief du (Grand) Pineau et des Bois, qu'il a acquis de Jehan Saicheterre et pour raison des choses qu'il tient de moy, m'a confessé estre faire un cheval de service quant il echet selon coutume du pays, plege, droit et obéissance comme a seigneur de fief (2). »

L'Hommais

Payen d'Averton mentionne dans son aveu, en 1406, « Michel Brossin mon homme de foy simple à cause de son fief et domaine de Loumaye avec les appartenances dont il me confesse estre tenu faire six deniers tournois de service chacun an au jour de la feste aux morts, et tailles, etc. » Eléonore de Rochechouart cite parmi ses vassaux, en 1681, « le seigneur de l'Hommais (en Laigné) est aussy mon homme de foy et hommage simple pour son dit lieu, etc. (3). » Nous ignorons où ce fief était situé.

Espaigne

Le château d'Espaigne (on prononce Epaigne), berceau de

(1), (2) et (3) *Arch. de la Sarthe, fonds de la seign. de Belin.*

l'ancienne famille de ce nom, était situé près du bourg de Saint-Gervais-en-Belin. Il fut construit, dit-on, sur l'emplacement d'un établissement romain. Les seuls restes visibles de ce manoir sont la maison actuelle du fermier, encore surmontée d'un étage au commencement de ce siècle, les fossés très larges et très profonds qui l'entourent complètement et une vieille tour, transformée en fuie, servant autrefois à défendre le pont-levis. Des fondations très anciennes ont été observées sous la grange et sous les toits à porcs ; on a aussi rencontré celles d'une tour à l'angle S.-E. — Espaigne relevait des deux châtellenies de Belin et de Vaux et avait dans sa mouvance une partie du fief de Champ-Dorcé, en Laigné.

Le plus ancien seigneur d'Espaigne que nous connaissons est Philippe d'Espaigne, dont la veuve eut en 1208, comme nous l'avons vu, des démêlés avec les religieux de Saint-Vincent.

Le jeudi d'avant la Saint-Jean-Baptiste 1315, Habert d'Espaigne avoue son fief d'Espaigne au seigneur de Belin ; et, en mai 1341, Philippot d'Espaigne déclare tenir du même seigneur son « bordage de Fremencel (*aliàs* moulin du Bourray et la Maison-Neuve, en Saint-Gervais) et ses appartenances à une foy et hommage et à un cheval de service quand il advient par droit ou par coutume de pais et à trois mançais de monnoye courante de taille. »

Perrot d'Espaigne rend aveu en 1391 pour son fief du Plessis-Hay (en Teloché), en 1402 pour Champ-Dorcé, et en 1403 pour le Petit-Espaigne (en Saint-Biez). Il épousa Catherine Garnier, dame d'Aunay (en Luché) et en eut Jean II d'Espaigne.

Jean Ier d'Espaigne, seigneur d'Espaigne, figure en 1399 dans l'aveu de Jacques de Maridort au comte du Maine.

Jean II d'Espaigne fit aveu en 1472 à Jean d'Averton pour le Plessis-Hay. Il nous paraît être le premier membre de cette famille qui ait porté le titre de seigneur de Vennevelles (1).

Noble homme Louis d'Espaigne, écuyer, est seigneur d'Espaigne de 1480 à 1498, lisons-nous dans la *remembrance* de cette terre, qui renferme à la page 448 : « Compte. Led. receveur avoir payé à Guyon Pahoyau, pour et au nom de Me Nicole Lechat, sénéchal dudit lieu d'Espaigne, la somme de quinze sols tournois, pour avoir vaqué à tenir les juridictions dudit lieu d'Espaigne, qui tinrent le 15e jour de juin 1497, ainsi qu'il appert. » Le 27 octobre 1487, il déclare son fief d'Espaigne au seigneur de Belin. — En 1499, 1502 et 1523, Jean III d'Espaigne, écuyer, seigneur dudit lieu, et Péan d'Espaigne, ses enfants ; en 1528, Antoinette de Dureil, veuve de Jean III ; et en 1542, Geoffroy d'Espaigne, font hommage pour leurs terres du Belinois. Le 1er août 1540, ce dernier avait épousé Jeanne de Savonnières, fille de Jean II de Savonnières, seigneur de Meaulne et de la Bretesche, et d'Olive de Matefelon. Il était seigneur d'Espaigne, d'Aunay et de Vennevelles.

Lazare d'Espaigne possédait Espaigne en 1608 (*Aveu* de François Ier d'Averton). Le 18 août 1624, René de Sarcé, curateur des enfants mineurs de Paul d'Espaigne, offre foi et

(1) Vennevelles, en Luché, était une baronnie relevant de celle La Flèche ; elle resta dans la famille d'Espaigne jusqu'à la révolution de 1789. On lit au sujet de cette famille, page 386 du *Dictionn. véridique des Origines des maisons nobles*, par Lainé : « D'Espagne de Vennevelles, seigneurs de Vennevelles, d'Espagne, d'Aunay, de Coulaines et autres lieux, titrés marquis et comtes de Vennevelles, maison d'origine chevaleresque de la province du Maine..., qui a donné des capitaines d'hommes d'armes, des chevaliers de l'Ordre du Roi, et un chevalier des Ordres, des gentilshommes de la Chambre, des gouverneurs de place jusqu'à François Ier, et postérieurement, des officiers supérieurs, chevaliers de l'Ordre royal et militaire de Saint-Louis ; elle contracta des alliances avec les premières maisons de France et fut admise aux honneurs de la Cour les 10 mai 1782 et 7 mai 1783, en vertu des preuves faites au cabinet des Ordres du Roi. » — Armes : d'azur au peigne d'argent mis en fasce, accompagné de trois étoiles d'or. (*Trés. hérald.*)

hommage pour le Grand-Champ-Dorcé à François II d'Averton.

Le 7 juin 1654, Henri d'Espaigne, chevalier, seigneur d'Espaigne, de Vennevelles et de Champ-Dorcé, vendit cette dernière terre à Me Jacques Ollivier. Il obtint, la même année, l'érection en marquisat de sa baronnie de Vennevelles. Son mariage avec Suzanne Levasseur, des Levasseur de Cogners, connus pour leur zèle en faveur du protestantisme, nous apprend qu'il pratiquait lui-même tous les principes de cette religion. Il mourut très endetté, et ses enfants, Louis-Paul, Henriette et Gabrielle d'Espaigne, furent forcés de vendre une partie de leurs terres situées en Saint-Gervais-en-Belin pour satisfaire ses créanciers. Espaigne échut en partage à Gabrielle, qui épousa Hubert de Champy, seigneur de la Motte-Bassin ou Ballin, en Brie, et en eut Gabriel et Suzanne de Champy. Henriette s'unit à Louis d'Espaigne, chevalier, seigneur du Plessis, son cousin ; nous la voyons consentir, en 1677 et en 1686, plusieurs baux pour un pré à Fromenteau et les lieux du moulin du Bourray et de la Maisonneuve, qui auparavant étaient d'Espaigne.

Louis-Paul reçut pour sa part le marquisat de Vennevelles. A la mort de son neveu, Gabriel de Champy, décédé sans postérité, il acquit Espaigne de Suzanne de Champy, moyennant une certaine somme d'argent. Il ne le garda pas longtemps. Le 13 novembre 1697, il le vendit pour 6.800 livres à Mme Eléonor de Mesgrigny, marquise de Bonnivet ; le même jour, il échangea à Mme Eléonor de Rochechouart, comtesse de Belin, ses métairies de la Bougentière, de la Maison-Neuve et de la Pinetière, contre celle de Gesnes et le fief de Chambrain, en Mansigné (1).

Nous ne pouvons nous empêcher de placer ici une anecdote qu'on nous a contée sur Mme d'Espaigne.

Cette dame, probablement Suzanne Levasseur, se trouvait

(1) *Chartrier du Plessis.—Arch. de la Sarthe, fonds de la seign. de Belin.*

à son château d'Espaigne, où elle séjournait ordinairement, lorsqu'elle apprit la révocation de l'Edit de Nantes, qui avait accordé la liberté de conscience aux protestants. Justement préoccupée des suites que cet acte pouvait avoir pour elle-même, elle partit aussitôt pour consulter Me Ledru, notaire à Saint-Gervais, dont les sages conseils lui avaient été très utiles déjà dans maintes occasions. Il était très tard et Me Ledru était couché. Il la reçut cependant de son mieux, et même la voyant grelotter de froid, il la pria de venir réchauffer ses pieds dans son lit. La noble dame accepta sans difficulté et resta auprès de lui jusqu'à ce qu'il l'eût un peu rassurée. La tradition a soin d'ajouter que personne n'y trouva à redire.

Espaigne possédait autrefois, sur l'emplacement de ses écuries, une chapelle pour l'exercice du culte réformé, professé par ses seigneurs et par quelques habitants de la contrée. On voyait encore, il y a une quarantaine d'années, sur le bord du chemin de Saint-Gervais à Fromenteau, un petit champ rectangulaire, d'une étendue de six ou sept ares, tout entouré de vieux arbres et qu'on appelait le *cimetière aux huguenots ;* des ossements trouvés sur les lieux ne laissent aucun doute sur sa destination. On y a construit depuis, sur son emplacement, les bâtiments de la ferme du Calvaire, appartenant aujourd'hui à M. J. Jamin.

Baux de fermes

Parmi les nombreux documents qu'il nous a été permis de consulter, nous avons rencontré un certain nombre de baux de fermes appartenant aux seigneurs de Belin et situées à Laigné. C'est là une source d'informations des plus authentiques sur la postérité ou la misère des campagnes aux différentes époques de notre histoire. Par eux, nous pouvons nous rendre compte de la condition du cultivateur, en comparant le prix de location avec le prix de vente des divers produits de son exploitation, et en les rapprochant des prix actuels (1).

La Varenne

La métairie de la Varenne comprenait deux maisons avec courtils d'environ deux journaux, vingt journaux de terres labourables, vingt-cinq journées de pré, un arpent de pâtis et

(1) D'après le *Règlement et taux des vivres et autre police à garder dans la ville du Mans, pays et comté du Maine*, dressé en janvier 1572, par suite d'un édit du roi, la livre de pain blanc, en froment, valait 12 deniers; la livre de pain bis, 6 d.; la pinte de vin du pays, pour les cabaretiers, 1 sol 2 den.; la pinte de vin du Vau du Loir, pour les mêmes, 1 s. 6 d.; la livre de lard frais, 3 s. 6 d.; le meilleur chapon gras, 7 s.; la couple de meilleurs poulets, 3 s. 4 d.; le meilleur lapereau de clapier, 1 s. 8 d.; la couple de pigeonneaux de fuie, 2 s.; un chevreau, 8 s. 6 d.; un cochon de lait, gras, 8 s. 4 d.; la livre de bon beurre frais, au plus 2 s. 6 d.; la livre de bon beurre salé, 2 s. 3 d.; le quintal de foin, 18 s.; la charretée de paille de froment pesant un millier, 2 l. 5 s.; la charretée de paille de seigle, du même poids, 1 l. 10 s.; un fagot de 2 pieds 1/2 en haut et de 3 pieds 1/2 de long, 4 d.; souliers de vache, à double semelle, à 6 points, 9 s. 8 d.; souliers de veau, à double semelle et à 6 points, 6 s. 1 d.; l'escarpin de 6 points, 6 s.; pour journée de femmes couturières, 1 s. 6 d.: pour journée de maçons, tailleurs en pierre, charpentiers et couvreurs, 6 s; les manœuvres qui les servent, 5 s.; les tailleurs en drap, couturiers et chaussiers, 2 s. 6 d.; les journaliers, tant bêcheurs qu'autres gens de bras, 2 s. (Pesche : *Dictionn.*, t. III, p. 89.) — Prix des grains aux marchés du Mans.

Marchés du Mans :	du 18 mai 1787	du 9 déc. 1788
Le boisseau de froment, pesant 31 liv.,	2 liv. 19 s. 6 d...	3 l. 12 s.
— méteil, pesant 29 liv.,	2 liv.............	2 l. 17 s.
— d'orge, pesant 23 liv.,	1 liv. 9 s.......	1 l. 19 s.
— d'avoine, pesant 25 liv.,	1 liv. 10 s.......	1 l. 5 s.

(*Affiches du Mans.*) — Tableau de la valeur de la livre tournois en monnaie moderne depuis Charles VII jusqu'à Louis XVI, d'après l'*Hist. financière de la France*, par Bally. Les valeurs relatives y sont calculées d'après le prix du blé sous les différents règnes. La livre tournois du temps de Charles VII équivaut à 27 fr. 34; de Louis XI, à 42 fr. 28; Charles VIII, 31 fr.; Louis XII, 32 fr. 52; François Ier, 11 fr. 83; Henri II et François II, 7 fr. 90; Charles IX, 4 fr. 50; Henri III, 3 fr. 83; Henri IV, 3 fr. 66; Louis XIII, 3 fr. 07; Louis XIV (1643-1661), 1 fr. 95;

une lande d'un arpent et demi, le tout en un seul tenant et joignant le grand étang de Belin (1). (*Aveu de* 1399.)

Elle était louée, en 1517, pour 145 livres; en 1555, à Payen Gaultier, pour 50 livres, un poids de bourre, 9 chapons, 12 poulets et les charrois pour la maison ; en 1571, au même, pour 120 livres; en 1627, à Mathurin Rouillard, pour 180 livres ; en 1645, pour 270 livres ; en 1670, à moitié à Marin Drouard. « Plus il devra fournir au bailleur et à sa maison et demeure, six poulletz, six chapons, deux douzeines deufs, six pots de lez, huit livres de bon beure net sallé en pot par chaque vache quy ne norira point de veau et quatre livres par chaque vache qui norira son veau, deux chartées de fumier dans la vigne de la Mintrays. » En 1746, à Pierre Rousseau, pour 150 livres ; en 1752, au même, pour 168 livres; en 1757, à Michel Brossard, pour 160 livres ; en 1779, à Etienne Hunault, pour 230 livres; en 1783, à Jean Bonhommet, pour 300 livres ; en 1789, à Mathurin Cognard, pour 350 livres ; le 27 pluviôse an VIII, au même, pour 375 livres.

La Galopière

La Galopière avait deux maisons, avec courtils et vergers de six journaux, vingt-six journaux de terres labourables, neuf journées de pré et quatre arpents et demi de pâtis, pâturages et bois. (*Aveux de* 1399 et 1406.)

Elle était louée 70 livres en 1577 ; en 1627, à Jehan Bougart, pour 80 livres ; en 1645, pour 120 livres ; en 1736, à Julien Donné, pour 100 livres et six poules au choix ; en

(1662-1683), 2 fr. 47 ; 1684-1715), 1 fr. 80; Louis XV (1716-1725), 1 fr. 78; (1726-1774), 1 fr. 66; Louis XVI (1775-1785), 1 fr. 44. (Chéruel : *Dict. hist. des institutions*, II, 826.)

La livre valait 20 sous, et le sou 12 deniers.

(1) L'arpent valait 66 a. ; le journal était les 2/3 de l'arpent, ou 44 a. ; la journée de pré ou hommée, la moitié de l'arpent, ou 33 a.; et le quartier, pour les vignes, le 1/4 de l'arpent, ou 16 a. 50.

1748 et en 1750, à Jeanne Le Bouc, veuve Pierre Dommée, et à son fils, pour 95 livres ; en 1756, à Julien Dhommée, pour 100 livres; en 1786, à Côme Jousse, pour 160 livres ; le 26 messidor an V, à Charles Jousse pour 209 livres 10 sols.

Le moulin de Cluanne

Ce moulin comprenait, outre les bâtiments d'exploitation, la rivière et cours d'eau, six journaux de terres labourables, deux hommées de pré et un vivier à poisson assis près ledit moulin. (*Aveux de* 1608 *et de* 1681.) Le seigneur de Belin avait « droit de contraindre ses hommes et sujets demeurant en lieu advenant dans toute sa seigneurie de tourner au moulin de Cluanne et à celui de Follet, d'y moudre leurs blés et grains, et d'aller quérir les meubles de cesdits moulins toutesfois qu'il en était besoin. » (*Aveux.*)

Il fut loué, en 1577, à Julian Belot, pour 130 livres ; en 1627, pour 140 livres ; en 1645, pour 150 livres ; en 1675, à Jean Belot, pour 130 livres et six chapons ; en 1748, à Julien Brossard, pour 180 livres et douze poulardes ; en 1777, à Jacques Crier, pour 225 livres; en 1788, à René Froger, pour 280 livres, et en 1790, à Anne Houlbert, sa veuve, pour la même somme; en 1790, pour 300 livres.

Les Grands-Marais

Cette métairie était composée d'une maison d'habitation avec bâtiments d'exploitation et soixante-douze journaux de toutes terres, dont quarante-sept journaux de terres labourables, une journée de pré, huit journaux de pâtis, et le reste en sapins, le tout en un seul tenant. (*Aveux de* 1608 *et de* 1681.)

En 1510, Guillaume Migerotte, veuf de Philippine Barbin en rendit aveu à Jehan d'Averton, seigneur de Belin. — En 1549, elle était déjà possédée par Payen d'Averton, qui la louait à Gervais Foucher, pour 60 livres; elle est toujours restée depuis dans le domaine des seigneurs de Belin. — Louée en 1571, à René Fouscher, pour 130 livres; en 1577, au même, pour 153 livres; en 1627, à Nouel Rottier, pour 210 livres; en 1645, pour 160 livres; en 1725, avec les Petits-Marais, à Pierre Maillard, pour 250 livres et douze poulardes grasses; en 1752, à François Maillard, pour 200 livres et douze poulardes grasses; en 1758, à François Davase, pour 200 livres; en 1777, à Julien Gasse, pour 300 livres; en 1785, avec les Petits-Marais, à Michel Brossard, pour 425 livres.

Les Petits-Marais

Cette métairie était composée d'une maison d'habitation et de bâtiments d'exploitation, avec une grande douve aux environs, vingt-neuf journaux de terres labourables, six journées de pré, deux journaux de bois et vingt-trois journaux de sapins dans lesquels il y avait des garennes à lapins, le tout tenant ensemble. (*Aveu de* 1681.)

Les Petits-Marais étaient loués, en 1555, à Trouvé, pour 50 livres; en 1571, à Mathurin Bellanger, pour 120 livres; en 1577, au même, pour 133 livres; en 1627, à Catherine Morin, veuve de Pierre Hertelou, pour 160 livres; en 1645, pour 170 livres; en 1749, à René Brault, pour 100 livres; en 1754, au même, pour 100 livres et douze poulets au choix.

Les Boulais

Le 20 mai 1409, Michel des Escotais, seigneur de Luères, en rendit aveu au seigneur de Belin. Les Boulais étaient réunis au domaine de la seigneurie de Belin dès avant 1548. En 1681, ils comprenaient, avec la maison et les bâtiments divers, trente-sept journaux de terres labourables, onze journées de pré et un demi-journal de pâtis. (*Aveu de* 1681.)

Loués en 1555, à Mathurin Fournier, pour 90 livres; en

1571, au même, pour 170 livres; en 1577, au même et à son fils, pour 205 livres ; en 1627, à la veuve Renée Jamin, pour 240 livres; en 1645, pour 280 livres; en 1732, à Louis Gourdin, pour 200 livres; en 1748, à René Fouqueray, pour 225 livres et douze poulardes; en 1759, au même, pour 230 livres; en 1777, au même, pour 320 livres ; en 1786, à René Narais, pour 450 livres; le 13 messidor an IV, à René Fouqueray, pour 590 livres.

Le moulin de uron

Le moulin et bordage de Buron était composé, outre les bâtiments d'exploitation, de neuf journaux de terres labourables et de deux journées de pré, le tout se joignant. (*Aveu de* 1681.)

Il était loué, en 1554, à Sainctot Perroux, demeurant en la paroisse de Mayet, au lieu de la Sallebert, pour dix charges et demie (1) de seigle ou mouture, mesure du Mans, cinquante boisseaux d'avoine, huit chapons, douze poulets et deux oies grasses; en 1577, à Guillaume Simon, pour 140 livres; en 1627, à Michel Chereau, pour 150 livres ; en 1645, pour 160 livres; en 1746 et en 1751, à René Faifeu, pour 155 livres; en 1757, au même, pour 165 livres; en 1783, au même, pour 250 livres (2).

(1) La charge de blé était de 12 boisseaux.

(2) *Arch. de la Sarthe, fonds de la seign. de Belin. — Chartrier du Plessis. — Étude de Laigné.*

TABLE DES MATIÈRES

Pages.

Le Mans. — Typographie Ed. Monnoyer.

RECHERCHES HISTORIQUES

SUR

LAIGNÉ-EN-BELIN

ET

LE COMTÉ DE BELIN ET VAUX

Par Henri ROQUET

MEMBRE DE LA SOCIÉTÉ D'AGRICULTURE, SCIENCES ET ARTS DE LA SARTHE
ET DE LA SOCIÉTÉ HISTORIQUE ET ARCHÉOLOGIQUE DU MAINE

DEUXIÈME PARTIE

LE MANS

IMPRIMERIE EDMOND MONNOYER, PLACE DES JACOBINS

1890

RECHERCHES HISTORIQUES

SUR

LAIGNÉ-EN-BELIN

ET LE COMTÉ DE BELIN ET VAUX

DEUXIÈME PARTIE

Extrait du *Bulletin de la Société d'Agriculture, Sciences et Arts de la Sarthe*, T. XXXII, p. 277.

RECHERCHES HISTORIQUES

SUR

LAIGNÉ-EN-BELIN

ET

LE COMTÉ DE BELIN ET VAUX

Par Henri ROQUET

MEMBRE DE LA SOCIÉTÉ D'AGRICULTURE, SCIENCES ET ARTS DE LA SARTHE
ET DE LA SOCIÉTÉ HISTORIQUE ET ARCHÉOLOGIQUE DU MAINE

DEUXIÈME PARTIE

LE MANS

IMPRIMERIE EDMOND MONNOYER, PLACE DES JACOBINS

1890

RECHERCHES HISTORIQUES

SUR

LAIGNÉ-EN-BELIN

ET

LE COMTÉ DE BELIN ET VAUX

LAIGNÉ DEPUIS 1789

Histoire religieuse

Au moment où la Révolution éclata, François Renaudin, originaire du Mans, était curé de Laigné, et François Robin, de Valennes, son vicaire. Tous deux refusèrent de prêter le serment prescrit par la loi du 26 décembre 1790. Malgré cela, les habitants voulurent les conserver. Ils firent dans ce but, le 6 février 1791, une pétition, en tête de laquelle se placèrent le maire et les officiers municipaux, et l'envoyèrent au Directoire du département. Cette démarche n'eut d'autre résultat que d'attirer à leurs auteurs des disgrâces qui les firent changer d'avis quelque temps plus tard. En effet, « le 12 octobre suivant, quatorze officiers municipaux de Laigné-en-Belin envoyèrent des plaintes contre François Robin, vicaire dans cette paroisse ; ils demandaient son expulsion du canton, où il jetait, disaient-ils, le trouble par ses principes anticonstitutionnels, et répandait des brochures, surtout l'ordonnance de Henri de Bourdeilles, évêque de Soissons. Il était soutenu par la population, qui était toute pour lui, et avait des amis dévoués surtout à Moncé-en-Belin. Le Directoire du département ordonna à Robin de quitter sur-le-champ le pays (1). »

L'abbé Renaudin et son vicaire furent arrêtés et conduits à la Mission (1791), où le premier, accablé par l'âge et les infirmités, ne tarda pas à succomber. L'abbé Robin fut envoyé le 29 août 1792 au château d'Angers, et de là embarqué pour l'Espagne, avec 101 autres ecclésiastiques, sur le vaisseau l'*Aurore*, qui les déposa à la Corogne le 9 octobre suivant.

L'administration diocésaine, aussitôt après le départ de l'abbé Renaudin (fin mai 1791), envoya à Laigné, comme curé constitutionnel, l'abbé Jacques-Charles Bageau, ancien principal du collège du Grand-Lucé. Dès son arrivée, l'immense majorité de la population lui fut hostile et refusa toute communication avec lui. Il se retira en juillet 1793 au Grand-Lucé. Plus tard il fit sa rétractation et obtint une paroisse dans les environs de Paris.

Pendant toute la Révolution, la commune de Laigné-en-Belin fut souvent parcourue par des prêtres réfractaires, qui administraient les sacrements dans des maisons particulières. Parmi eux, nous remarquons : MM. Bremont, venu de Normandie, qui n'était connu dans le pays que sous le nom du Petit-Pierre (1794); Dumur (Pierre), ancien vicaire de Mulsanne (juin 1795-juillet 1797), et Guyon (déc. 1798-avril 1800), cachés à Teloché ; Plessis (nov. 1797-1801), caché à Moncé ; Breton (sept. 1796-sept. 1797), curé de Sainte-Cerotte (2), et Hulot (mars 1800), cachés à Laigné ou dans les environs. Une de leurs cachettes existait, dit-on, dans la grange de la Chanterie.

(1) Dom Piolin, *Hist. de l'Egl. du Mans*, t. VII, p. 302.

(2) Le 5 mai 1797, Jean-Baptiste-Michel-François Breton fut arrêté et

Lorsque la paix fut rendue à l'Église, M. Robin quitta l'Espagne et revint à Laigné. Il y trouva un M. Moranne, originaire de Ceitières-en-Monchant (Auvergne), qui y exerçait les fonctions de curé (1). Deux partis s'étant formés, l'un pour M. Robin et l'autre pour M. Moranne, M. Dumouriez, alors grand vicaire du Mans, et gouvernant le diocèse pendant la vacance du siège épiscopal, mit fin à la contestation en donnant une place à chacun des prétendants et en appelant un autre curé.

M. Julien Le Provost, originaire de Normandie, fut alors nommé desservant à Laigné et y fit la promesse de fidélité à la constitution le 18 messidor an IX (7 juillet 1801). Curé de Cherreau, il fut porté pour assermenté, sans avoir prêté le serment (1791). En arrivant à Laigné, M. Le Provost eut bientôt gagné la confiance et l'affection de ses nouveaux paroissiens. Le défaut d'instruction, occasionné par les troubles de la Révolution, avait laissé presque toute la jeunesse dans l'ignorance la plus complète. Pour y remédier, il ouvrit au presbytère une école pour tous les garçons depuis l'âge de neuf ans jusqu'à vingt ans; il y consacrait une bonne partie de son temps et y enseignait la lecture, l'écriture, le calcul et le catéchisme, comme on le faisait dans les écoles primaires d'alors, dont beaucoup de localités furent dépourvues jusqu'en 1833.

Les filles n'avaient pas le même avantage. Mlle Dufay de Boismont, qui avait connu M. Le Provost, à Thorigné, où il était vicaire en 1797, et l'avait longtemps caché au Mans dans sa maison, vint se fixer avec lui et ouvrit une école pour

appréhendé au corps dans la maison de la citoyenne Jusseaulme, de la commune de Cerans. On le surprit dans l'exercice de ses fonctions, au moment où il faisait un baptême en présence de 5 ou 6 personnes. On le conduisit à La Flèche. Il fut relâché un mois après, moyennant un cautionnement de 1,000 francs. (*Chart. du Plessis.*)

(1) « Vital Moranne, curé de Terrehault depuis le 16 août 1782, prêta le serment le 23 janvier 1791, le rétracta et fut réhabilité. Il vécut caché au Mans ou aux environs; il fut incarcéré en 1796; déporté, il arriva à l'île d'Aix le 9 fév. 1798. En 1801, il fut placé à Pont-de-Gennes, puis à Laigné-en-Belin. » (*D. Piolin, Hist. de l'Egl. du Mans*, t. IX, p. 548.)

les filles. Ces deux écoles réunirent pendant plus de vingt ans tous les enfants de Laigné. Quant l'âge ne leur permit plus de continuer leur œuvre, ils fondèrent, avec le secours de quelques autres personnes, l'établissement actuel des Sœurs. Par acte dressé le 4 mai 1823, M. Le Provost fit don de la maison avec le jardin contenant environ 11 ares ; M. Suavin, curé de Saint-Gervais et chanoine de la cathédrale, de la nue propriété de deux rentes annuelles et perpétuelles montant ensemble à la somme de 150 fr. ; Mlle de Boismont, de 50 fr. de rente annuelle et perpétuelle, auxquels elle ajouta le 7 février 1826, deux autres rentes de 35 fr. et de 15 fr. Cette donation fut faite « pour établir dans la maison donnée par le sieur Le Provost deux sœurs faisant partie d'une congrégation religieuse reconnue et autorisée par le gouvernement, pour ces deux sœurs se livrer à l'éducation des jeunes filles pauvres des deux communes de Laigné et de Saint-Gervais. » Les maires de ces deux communes furent autorisés à accepter ces libéralités par ordonnances royales du 12 novembre 1823 et du 3 janvier 1827. L'établissement fut donné à la maison d'Evron, par un contrat passé entre celle-ci, les fondateurs et les administrations civiles de Laigné et de Saint-Gervais, et autorisé par le préfet le 10 juin 1830.

L'ancienne église, du style gothique primitif, n'avait rien de remarquable qu'un assez beau chœur. Elle avait été bâtie à deux époques, comme le prouvaient les différents genres de construction de la nef et du chœur. On croyait généralement que la nef était autrefois toute l'église ; elle paraissait dater du XIe siècle et le chœur du XVe. Un rond-point avait dû d'abord exister au haut de la nef pour former le chœur ; la population ayant augmenté, on l'aura détruit pour agrandir l'église à ses dépens et on l'aura reconstruit plus loin. La largeur du chœur ainsi reformé excédait de dix pieds celle de la nef (1).

(1) Pesche. — *Chron. manusc. de Laigné.* — *Arch. communales de Laigné.*

Cette église, malgré la construction d'une tribune vers 1835, était beaucoup trop petite pour les besoins de la population ; de plus elle nécessitait sans cesse des réparations. Aussi, dès le début de son ministère à Laigné, M. l'abbé Lelair songea à la reconstruire. Son projet fut approuvé par le Conseil municipal dans sa séance du 27 mars 1859, à condition que cette réédification soit faite « entièrement au moyen de souscriptions volontaires et des secours que M. le Préfet voudra bien faire obtenir sur les fonds de l'État. »

Commencée en 1861, l'église nouvelle fut achevée en 1867 ; la consécration en fut faite au milieu d'une grande affluence de fidèles, le 2 octobre de cette année, par Mgr Fillion, assisté de Mgr Dufal, vicaire apostolique du Bengale et supérieur de N.-D. de Sainte-Croix du Mans, de plusieurs chanoines et de tous les prêtres des environs. Ce superbe édifice, l'un des plus beaux spécimens de l'architecture du XIIe siècle dans la région, fut construit presque exclusivement avec l'argent provenant de dons ou de souscriptions auxquelles prirent part tous les habitants de la paroisse.

L'État accorda, en subventions, environ 15;000 francs. Les dépenses s'élevaient, au 1er mai 1868, à 108,403 fr. 75.

Laigné possédait autrefois deux confréries. Celle des hommes a cessé de se réunir vers 1825. Elle avait deux rois, un ancien et un nouveau. Le jour de la fête de saint Martin, les membres assistaient à la procession qui se faisait avant la messe et l'ancien roi donnait le pain bénit.

La confrérie des femmes est la seule qui subsiste. Elle est présidée par deux reines ; le jour de l'Assomption, elle en désigne deux autres pour l'année suivante. Les reines donnent le pain bénit, et la confrérie assiste à la procession.

HISTOIRE CIVILE

§. Laigné pendant la Révolution.

I.

« Cahier de doléances, plaintes et remontrances des habitans formans le tiers état de la paroisse de Laigné-en-Belin, dépendant de la sénéchaussée du Mans, dressé et rédigé en l'assemblée des dits habitans tenue devant nous, Michel-Martin Belain, avocat en parlement, lieutenant des justices de Belin et Vaux, suivant la déclaration par nous faite ce jourd'hui, pour être porté par les députés par eux nommés et choisis à l'assemblée préliminaire du tiers état de la sénéchaussée du Mans le neuf de ce mois, conformément à la lettre du roi du 24 janvier dernier, du règlement y annexé, du même jour, et à l'ordonnance de M. le Sénéchal du Maine, du seize février aussi dernier. En conséquence, les dits députés sont chargés de remontrer, aviser, consentir ce qui concerne les besoins de l'état, la réforme des abus, l'établissement d'un ordre fixe et durable dans toutes les parties de l'administration, le bien de tous et de chacun, à la prospérité générale du royaume, conformément aux pouvoirs donnés aux dits députés par la dite délibération et les dits habitants, les charger positivement d'exprimer les vœux et de former les demandes contenus dans le présent cahier, ainsi qu'il suit :

Premièrement. — Les dits députés témoigneront la reconnaissance que les habitants de la dite paroisse de Laigné partagent avec la nation de la bonté infinie que le roi manifeste à son peuple, en lui accordant des états généraux.

Secondement. — Ils exprimeront que leur vœu est que la

prospérité et la liberté des individus soient protégées et respectées dans tout le royaume.

Troisièmement. — Que Sa Majesté daigne accorder à la nation le retour périodique des états généraux, dans lesquels il sera opiné par tête.

Quatrièmement. — Que le nombre de quatre députations ou seize députés fixé pour la sénéchaussée principale du Maine soit porté à cinq députations, ou vingt députés, comme la sénéchaussée d'Anjou et bailliage de Tours, moins considérables qu'elle.

Cinquièmement. — Que les états particuliers anciens de la province du Maine soient rétablis.

Sixièmement. — Qu'il ne soit établi, levé, prolongé aucuns impôts, fait aucuns emprunts, ni directement ni indirectement ; qu'il soit donné aux impôts aucune extension, fait aucune interprétation ni changement en iceux sans le consentement de la nation assemblée, conformément à la reconnoissance que le roi a bien voulu faire du droit de la nation à cet égard. Comme aussi que les états généraux ne puissent accorder aucunes impositions nouvelles, les proroger ni prolonger les anciennes sans une convocation et nouveau consentement.

Septièmement. — Que les vingtièmes, capitation et autres impositions établis sans le consentement de la nation soient fixés irrévocablement par les prochains états généraux.

Huitièmement. — Que toutes pensions, dons et gratifications, sous quelque dénomination que ce puisse être, soient suprimés, attendu les besoins de l'état, réduits ou suspendus, à l'exception des pensions militaires, des pensions de magistrature et des gens de lettre, pour récompense de service et de talens ; et que les gages et apointemens de tous employés soient réduits. Comme aussi que les dons, pensions, gages et apointements réduits ou laissés soient assignés sur les abbayes et prieurés commandataires et les communautés religieuses de l'un et de l'autre sexe rentés, le tout suivant leur état d'opulence.

Neuvièmement. — Que tous les ordres religieux soient suprimés et confondus dans un seul d'hommes et un seul de femmes dans chaque ville.

Dixièmement. — Que tous les impôts soient également et proportionnellement répartis sur les trois ordres de l'Etat, et qu'il ne reste au clergé et à la noblesse que les privilèges et prééminences honorifiques.

Onzièmement. — Que tous les sujets du royaume seront assujettis à la taille, sans exception quelconque, proportionnellement à leur fortune, soit qu'ils soient du clergé, de la noblesse ou du tiers état, que même cet impôt soit converti dans une imposition générale et commune.

Douzièmement. — Que la confection et entretien des grandes routes soient payés par tous les sujets du royaume des trois états sans distinction, en proportion des impositions dont chacun sera tenu; que les terrains qui seront fournis par les sujets pour les dites routes leur soient payés à moitié du prix de leur valeur. Comme aussi que les chemins de ville à ville, de bourg à bourg soient élargis suffisamment, réparés et entretenus et leurs travaux payés un tiers par les riverains, un tiers imposé avec les vingtièmes de la paroisse, et un tiers sur la taille et seront les pauvres employés par préférence à ces travaux.

Treizièmement. — Que l'impôt désastreux de la gabelle soit absolument supprimé.

Quatorzièmement. — Que l'impôt des droits de franc fief soit aussi absolument supprimé.

Quinzièmement. — Que le tarif des droits de contrôle, insinuation, amortissement, droits réservés et autres de l'administration des domaines soit fixé invariablement, sans être susceptible d'interprétation arbitraire des employés et des administrateurs, ce qui rend cet impôt insupportable.

Seizièmement. — Que les états provinciaux seront chargés

de tout ce qui concerne l'ouverture, direction, confection, entretien et réparation des routes royales, de la voyerie sur les grandes routes; de la direction, confection et réparation des nefs des églises, presbitaires et autres ouvrages publics à la charge des habitans des paroisses; aux quelles réparations les propriétaires de fonds contribueront des deux tiers et les fermiers et locataires d'un tiers; auxquels états provinciaux les ingénieurs, sous ingénieurs et autres employés des ponts et chaussées seront subordonnés.

Dix-septièmement. — Après la répartition générale des impôts sur les provinces par les états généraux, que la dite répartition soit faite sur chaque paroisse par les états provinciaux, et celle des paroisses par leur municipalité.

Dix-huitièmement. — Que les offices de jurés priseurs soient supprimés.

Dix-neuvièmement. — Que les états provinciaux soient chargés de faire faire la recette et recouvrement de toutes les impositions des droits d'aides, de ceux qui se perçoivent dans chaque province sur les denrées, marchandises et objets de consommation, de tous les droits de contrôle, insinuation, droits de greffe et de tous autres impôts, par tels receveurs, trésoriers ou caissiers qu'ils voudront établir, pour les verser directement au trésor royal; auquel effet les receveurs généraux et particuliers des finances seront suprimés et toutes les dépenses de l'Etat assignées directement sur les caisses des impositions de chaque paroisse.

Vingtièmement. — Que l'administration de la justice soit réformée dans le royaume, de façon qu'il n'y ait plus que deux degrés de juridiction, et que les justiciables soient raprochés des tribunaux le plus qu'il sera possible.

Vingtunièmement. — Que les affaires contentieuses soient terminées dans un bref délai qui sera indiqué.

Vingtdeuxièmement. — Que la vénalité des charges et offices de judicature soit suprimée et qu'ils ne soient accordés qu'au mérite.

Vingtroisièmement. — Que les épices et vacations soient suprimées, si ce n'est pour les fonctions d'hôtel, qui seront fixées par un tarif.

Vingtquatrièmement. — Qu'il soit fait une nouvelle ampliation du pouvoir des Présidiaux, qui seront au surplus réduits à un seul par chaque province, lesquels connoîtront de toutes affaires, même par apel de toutes jurisdictions, sans exception de celles des duchés pairies.

Vingtcinquièmement. — Qu'il soit fait les réformes les plus utiles dans l'administrations de la justice civile ; et que la forme des procès criminels soit changée, de façon que les accusés puissent se défendre : auquel effet tout mystère dans ces procès soit abrogé.

Tous lesquels articles cy dessus étant accordés au peuple françois de la grâce et bonté paternelle de Sa Majesté, les dits habitans de Laigné ne cesseront de faire les vœux les plus sincères pour sa conservation et de sa famille auguste, et chercheront avec ardeur les occasions de lui prouver le zèle le plus ardent, l'amour le plus tendre et la soumission la plus entière dont ils sont vivement pénétrés.

Fait et arrêté le deuxième jour du mois de mars mil sept cent quatre vingt neuf, après midy.

Signé : MAN, R. LAMBERT, René NARÈS, Jacque VOISIN, J. CHARLOT, Julien FÉTIS, Jean FRONTEAU, R. GEORGET, Jacque VOISIN, Julien FOURNIÉ, Pierre PIAU, R. ROYER, Côme JOUSSE, Pierre GOUJEON, René VOYSIN, Cosme JOUSSE, L. BELLANGÉ, J. LOYER, Pierre LE SEIVE, François GARNIER, J. BRUNEAU, François DRONNE, J. BARBIER, Michel BROSSARD, René COUTABLE, Charle COUTABLE, et BELAIN (1). »

II.

Le jeudi 18 mars 1790, les citoyens actifs de la commune de Laigné-en-Belin, convoqués au son des cloches, se réunis-

(1) *Arch. de la Sarthe*, C. 86.

sent, au nombre de cent trente, dans l'église pour former leur municipalité. « Après avoir tous promist et juré fidélité à la nation, à la loy et au roy », ils nomment : René Lambert, maire; Jacques-François Man, procureur de la commune; René Narais père, Julien Fournier, Pierre Gougeon, Marin Lubineau et Etienne-Gervais Morancés, officiers municipaux; Charles Besnard, Jean Voizin, François Dronne, Julien Faitis, Pierre Bellanger l'aîné, François Garnier, Jean Fournier laboureur, Jacques Bruneau, Pierre Piau, Charles Beauclair, Jean Coutable et Jacques Jamin, notables; René Voizin, secrétaire greffier. — La liste des citoyens actifs de la commune dressée le 9 avril suivant comprenait cent vingt-deux éligibles et quarante-cinq électeurs, total cent soixante-sept (1).

La commune de Laigné fut paisible pendant les premières années de la Révolution. Un seul événement important vint troubler le repos de ses habitants : l'installation de M. Bageau, curé constitutionnel, et le départ forcé du curé et du vicaire qui avaient refusé de prêter le serment exigé par la constitution civile du clergé. Les administrateurs du département ayant demandé aux municipalités leur avis sur la suppression des communes trop faibles, le maire et les officiers municipaux de Laigné leur écrivirent au commencement de mars 1791 et les supplièrent de conserver la commune, « renfermant neuf cent quatre-vingt-dix-sept âmes, environnée d'ailleurs de communes dont on pourroit lui ajouter quelques parties ». Ils les priaient, en même temps, d'excepter de la vente des biens nationaux le vicariat de Laigné, nommé le Petit-Chanteleux, et invoquaient comme motif que le vicaire ne pourrait trouver de logement dans le bourg : il

(1) L'Assemblée constituante avait divisé les citoyens en citoyens actifs et en citoyens passifs. Les premiers devaient avoir 25 ans et payer une contribution directe égale au moins à la valeur de trois journées de travail ; les autres étaient les citoyens passifs. Les citoyens actifs concouraient seuls aux élections pour la formation des administrations et de l'Assemblée.

continuerait d'habiter cette maison, à la charge d'en payer au district une rente convenable (1).

La garde nationale du canton d'Écommoy fut organisée le 22 mars 1792. La commune de Laigné fournit soixante-dix-neuf citoyens et forma avec celles de Saint-Gervais et de Moncé une compagnie de trois cent quatre-vingt-cinq hommes. Le dimanche 16 septembre, « l'an quatrième de la Liberté, le premier de l'Égalité », le curé Bageau administra à Laigné le baptême à cinq enfants, « en présence de la garde nationale tant de Laigné que de Teloché sous les armes (2). »

III.

Après leur défaite du Mans, le 13 décembre 1793, un grand nombre de Vendéens s'éparpillèrent dans les campagnes environnantes, espérant s'y cacher facilement et de là pouvoir regagner leur pays. Le succès ne couronna pas leur attente. Presque tous furent faits prisonniers par les paysans qui les poursuivaient sans repos et quelquefois les fusillaient sans pitié. A Laigné, deux Vendéens furent tués dans le taillis des Hauts-Bois, près des Viviers.

Quelque temps après, la guerre civile prit le nom de Chouannerie et s'étendit dans tout l'ouest de la France. Elle ne tarda pas à avoir un grand nombre de partisans dans le Belinois, grâce à ses nombreux bois et surtout à la propagande de quelques individus qui affectaient de se montrer bons patriotes pour parcourir plus aisément les campagnes et exciter par la persuasion ou la peur les jeunes gens à s'enrôler parmi les Chouans. Laigné et chacune des communes environnantes avait ses racoleurs, dont l'histoire locale a gardé les noms. Notre contrée était sans cesse parcourue par des bandes de Chouans qui répandaient partout la terreur, ou par les *bleus* (soldats républicains), cantonnés à Mulsanne pour protéger les environs.

(1) Pièce auth.
(2) *Reg. de l'ét. civ. de Laigné.*

Les Chouans avaient de nombreux refuges où ils préparaient en secret leurs expéditions, déposaient leurs armes et cachaient le fruit de leurs rapines. Les plus importants étaient au château de Belin, à la Loge (Saint-Gervais), à la Noirie dans le Bourray (chez M. Pion de la Noirie), sur les buttes du Vieux-Mans et de Mont-Noyé, à la Baussonnière (chez M. Corbin de la Baussonnière), à Sormigné (Laigné), aux Vaux (Moncé), etc. Dans ce dernier endroit il y eut une escarmouche avec les *bleus* de Mulsanne.

Un rapport du commissaire près l'administration du canton d'Écommoy, adressé à l'administration départementale, constate qu'à la fin de 1795 il n'y avait dans toutes les mairies des communes du canton ni bureaux, ni armoires, ni tables, ni chaises, ni lois, etc., parce que les Chouans avaient tout brisé sans rien laisser. A Saint-Ouen, ils avaient en outre brûlé une partie des registres de l'état civil.

Le drapeau blanc fut souvent arboré sur le clocher de Laigné.

Au milieu du désordre général de nombreux crimes furent commis et restèrent impunis : l'opinion publique seule se chargea du jugement des meurtriers, et encore aujourd'hui leurs enfants en expient les conséquences, tant il est vrai que pour toute expiation il faut une victime qui rachète par son innocence la faute du coupable.

Pendant leurs nombreuses courses dans la commune de Laigné, les Chouans commirent un grand nombre de vols, et même un crime dans une maison du bourg servant alors d'auberge, habitée actuellement par Mme veuve Follenfant. Cinq ou six d'entre eux, déguisés, y assassinèrent par vengeance de parti, un soir de janvier 1795, le notaire de Laigné, Me Man, paisiblement occupé à jouer aux cartes. Quelqu'un ayant voulu leur faire des observations, ils lui dirent : « Taisez-vous, ou nous allons vous en faire autant. » Ils traînèrent dans la rue leur victime près d'expirer, et l'y abandonnèrent. Personne n'osa lui porter secours, tant était grand l'effroi qu'ils inspiraient. Quelques semaines auparavant, le 5 décembre 1794, sur les sept heures du soir, une troupe d'hommes armés s'était rendue au presbytère de Moncé-en-Belin, chez le citoyen René Le Lardeux, « cultivateur et cy-devant curé » constitutionnel de la commune, et l'avait mis à mort dans son lit « à coups de sabres, de fusil ou de pistolets (1) ». A Saint-Gervais, René Lemarchand, fermier du Prieuré, et Jeanne Lebout, sa femme, enceinte de plusieurs mois, furent massacrés à l'entrée de leur cour, près du cimetière, dans la nuit du 5 décembre 1795. Ils avaient le tort ou seulement le renom d'être patriotes et d'entretenir des relations avec les républicains. De tels crimes font horreur.

Chacun tremblait chez soi. Les agents municipaux de plusieurs communes du canton d'Écommoy, ennuyés et surtout épouvantés, firent leur démission à la fin de 1795. Nul ne voulut les remplacer. Le 9 janvier 1796, l'administration municipale du canton rendait ainsi compte de la situation aux administrateurs du département : « Citoyens administrateurs, pour vous informer de l'état de notre position, vous avez été prévenu que dans les trois communes de Laigné, Teloché et Mulsanne, personne ne vouloit être ni agent ni adjoint. L'administration arrêta que deux commissaires pris dans son sein se transporteroient dans ces communes, y feroient assembler les habitants, leux exposeroient le préjudice qu'il résulte pour le canton et pour chacune d'elles en particulier de la privation des agents et adjoints, donneroient même lecture de la lettre du département qui rend ces inconvénients plus frappants et fait sentir que c'est un devoir pour les bons citoyens de venir au secours de leur patrie, qu'enfin qu'ils employeroient tous les moyens de persuasion pour déterminer quelqu'un des habitants à accepter.

« Les deux commissaires ont rempli leur mission. Les

(1) *Reg. de l'ét. civ. de Moncé.*

habitants de Teloché et de Mulsanne ont senti toute la force des raisons qui leur ont été exposées, mais pas un de ceux que l'on a indiqués comme capables de remplir les fonctions d'agent et d'adjoint n'a voulu s'en charger.

« Dans la commune de Laigné, les deux commissaires n'ont pu convoquer l'assemblée parce que des hommes armés à pied et à cheval ne laissoient pas liberté de le faire et qu'il eût été imprudent de l'essayer, mais ils se sont assurés que lesdits habitants ne vouloient pas accepter davantage que dans les deux autres communes.

« Cette partie du rapport des commissaires n'est pas la seule qui ait affligé l'administration ; ils ont encore exposé que les registres de l'état civil étoient absolument négligés (1), que l'on n'inscrivoit plus les actes de naissance, mariage et décès, que l'état des personnes étoit compromis et abandonné à la mémoire de quelques voisins, que l'on se contentoit de tirer parfois des billets informes pour attester qu'une femme étoit accouchée, et que le plus souvent il ne restoit aucune trace par écrit, qu'enfin le plus grand désordre régnoit dans cette partie essentielle de l'administration.

« Dans un autre temps, l'administration eût réprimé sévèrement cette négligence inexcusable ; mais elle a considéré que dans les circonstances actuelles il s'agissoit moins de montrer une rigueur qui produiroit de mauvais effets que de réparer promptement des effets aussi funestes à la société, d'ailleurs que la crainte avoit plus de part à cette cessation absolue de toutes fonctions que la mauvaise volonté. Elle en a bien été convaincue encore par la conduite de son agent de Moncé qui, quoiqu'il n'eût point encore assisté aux séances, n'a pas laissé d'en faire savoir secrètement les motifs et d'instruire l'administration du danger qu'il pou-

(1) Les mêmes administrateurs écrivaient quatre jours auparavant : « Nous avons trouvé les registres de l'état civil de Laigné et de Mulsanne en très mauvais état ; depuis deux mois il n'y a eu aucuns actes de dressés. »

voit y avoir de transporter à ses archives les registres et papiers comme elle l'avoit demandé par un arrêté du 13 courant. La prudence et la douceur sont comme vous le voyez, citoyens administrateurs, les seuls moyens de parvenir à former l'administration, et nous ne désespérons pas de la voir se compléter lorsque les communes sentiront encore davantage les inconvénients de ne point avoir d'agent ; elles ne tarderont pas de l'éprouver.

« Il faut aussi donner le tems à ceux que l'on a nommés de se rassurer en voyant que les autres agents remplissent avec zèle leurs fonctions sans être exposés aux dangers que la terreur exagéroit.

« Vous sentez, citoyens administrateurs, qu'indépendamment des obligations attachées aux places d'agents et d'adjoints, le défaut d'expérience, la mauvaise saison, la nécessité des voyages, la crainte des chouans, le décret de première réquisition, ceux de la contribution foncière, de l'emprunt forcé, tout le travail d'une administration, effrayent les esprits. Joignez-y l'empressement des officiers municipaux à sortir de place, les courses des troupes et mille corvées désagréables dont chacun tremble de se charger, voilà ce qui les éloigne d'accepter. Tous les autres motifs ne sont que du prétexte, et ce que nous avons dit en votre nom n'a pas encore suffi pour les rassurer. Les femmes surtout ont peur et détournent leurs maris de se charger d'aucunes fonctions.

« Nous avons nommé un citoyen pour tenir les registres de l'état civil à Mulsanne. Ceux de Laigné et de Teloché nous ont été renvoyés ; personne ne veut s'en charger (1).

(1) « A l'égard des registres de Teloché et Laigné rien n'a voulu s'en charger, nous avons délibéré qu'ils seroient déposés aux archives du canton et que les actes des déclarations de Teloché et Laigné seroient faits par le chef du secrétariat de l'administration. En conséquence de quoi ils ont été apportés le 13 et 14 du courant. » Lettre des administrateurs du canton d'Ecommoy, datée du 15 nivôse (5 janvier 1796). (*Arch. de la Sarthe*, L. 198 *bis* A).

Nous les ferons tenir provisoirement par l'administration. Nous allons aussi prendre des mesures pour rétablir sur ces registres les actes qui devroient y être inscrits et réparer cette funeste omission avec le plus d'exactitude et de solennité qu'il nous sera possible.

« L'administration, comme vous le voyez, citoyens administrateurs, entravée dans ses opérations par le défaut de concours de ses membres, ne peut travailler pour trois communes qui s'isolent du canton, trouvant du péril à s'y transporter, éprouvant encore des difficultés même dans les communes où les agents ont accepté, forcée de mettre dans ses mesures une circonspection et une lenteur commandée par les circonstances, n'a pas pu remplir avec toute la célérité que demandent les besoins de la patrie ce que portent vos instructions sur l'emprunt forcé. Il aurait fallu des administrations toutes formées et des circonstances moins difficiles pour y parvenir. Nous essayerons de vaincre une partie de ces obstacles et nous espérons que l'administration supérieure saura nous tenir compte de notre zèle et de nos efforts. Salut et fraternité. Les membres de correspondance, J. Piet et Drouault (1). »

A la fin de juillet 1796, les Chouans parcouraient encore le canton. Deux de leurs chefs, Mersanne dit d'Ardeville, et Potiron, « vivement poursuivis par les troupes de la Flèche », fixèrent à cette époque leur séjour sur les communes de Laigné et de Saint-Gervais, avec quelques hommes de leurs bandes (2). Des rassemblements nocturnes et fréquents sont, en octobre, signalés à Laigné chez un Chouan rendu. Les Chouans augmentent d'audace de jour en jour, dit la *Chronique du département de la Sarthe*, et « ils ont même l'air de bavarder les patriotes. » A Mulsanne, ajoute-t-on, ils ont enfoncé la porte d'une maison habitée par une veuve, l'ont volée et menacée de la tuer.

(1) *Arch. de la Sarthe*, L. 198 *bis* A.
(2) *Arch. de la Sarthe*, L. 210.

IV

La commune de Laigné tomba de nouveau sans agent au mois de septembre 1797, par suite des destitutions qui atteignirent presque tous les membres de l'administration du canton d'Écommoy, en vertu de la loi du 19 fructidor an V. Le citoyen Louis Fouineau, agent municipal de Moncé, fut nommé le 31 octobre suivant pour rédiger provisoirement les actes de l'état civil. Les fonctions municipales n'étaient pas alors très recherchées. Quelquefois même il y avait un danger réel à les accepter, comme nous le montre cette lettre du commissaire du canton Martineau. La Chouannerie recommençait à se montrer. « Citoyen, écrit-il le 10 messidor an VI au commissaire du département, le 6 du courant (24 juin 1798), sur les onze heures du matin, cinq hommes parurent armés de chacun un fusil double, quelques-uns de sabres et de pistolets, et tous masqués, dans la cour du citoyen Bruneau de Laigné, qui n'est qu'à cent pas du bourg; ils demandèrent au fils de ce particulier si les nommés H..., P..., B..., et autres, ex-chouans des communes voisines, étaient chez eux, si La Beaussonnière étoit arrêté. Ils s'informèrent du nom des agents de ces communes et dirent à l'égard du citoyen Fouineau, agent de Moncé, qu'ils l'exempteroient bientôt de remplir cette fonction. Ils s'informèrent enfin où il y avoit de bons chevaux, ajoutant qu'ils étaient fatigués, et qu'ils en avoient bien besoin; ils demandèrent le chemin d'une lande appelée le Bourray, recommandèrent expressément le secret et disparurent.

« Le citoyen Fouineau, passant une heure après par le bourg de Laigné (où il remplit les fonctions d'officier public, et d'où il devoit se rendre à notre administration), fut instruit par ledit citoyen Bruneau de tout ce qui est dit ci-dessus. Aussitôt le citoyen Fouineau invita les habitants à marcher contre les brigands, envoya un exprès à Moncé pour qu'il en fût fait autant et s'en fut prendre le cantonnement de Mulsanne pour courir d'un autre côté. Toutes les recherches ont été vaines, mais le lendemain quelques personnes aperçurent ces cinq brigands dans cette lande du Bourray dont ils avoient demandé le chemin, et le soir de ce même jour il fut pris quatre chevaux aux habitants de la commune de Fillé, qui étaient à pâturer dans la lande.

« Cet endroit est très dangereux aux marchands qui fréquentent la route d'Arnage au Lude ; plusieurs y ont été déjà arrêtés et volés depuis deux mois ; et cela est d'autant plus à craindre que cette route qui conduit dans le ci-devant Poitou est très passagère, et pour y remédier il faudroit nécessairement qu'il y eût, à Moncé, un cantonnement de douze à quinze hommes tant pour éclairer cette route que pour faire journellement des patrouilles en les bois et landes qui environnent cette commune ; c'est d'après mes connoissances locales que je vous invite, citoyen commissaire, à y en faire venir un ; les habitants, dont l'esprit est généralement assez bon, le désirent, et ils accompagneroient même les soldats dans leurs marches. Au surplus l'administration municipale de ce canton emploiera tous les moyens pour empêcher la continuation de ce brigandage et j'espère que vous voudrez bien l'aider des vôtres (1). »

Les nominations des citoyens Piau et Dorise, comme agent et adjoint de la commune de Laigné, Louis Boudevin et Bruneau, comme agent et adjoint de celle de Mulsanne, qui n'étaient pas « animés d'un bon esprit », ne satisfirent pas l'administration départementale. Elle les révoqua, et le 10 septembre 1798 on nomma agent de Laigné le citoyen Gorget, cultivateur, et adjoint le citoyen Moncelet.

Devenus de plus en plus nombreux, les Chouans arrêtèrent et pillèrent deux fois, sur la route d'Écommoy, le courrier de la malle ou diligence, en juin et août 1799. Leurs chefs, d'Ardeville et P..., se réfugiaient à la ferme de Sormigné, chez la veuve B..., surnommée Griffaton, où se trouvait un dépôt d'armes. Une des personnes les plus suspectes de la

(1) *Arch. de la Sarthe*, L. 210.

contrée aux yeux du gouvernement, était sans contredit à cette époque, Corbin de la Baussonnière, « ex-chef de Chouans, fripon à outrance », dans la demeure duquel, à Moncé, il y avait tous les jours des rassemblements (1).

« Les Chouans, écrivait le 14 janvier 1800 le commissaire Martineau, continuent toujours leurs incursions dans le canton par petites bandes souvent composées de quatre ou cinq montés, lesquels forcent les acquéreurs ou locataires de biens nationaux de les payer soit en nature soit en numéraire ; enlevant les jeunes gens pour les forcer de marcher avec eux. Il paraît que le reste de l'opinion publique encore conservée à la République se désespère de voir tant de forfaits commis rester impunis et même sans poursuite, tandis que la partie de l'opinion publique attachée au parti royaliste devient de plus en plus audacieuse et puissante (2). » La Chouannerie, heureusement, jouissait de son reste; quelques jours plus tard, le 4 février, la paix définitive fut signée par le général de Bourmont.

Le 14 juillet de la même année, le maire de Laigné, M. Fournier, rend ainsi compte à l'administration départementale de la fête de la Concorde célébrée dans sa commune : « Nous avons lu le programmme, et à l'heure de midy nous nous sommes réunis tous ensemble pour l'occasion de la fête de la Concorde en l'honneur de la pacification des départements de l'Ouest. Nous rendons grâce à l'auteur de tous biens des idées de justice et de sagesse qu'il a inspirées au gouvernement pour arrêter l'effusion du sang et enfin la guerre civile. Ensuite j'ai proclamé les noms des défenseurs de la patrie (originaires de Laigné), morts au combat, qui sont : Pierre Bourmault, Jacques Fournier et Pierre Guinoiseau. Ensuite les citoyens sont en allés dîner les uns avec les autres, et après le dîner ils ont fait des jeux, tiré le pavois et dansé (3). »

(1) *Arch. de la Sarthe*, L. 306 et 307.
(2) *Arch. de la Sarthe*, L. 210.
(3) *Arch. de la Sarthe*, L. 267.

§. Laigné depuis la Révolution

Le résumé que nous donnons de notre histoire locale pendant cette période est extrait en grande partie des archives communales de Laigné.

An IX. — « Le 15 pluviôse (4 février 1801), se sont présentés les citoyens René Voisin, maréchal, René Hubert, propriétaire au bourg, Etienne-Gervais Morançais, Marin Lubineau, René Fouqueray, Charles Jousse, Gervais Folanfant, Charles Coutable, René Legué, Pierre Gougeon, tous membres du Conseil municipal, et ont fait comme le maire (M. Fournier) et entre ses mains, la promesse de fidélité à la constitution, suivant le terme de la loi. »

Vers la fin de l'année, on décida de faire au « temple décadaire » les réparations les plus urgentes. Après l'avoir examiné avec la plus grande attention, on reconnut que la dépense en charpente, en tuiles, en pavés, etc., se montait à la somme de 218 fr. 50. — Quelque temps après on remit le presbytère en bon état. Dépense, 60 francs.

— Le total des dépenses de l'an IX est de 163 fr. 80.

An XI. — Recettes 192 fr. 70, dépenses 185 fr. 85.

15 floréal an XI. — Le Conseil municipal vote 600 francs pour le traitement du desservant.

1er Messidor an XI. — Arrêté préfectoral qui organise un bureau de bienfaisance à Laigné. Sont nommés membres de ce bureau les citoyens Julien Le Provost, René Lambert, Etienne-Gervais Morancés, marchand, Marin Lubineau, marchand, et Jean Coutable.

An XIII. — Suivant l'ordre du préfet, la commune habille un pauvre pour la fête du couronnement de l'empereur. Elle dépense 13 fr. 50 pour un gilet rond, un pantalon, un bonnet de laine et une paire de sabots.

— Les limites de la commune de Laigné ne sont pas encore établies. Aussi Saint-Ouen et Saint-Gervais veulent profiter de l'occasion pour s'agrandir aux dépens de leur voisine. Saint-Gervais prend la Croix, les Boulais et Boisgars, et

Saint-Ouen les deux fermes des Marais, la Tremblaye, les Mineries et autres terrains dépendant de Cluanne et de la Varanne.

Le Conseil municipal de Laigné s'oppose formellement à cette entreprise et demande à prendre comme limite entre Saint-Ouen le ruisseau qui passe au sud des Marais ; il accuse ses deux parties adverses, dans sa délibération de pluviôse an XIII, « de lui voler impunément ses propriétés. Elles soudoient, ajoute-t-il, l'inspecteur chargé de dresser le plan et lui ont payé bouteille : il leur aurait bien permis de prendre toute la commune, si elles la lui avaient demandée ! » La délimitation définitive, terminée le 13 juillet 1812, conserva à Laigné l'intégrité de son territoire.

1815. — Pendant les Cent jours, le bourg de Saint-Gervais — et certainement aussi celui de Laigné — et les allées du Plessis furent traversés successivement par les royalistes, commandés par d'Ambrugeac, et par un nombreux détachement de troupes dites de la fédération et de gardes nationaux. Les royalistes étaient établis au Plessis et se disposaient à y prendre quelques rafraîchissements lorsqu'on vint les avertir de l'arrivée des bonapartistes ; ils jugèrent prudent de mettre une distance respectueuse entre eux et leurs adversaires et opérèrent vite leur retraite sur Moncé. Quelques coups de fusil furent tirés de chaque côté et n'eurent d'autre effet que d'épouvanter les campagnes (1).

24 mai 1822. — Le Conseil déclare que le bureau de poste le plus commode et le plus avantageux pour la commune est celui d'Ecommoy.

24 mai 1829. — Le maire donne lecture au Conseil d'une lettre de M. Bouvier, vicaire général, en date du premier courant, qui le prévient que le desservant de Laigné, sexagénaire, étant nommé à une desservance bien inférieure en population, en raison de la faiblesse résultant de son âge, doit

1) *Chr. man. de Saint-Gervais.*

être remplacé par un ecclésiastique ayant droit à un supplément de traitement de 250 fr., qu'il demande pour lui, voulant en être assuré d'avance; ce qui, en l'admettant, augmenterait de 150 fr. les frais de culte. — Le Conseil refuse tout net d'allouer aucun supplément.

18 août 1833. — La loi du 28 juin 1833, qui organisait en France l'enseignement primaire, mettait chaque commune dans l'obligation d'entretenir une école publique pour les garçons et une autre pour les filles. Cette dernière existait déjà à Laigné depuis quelques années. Les garçons seuls ne recevaient aucune instruction, et encore ne se préoccupait-on pas de faire cesser un état de choses si fâcheux. La loi surprit le Conseil municipal cuirassé de la plus profonde indifférence, comme le témoigne la délibération que nous avons sous les yeux, et dont nous ne pouvons nous empêcher de reproduire les passages ci-dessous : c'est une page d'histoire locale qui parle plus haut que tous les commentaires dont on pourrait la faire suivre. Et dire que depuis cette époque Laigné a fait des progrès avec ses trois écoles !

« Ayant délibéré sur la possibilité de faire un traitement de 200 fr. à un instituteur, les membres du Conseil ont reconnu que la commune se trouve déjà trop surchargée d'impositions locales pour voter avec plaisir une pareille somme, vu qu'ils sont convaincus qu'un instituteur ne sera pas d'une grande utilité dans la commune parce que tous nos habitants ne profiteront nullement de l'avantage qu'on leur offre. A l'appui de leur opinion, c'est que depuis environ un an le sieur Rouillard, instituteur, n'a eu jusqu'aujourd'hui qu'un seul écolier, quoique ses connaissances et sa moralité soient suffisantes pour mériter la confiance des habitants. Mais puisque les communes sont contraintes d'avoir un instituteur, et que faute par elles de voter on les impose d'office, le Conseil demande, afin de soulager les habitants, que la commune de Laigné soit réunie à celle de Saint-Gervais qui n'est qu'à très peu de distance de la leur, et que cette école soit fixée à Laigné. Pour faire le payement de l'instituteur le Conseil demande qu'on prenne pour base de la répartition le montant des contributions des deux communes. Quant à la location, après avoir fait plusieurs recherches, il se trouve dans l'impossibilité de se procurer un local ; l'instituteur occupe seulement une chambre chauffante qu'il quittera à la Toussaint prochaine faute d'écoliers, en voulant fixer son domicile en une autre commune.

« Au désir de la circulaire de M. le Préfet, le Conseil fixe la rétribution mensuelle à 1 fr. 50.

« En conséquence, le Conseil est d'avis, autant qu'il s'y trouve forcé, de voter les 200 francs. Tout en reconnaissant l'utilité de l'enseignement, il ne peut s'empêcher de dire que les frais d'entretien d'une école primaire pour notre commune sont trop onéreux et que le bien qu'on doit en attendre ne se fera aucunement sentir, en ce que nos habitants sont des cultivateurs et des artisans peu aisés qui préféreront conserver leurs enfants chez eux pour veiller à la garde de leurs bestiaux. »

Le 27 mai 1834, le Conseil déclara de nouveau « d'une voix unanime qu'il n'était nullement dans l'intention d'avoir un instituteur dans ladite commune. »

Par un arrêté du 6 février 1834, M. le Ministre de l'Instruction publique autorisa la réunion des deux communes de Saint-Gervais et de Laigné pour l'entretien d'une école primaire commune, dont le chef-lieu fut établi à Laigné. — La part afférente à Laigné, sur une dépense totale de 275 francs (traitement de l'instituteur et loyer d'une maison) est de 182 francs, portés chaque année au budget communal, jusqu'en août 1868, époque où la commune de Saint-Gervais ouvrit son école.

24 avril 1834. — Arrêté préfectoral, d'après lequel l'assemblée ou fête patronale de Laigné qui a lieu annuellement le jour de la fête de sainte Anne se tiendra à l'avenir le dimanche le plus près du 15 juillet. — Une autre assemblée se tenait également le dimanche le plus voisin du 11 novembre.

1er octobre 1837. — Le Conseil délibère pour un puits qui se trouve dans la rue du bourg et qui saillit de huit pieds sur la voie publique ; aussi occasionne-t-il de fréquents accidents. Aucun individu n'ayant pu présenter de titres donnant le droit d'y puiser de l'eau, le Conseil a été d'avis unanime de le combler. — Son emplacement devait se trouver en face de la maison de M. Aubin, sur la route de Moncé.

15 août 1841. — Le nombre des élèves qui fréquentent l'école est de 50 en hiver et de 32 en été. 60 enfants sont, dans la commune, en âge d'y venir régulièrement. Le produit de la rétribution mensuelle est en hiver de 45 à 50 fr., et en été de 30 à 35 fr. Le montant de la rétribution annuelle est d'environ 450 fr. Le nombre des familles en état de payer l'instruction à leurs enfants est d'environ 35, et des familles indigentes 25.

14 novembre 1844. — Un puits, nommé le *puits gaulois*, situé sur la voirie dans la rue du bourg (presque en face de la maison de M. Pressoir), est dans un état de ruine totale qui le rend très dangereux pour les passants et surtout pour les enfants, occupés une partie du jour à s'amuser autour. Le Conseil décide de le démolir.

7 juin 1846. — Un orage éclate avec une grande violence sur le bourg, vers trois heures du soir. La grêle, la pluie, les éclairs, le tonnerre durèrent près de trois quarts d'heure. Cependant la grêle ne fit pas de grands ravages dans la contrée.

Octobre 1846. — Etablissement du bureau de bienfaisance. Ses principaux bienfaiteurs sont : Mlle Voisin, don d'un champ situé à Saint-Gervais, estimé 400 francs; Mme Marie-Anne Liberge, veuve de M. J.-B. Lehoux, legs de 100 francs de rente (1840); M. l'abbé de Moncé, legs de 475 francs de rente (1843); Mme Louise Lubineau, veuve de M. Michel Morençais, legs de 50 francs de rente; etc. Ses revenus sont, en 1890, de 1,666 fr. 63.

15 novembre 1846. — Le Conseil, consulté pour le projet de construction du chemin de fer du Mans à Tours, déclare

que la ligne la plus avantageuse pour la Compagnie et les habitants du pays serait celle par Arnage, Moncé, Saint-Gervais (entre le bourg et le château du Plessis), Ecommoy, Mayet, Château-du-Loir, qui passerait auprès d'un bien plus grand nombre de localités.

1847. — Année de disette. Les habitants de Laigné font une souscription volontaire dont le montant s'élève à environ 2,000 francs. Le Conseil fonde, pour les indigents de la commune, un atelier de charité sur le chemin vicinal n° 4 de Laigné à Saint-Biez, que l'on élargit.

Garde nationale. — La garde nationale de Laigné, formant une compagnie d'environ 130 hommes, faisait partie du bataillon communal de Teloché (1830-1847).

1831. — MM. Follenfant Pierre, capitaine, Cornille Etienne, lieutenant, et Voisin François, sous-lieutenant de la compagnie des grenadiers; Loiseau Louis, capitaine, Lemée Julien, lieutenant, et Dupuy Jean, sous-lieutenant de la compagnie des voltigeurs.

1837. — Loiseau Louis, capitaine; Bailleul Louis et Cosnard Joseph, lieutenants; Charlot Joseph et Fouqueray Pierre, sous-lieutenants.

1843. — Loiseau Louis, capitaine; Pressoir Pierre et Bailleul Louis, lieutenants ; Voisin François et Charlot Joseph, sous-lieutenants.

1846. — Loiseau Louis, capitaine; Conard Alexis et Bailleul Louis, lieutenants; Voisin François et Charlot Joseph, sous-lieutenants.

3 avril 1848. — Une compagnie de deux cents hommes. Loiseau Louis et Froger René, capitaines; Bailleul Louis et Mercier Eugène, lieutenants; Charlot Maurice et Hamard, sous-lieutenants.

17 mai 1852. — Le Maire expose au Conseil qu'il serait bien urgent d'ériger un nouveau cimetière. Adopté. — Jusqu'à cette époque, le cimetière, clos de murs d'appui, entourait l'église au sud et à l'ouest.

15 août 1852. — Le Conseil décide de nouveau de transférer le cimetière, situé au centre du bourg, « dans l'intérêt de la salubrité publique et selon les vœux depuis longtemps exprimés par les habitants. »

10 octobre 1852. — Le Conseil approuve l'achat fait par le Maire, pour l'emplacement du nouveau cimetière, d'une parcelle de terre de 13 ares appartenant à M. H. Morançais. Prix, 500 francs.

10 octobre 1852. — *Adresse.* « Le Conseil municipal de Laigné en son nom et au nom de la commune qu'il représente tient à honneur d'adresser au prince Louis-Napoléon l'expression de sa vive reconnaissance pour l'acte libérateur du Deux Décembre et pour les mesures remplies de sagesse qui l'ont complété. Il s'associe avec bonheur aux vœux unanimes de la France et il supplie Son Altesse impériale d'accepter le souverain pouvoir qui lui est offert et d'achever l'œuvre que la Providence lui a confiée, en donnant au pays un gouvernement stable qui assurera sur les ruines du socialisme le triomphe définitif de la religion, de la famille et de la propriété. »

4 mai 1856. — Le Conseil municipal est invité par le Préfet à donner son avis sur les emplacements des stations projetées du chemin de fer du Mans à Tours. « Il déclare ne pas s'opposer aux emplacements des stations établies à Ecommoy et à Arnage, mais quant à celle de Moncé il trouve qu'elle sera trop rapprochée de celle d'Arnage et trop éloignée de celle d'Ecommoy. Il demande donc de la manière la plus expresse que, dans l'intérêt de la Compagnie et des communes de Laigné, Saint-Gervais, Teloché et Saint-Ouen-en-Belin, la station de Moncé soit placée à peu près à égale distance d'Ecommoy et d'Arnage, à la proximité de ces différents bourgs. Le seul endroit convenable serait de la placer entre Saint-Gervais et Moncé, sur le territoire de Saint-Gervais, près de la ferme d'Épaigne, afin de mettre à même toutes les communes de profiter de l'avantage de cette station.

« Par le rapprochement de la station du bourg de Saint-

Gervais, la Compagnie, qui doit placer les stations autant que possible près du centre des populations, trouvera un avantage, puisque les communes de Saint-Gervais et Laigné, dont les bourgs se touchent, ont une population de 2,200 habitants, tandis que celle de Moncé n'est que de 1,063.

« La station de Moncé étant à 4,108 mètres d'Arnage et à 9,440 mètres d'Ecommoy, la différence dans la distance étant trop grande, cette station ne produirait pas les effets qu'on doit en attendre. En effet le bourg de Moncé, peu populeux et sans commerce, ne pourra rien produire à la Compagnie, et les autres communes, trop éloignées, ne s'y rendront pas. »

27 mars 1859. — Le Conseil approuve le projet que l'on a de reconstruire l'église, à condition « que la réédification soit entièrement faite au moyen de souscriptions volontaires et des secours que M. le Préfet voudra bien faire obtenir sur les fonds de l'Etat. »

Mai 1859. — *Adresse.* « Sire, le Conseil municipal et les habitants de la commune de Laigné-en-Belin s'empressent de déposer à vos pieds ses humbles félicitations et de joindre ses acclamations aux cris d'allégresse qui retentissent de tous les coins de la France à l'occasion de votre retour d'Italie et de la conclusion de la paix. Deux fois vous avez montré à l'Europe votre force sur les champs de bataille et votre modération après la victoire.

« Sire, le Conseil s'associe respectueusement à ces grandes choses et il prie Dieu qu'il protège la France en accordant des jours longs et prospères à Votre Majesté, à l'Impératrice et au prince Impérial. »

20 juin 1861. — Orage qui s'abattit avec une violence extraordinaire sur un grand nombre de communes du département de la Sarthe, particulièrement sur Laigné et ses environs. Blés, chanvres, pommes de terre, pommes à cidre, tout fut renversé ; les vignes furent saccagées, et il y eut des pièces de blé où il ne resta pas un seul épi debout. Dans

beaucoup d'endroits, les toits furent découverts par le vent, la pluie ou la grêle. Pour donner une idée des désastres causés par cet orage, il suffit de dire que les grêlons pesaient de 100 à 150 grammes ; ils étaient gros comme des œufs.

Les pertes furent évaluées, pour la commune, à la somme de 38,950 francs. Par décisions des 29 juin et 16 novembre de la même année, le Ministre de l'Intérieur accorda aux malheureuses victimes un secours de 438 fr. 75.

8 novembre 1863. — M. Jollivet cède son terrain le long de la partie de l'église actuellement construite, afin de dégager ce monument et d'agrandir la place.

11 août 1866. — « Le percepteur demande au Conseil de se prononcer sur l'opportunité de changer le chef-lieu de sa perception, établi à Mulsanne, et de le transporter à Laigné.

« Le Conseil, considérant : Que Laigné est le point central de la perception et que Mulsanne n'est qu'à l'extrémité ; 2° Que primitivement la perception avait été fixée à Laigné et que par des causes alors existantes, mais détruites, le chef-lieu avait été transféré où il est ; . . . . .

« Est d'avis que le chef-lieu de la perception doit être à Laigné, et émet le vœu qu'il y soit transféré le plus tôt possible.

1867. — L'église est achevée.

8 février 1868. — Demande d'un marché aux denrées le samedi de chaque semaine. — Créé le 24 septembre suivant.

L'ancien cimetière est converti en place publique. Le dégagement en est entièrement terminé.

1870. — Création du bureau de poste de Saint-Gervais-en-Belin. On y rattache la commune de Laigné.

11 mai 1870. — Demande de création de deux foires.

Garde nationale. — Pressoir Léon et Diard Alexandre, capitaines ; Lebouc Louis et Bourdin Louis, lieutenants ; Papillon Louis et Livet Jean, sous-lieutenants.

9 octobre 1870. — Les compagnies de garde nationale de Mulsanne, Teloché, Laigné, Saint-Gervais et Moncé demandent à se réunir en bataillon. — Autorisé par lettre du préfet du 24 octobre.

Novembre 1870. — M. A. Guiet est nommé commandant du bataillon.

Le 10 janvier 1871, cinq hulans prussiens, venant de Teloché, s'avancèrent sur la route de Tours jusqu'au Petit-Raidi. Des soldats français en débandade se mirent à tirer sur eux et blessèrent mortellement leur chef, qui, transporté à Teloché, ne tarda pas à expirer. On l'enterra dans le cimetière de cette commune.

Le 12 janvier, les Prussiens reparurent à Laigné au nombre de plusieurs mille et y restèrent deux jours. Ils revinrent le 26, puis le 5 février pour y rester en cantonnement jusqu'au 6 mars.

Les réquisitions et les dommages causés par eux sur le territoire de la commune de Laigné s'élevèrent, avant le 26 janvier, à 13,176 francs ; du 26 janvier au 2 mars, à 8,346 francs ; et du 2 au 6 mars, à 659 francs. Total, 22,181 francs.

Pendant que la deuxième armée de la Loire était dans notre contrée, des soldats français, trouvés couchés dans la neige le long de la route de Tours au Mans, furent ramassés par des personnes charitables et amenés au bourg de Laigné. La classe des filles fut mise à leur disposition et transformée en une ambulance dirigée par les dames sœurs, sous la surveillance de M. le docteur Rondeau, d'Écommoy. Grâce à leur dévouement et à celui des dames du bourg, sept soldats de la ligne, de la garde mobile et des mobilisés, y furent soignés. Deux succombèrent à l'ambulance, le premier, le 7 janvier, d'une fluxion de poitrine, le second, le 28 janvier, du tétanos à la suite d'une blessure à la cuisse reçue dans les environs de Parigné-l'Évêque le 10 ou le 11 janvier. Un troisième mourut à la campagne le 10 janvier, d'une fluxion de poitrine qui l'avait mis hors d'état d'être transporté à l'ambulance. Les autres furent rendus à la santé.

15 août 1872. — Dépense à payer par la commune de Laigné pour l'occupation allemande sur son territoire : 2,415 francs.

11 novembre 1872. — Nouvelle demande de création de deux foires, qui devront se tenir dans cette commune, l'une le samedi qui suit le 11 novembre, l'autre le samedi qui précède le carême. Des circonstances extraordinaires les avaient fait ajourner. — Autorisé par le Conseil général dans sa séance du 21 août 1873.

1874. — La commune reçoit dans la dernière répartition des secours pour indemnité de guerre la somme de 1,010 fr., que l'on emploie à l'agrandissement du cimetière.

11 juillet 1875. — Projet d'achat de 40 ares de terrain pour construire la maison d'école des garçons.

Projet de construction, approuvé par le préfet le 28 juin 1876.

12 novembre 1877. — Agrandissement du cimetière. — On l'entoure de murs l'année suivante.

26 octobre 1884. — Ouverture, à Laigné, d'une succursale de la Caisse d'épargne du Mans.

1887. — L'église est entourée d'une grille aux frais de M. Jollivet, maire.

Septembre 1888. — Achat d'une nouvelle horloge.

1889 — Les deux assemblées sont changées de dates et fixées, l'une au dimanche avant le 8 juin, et l'autre au dimanche le plus près du 15 septembre.

1890. — Montant du principal des quatre contributions directes : Foncière, propriétés non bâties, 3,666 francs, propriétés bâties, 908 francs ; personnelle-mobilière, 1,230 francs ; portes et fenêtres, 780 francs ; patentes, 989 fr. 50 (1).

(1) Le dimanche 26 août 1770, les habitants de Laigné, réunis au devant de la porte de l'église, décident d'établir la taille proportionnelle

ADMINISTRATION

I

Curés de Laigné-en-Belin	Vicaires
1494. Philippe Belin.	
. . . .	
1589. Allain Congrier.	
1598. Nicolas Heuzard.	
. . . .	
1623. Jacques Chevalier.	
1639. René Gaceau.	1630. R. Picheton.
	1648. Guillaume Engoulevant.
1656. Nicolas Le Verrier.	1667. André Nermord.
	1675. Macsot.
	1692. Pierre Bougas.
1693. Pierre Thion de la Veroullière.	. . . .
1706. Charles du Clos.	1708. P. Friquet.
1709. Pierre Liger.	1709. Vincent Rouillard.
	1711. Drugeon.
	1714. Jacques Bougas.
1720. Jean-Michel Phlippot.	1723. François-Louis Cheureau.
	1726. Augustin Desprez.
	1727. Quinet.
1729. Vincent du Tertre.	1730. Guillaume Gautheur.
1752. Guillaume Gautheur.	1752. Pierre Piveron.
1754. Bernard-Roland Le More.	1755. L. Monsallier.
	1756. Gaultier.
	1756. Boullard.
	1756. P. Janvresse.
	1758. Louis-Augustin Boullard.
1759. Pierre-Jean-Bapt. Renaudin.	1759. François Renaudin.
1787. François Renaudin.	1786-1791. Ibid. et François Robin.
1791-1793. Jacques-Charles Bageau, curé constitutionnel.	

dans leur paroisse, « seul moyen qu'on puisse employer, disent-ils, pour couper chemin à l'injustice et aux abus qui se sont commis de tous temps dans les départitions des tailles faittes par les collecteurs. » Ils se mettent à l'œuvre aussitôt et nomment dix commissaires chargés de faire « en leur âme et conscience » l'évaluation de tous les biens-fonds de la paroisse, afin que chacun soit taxé « au marc la livre », selon les règles de la justice et de l'équité.

Le total des revenus fut trouvé de 11,930 livres, dont 2,791 liv. 10 sols pour les biens de mainmorte, 8,808 liv. pour les biens nobles et de roture, et 330 liv. 10 s. pour les hors tenants. — Les impositions de la paroisse de Laigné s'élevèrent en 1771 à 6,219 liv. 4 s. : 2,893 l. pour la taille, 1,717 liv. 4 s. pour la capitation et 1,609 liv. pour le second brevet.

1801. Vital Moranne et François Robin.	
1801. Julien Le Provost.	1822. Eudes Dupont.
1823. Eudes Dupont.	
1829. René Poirier.	1840. Delorme.
1856. Joseph Lelair.	1845. François Berger.
	1850. François Moulinet.
	1856. Alphonse Chauveau.
	1865. Louis Leroy.
	1871. Joseph Chanteau.
1873. Constant Lambert.	1873. Louis Lapérelle.
	1873. J.-B. Mauboussin.
	1875. Brice Pilâtre.
	1877. Lucien Péan.
	1883. Zéphirin Dudouet.
	1884. Henri Legros.
	1887. Pierre-Marcel Prud'homme.

II

Maires.	**Adjoints.**
18 janv. 1790. René Lambert.	Jacques-François Man.
21 juin 1791. Jacques-François Man.	Charles Besnard.
1793. Julien Le Barbier.	
Germinal an III. — Julien Fournier.	
Germinal an III. — 4 prairial an V. René Voisin.	
4 prairial an V. — 19 fructidor an V. Julien Fournier.	Jacques Thurault.
30 vendémiaire an VI. Louis Fouineau, agent de Moncé.	
. . . — 19 fructidor an VI. Piau.	Dorise.
25 fructidor an VI. René Gorget.	Moncelet.
An VIII. Julien Fournier.	An X. J. Thurault.
	An XII. L. Moinet.
18 juin 1828. Louis Voisin.	1er juillet 1828. Morançais.
	1er juillet 1828. Pierre-Julien Pressoir.
31 août 1828. Pierre-Julien Pressoir.	23 sept. 1828. Pierre Bellanger.
Mars 1832. Pierre Bellanger.	Pierre Pressoir.
	24 sept. 1843. Joseph Conard.
	13 août 1848. François Voisin.
	21 juillet 1852. René Froger.
Avril 1863. René Froger.	Jacques Morençais.
Août 1868. Jacques Morençais.	Joseph Conard.
	15 fév. 1874. Jean Fouqueray.
21 janvier 1878. Adolphe Fouqueray.	Louis Bizot.

31 octobre 1880. Augustin Jollivet.

Frédéric Breteau.

18 mai 1884. Adolphe Fouqueray.

21 août 1887. Adolphe Fouqueray.

4 sept. 1887. Léon Pressoir.

Mai 1888. René Thurault.

III

Notaires de Laigné.

Pierre Cornille (1580-1617).
Charles Lefèvre (1585).
Louis Cornille (1618-1647).
Pierre Liger (1650-1680).
René Liger, notaire « gardenotte du Roy » (1680-1699).
Jean Lambert (1699-1701).
Mathurin Lambert (1701-1719) (1).
Charles Raguideau (1720-1729).
Thomas Pottier (1729-1774).
Jacques-François Man (1777-1794).
Louis Moreau (1839-1848).
Charles Cosnard (1849-1857).
Armand Collin (1857-1877).
Louis Gallot-Lavallée (1877-).

Notaires de Saint-Gervais.

Julien Robineu (1559).
Jehan Robineu (1580-1622).
Guillaume Rouillard 1617-1642).
François Ledru (1656-1689).
Michel Ledru (1689-1727).
Etienne Chevereau (1787-1821).
Etienne-Marie Chevereau (1821-1839 et 1848-1849).

Notaires de Mulsanne.

Jean Boussard (1653-1673).
Jean Boussard (1680-1722).
François Le Batteux (1726-1735).
Julien Bruneau (1750-1759).
Jean Sallard (1759-1768).

Notaires de Moncé.

Jacques Vray (1577).
Jehan Foyneault ou Fouyneau (1614-1621).
Picouleau (1660-1680).
Jacques Couléard (1664-1674).
Pierre Roland (1678-1727).
Marc Vaugeois (1731-1736).
Jean-Jacques Nièceron (1736-1776).
Julien Fouineau (1777-1800).

Notaires de la cour de Vaux,

RÉSIDANT A PONTHIBAULT (2).

Protais Maurice (1518-1537).
Jehan Follenfant (1537-1570).
Jehan Lioreau (1570-1572).
Julien Robineu (1601).
Christophe Belin (1601).
Blaise Fleurise (1649).

(1) L'office de notaire royal à Laigné fut payé par lui 1.000 livres le 1er mai 1702, et sa veuve le céda, le 23 octobre 1719, à Me Charles Raguideau pour 900 livres. (*Et. de Laigné, min. Boussard.*)

(2) *Les Arch. de la Sarthe* (H. 577) possèdent un acte passé en la cour de « Vaux-en-Belin » en 1483.

Mathurin Brisson (1572-1579).
Julien Hervé (1579-1582).
Jehan Bellanger (1582-1598).
Jehan et Guillaume les Guibers (1598-1601).
René Godefroy (1655-1678).
Boivin (1731).
Julien Houdayer (1735-1764).
Julien Fouineau (1777-1790).

IV

Instituteurs.

1836. Germain Touzard.
1836. Pierre Lenoir.
1839. Joseph Foucault.
1879. Modeste Virlouvet.
1883. Pierre Milet.
1884. Henry Roquet.

PIÈCES JUSTIFICATIVES

I.

De furno Sancti Martini de Laigneio (1).

1143-1186. — Posteritati fidelium breviter intimare volumus, quod monachi Roberto de Longa Landa (2) successorique ejus, communicaverunt furnum de burgo quem apud Sanctum Martinum de Laigneio incoatum est, conventione tali, ut monachis concedat villicatam, habeantque custumam de hominibus suis, ipseque ab hominibus foris degentibus; quamdiuque poterit, ligna ad calefaciendum furnet queret, et quicquid in burgo forefactum fuerit, ad monachum ibidem presentem clamor fiet, ipseque quantum de eo rectum fuerit faciet; nemoque presumet de forefacto illo justiciam facere, ni abbate vel monacho dimittente. Hoc concessit ipse Robertus, Paganusque frater ejus. Audierunt et viderunt hoc : Josbertus de Malet, Matheus Boschet, Gaufridus de Avenis, Sylvester Brunus, Willelmus presbiter, Robertus sacrista, Goslinus, Johannes Toipe, Theobaudus pistor.

Hac concessione facta ante episcopum, iterum convenerunt in capitulum monachorum, ubi predictam elemosinam Patricius concessit monachis et Matheus Calvus, et sicuti ante episcopum, de recompensatione XII nummorum diffinitum fuit, ita a Patricio in capitulo concessum. Hoc viderunt et audierunt isti : Robertus abbas, Johannes magister prior, Hugo supprior, Odo Choan, Robertus de Monte Falconis,

(1) L'impression de la première partie de ce travail était déjà commencée lorsque nous avons découvert cette charte et les trois suivantes. L'intérêt qu'elles présentent nous oblige à les placer ici.

(2) Longue-Lande, commune de Saint-Ouen-en-Belin.

Gervasius de Montibus, Gervasius de Moira, Muschet, Garinus de Vado-Ramato, Willelmus presbiter, Brunus senescallus, Salomon Britto, Silvester, Goslinus, Willelmus Rufus, Robertus sacrista, Raginaldus de Santo Vincentio, Willelmus Anglicus, Gosbertus de Manneriis et multi alii.

(R. Charles et S. d'Elbenne, *Cartul. de l'abb. de Saint-Vincent*, t. Ier, p. 205).

II.

De terra quam dedit frater Hamelini in Belino.

Fin du XIe ou commencement du XIIe siècle. — Quando frater Hamelinus venit ad ordinem, dedit Beatissimis martiribus Vincentio et Laurentio medietatem terre quam tenebat in Belino cum pratis, medietatem scilicet terre quam habebat de Hugone de Belino, et medietatem quam tenebat de Hugone filio Vidonis. Quod annuerunt idem domini cum uxoribus et filiis, et totum etiam militare servicium Sanctis martiribus dimiserunt, nec non absolute concesserunt. Annuerunt quoque ipsi domini ut si aliquando heredes predicti Hamelini aliquid calumpniari voluerint, ante illorum partem accipiant, quam Sancti suam perdant. Hugo de Belino hoc annuit apud Sanctum Gervasium, in porticu domus sue, VII° kal. julii, uxorque ejus, Domitella, et filii ejus, Herbertus atque Helias, quorum uterque VI denarios habuit. Odelina etiam, conjux jamdicti Hamelini, et filii ejus Willelmus atque Warinus hoc annuerunt in eodem loco, nec non et commutationem quam fecimus propter quarteriolum vine et II domorum de cymiterio, que reddunt censuales XII nummos.

Hoc viderunt et audierunt testes subscripti : Hugo de Belino, Domitella, uxor ejus, Herbertus et Helias, filii ejus, Odelina, uxor Hamelini, Willelmus et Warinus, filii ejus, Ulgerius, frater mulieris, Bernardus, filius Dode, Wido de Belino, Gaufridus Barratus, Warnerius Belodus et Bernardus, frater ejus, Goscelinus et Robertus prepositi, Elinandus, filius

Alberici, Gaufredus carpentarius, Hunaldus de Mortret (1), Warnerius, filius Salvi, Hugo Roseia, Wido, Hugo, Willelmus et Robertus, filii ejus, Godefridus, filius Gaudrici, Ernaldus presbiter, Ernaldus Piscenarius, Joscelinus, armiger ejus, Fulcradus dapifer ejus, Artur famulus, Raginaldus, famulus de Noviomo.

Hii suprascripti fuerunt testes in domo Hugonis filii Widonis, vigilia ascensionis Domini, quando ipse et uxor ejus filiique sui, nobis concesserunt quicquid nobis dederat frater noster suprascriptus Hamelinus, quod ad ferum suum attinet.

(R. Charles et S. d'Elbenne, *Cart. de l'abb. de Saint-Vincent*, t. Ier, p. 202.)

III.

De dono decimarum Hamelini de Belino.

Fin du XIe siècle. — Quidam miles, nomine Hamelinus de Belino, dedit Sanctis martiribus Vincentio atque Laurentio omnes decimas et primicias quas habebat in parochia sancti Gervasii. Et inde cum subscripta uxore et filio, misit donum super altare in die in ramis palmarum.

Et propter hoc recepit in capitulo societatem loci, sicut viderunt et audierunt testes isti : Hamelinus, Odelina uxor ejus, Willelmus, filius eorum, Papinus faber, Petrus vitrearius, Durandus, famulus de Belino, Artur, famulus abbatis, Hugo famulus, Robertus et Clemens, frater gemini de . . . . ., Raginaldus, Unfredus et Frogerius, famuli abbatis.

(R. Charles et S. d'Elbenne, *Cart. de l'abb. de Saint-Vincent*, t. I[er], p. 203.)

(1) Mortrais, commune de Saint-Gervais-en-Belin.

IV.

De dono Hugonis, filius Widonis comitis in Belino.

1080-1102. — Notum sit omnibus hoc scriptum legentibus sive audientibus, quod Hugo, filius Widonis comitis, et uxor ejus, Roscia, volentes res sancti Dei ecclesie secundum eorum possibilitatem augere, pro retributione vite eterne, dederunt Sancto Vincentio suisque monachis quodcumque habebant de decima in ecclesia sancti Gervasii de Belino, videlicet sepulturam et quodcumque de decima redditur, excepta decima annone, quam dare noluerunt. Pro qua re concessit eis domnus abbas Rannulfus, cujus tempore hoc actum est, totius boni quod agunt prefati monachi participationem, patribusque eorum et matribus, filius et filiabus ; et quando aliquis eorum defunctus fuerit, conventio est, ut hidem monachi pergant ad ejus sepulture obsequium apud sanctum Petrum (1). Nec non dederunt eis prefatus Hugo et uxor ejus sepulturam quam habebant apud Sanctum Martinum de Latiniaco.

Hoc donum posuerunt super altare Sancti Vincentii per quoddam malleum, videntibus his testibus : Warnerio, filio Hunaldi, Bernerio theloneario, Fulcogio, filio Alsendis, Fulcheredo, Willelmo, cubiculario abbatis, Ivone, Roberto de Sarceio, Ewrardo, Warino, Beliorn, Rainardo fabro.

(R. Charles et S. d'Elbenne, *Cart. de l'abb. de Saint-Vincent*, t. Ier, p. 203.)

V

PRIEURÉ DE SAINT-GERVAIS-EN-BELIN

Mémoire adressé au Conseil par les religieux, abbé et couvent de la Couture.

En l'abbaye de la Couture près le Mans y a plusieurs

(1) Vraisemblablement le cimetière de Saint-Pierre de la Couture.

prieurez conventuelz ainsi que appert par une bulle de reformacion de lad. abbaye long temps a expedier a Rome entre lesquels est le prieuré conventuel Sainct Gervays auquel ainsi que appert par lad. bulle debvoient estre douze religieux et deux novices pour f. le service et y avoit groux revenu car dicelluy prieuré deppendoient troys ou quatre domaines qui de present nen sont plus et par temps les religieux abbe et couvent de lad. abbaye de la Coulture et en ont prins les fruictz et tiennent lesd. maisons et domaines.

On monstrera par tesmoings quil y a vingt ans ou envyron aud. prieure Sainct Gervays y avoit ung religieux qui se disoit et nomoit prieur et avoit soubz luy deux ou troys religieux qui faisoient le service et on y en a veu deux ou troys qui se disoient successivement prieurs et on trouvera es greffes des seigneurs du pays comme ils respondoient aux assises en la qualité de prieurs.

Et dient les gens du pays que lesd. prieurs faisoient cinquante livres de pencion annuelle a labbe et couvent de la Coulture.

Ce nonobstant depuys vingt ans par dix ou douze ans ny a point eu de prieur aud. lieu et y avoit seullement deux ou troys religieux qui faisoient plusieurs grosses follies aud. prieure.

Il y a six ou sept ans que maistre Pierre de Segrays impetra led. prieure en court de Rome sub clausula quovismodo vacet en vertu de sa provision il print possession et a jouy dud. prieure p. six ou sept ans et a tousjours fait faire le service p. troys ou quatres pbres seculliers parce que lesd. deux religieux sen estoient allez et ne voullurent demeurer aud. prieure.

Les religieux abbe et couvent de lad. abbaye de la Coulture fisdrent adjourner led. de Segrays et le recepveur et fermier qu'il avoit mys aud. prieuré avec ung desd. pbres seculliers par devant le juge du Maine ou son lieutenant le procureur du Roy, joint en matiere de exces et reintegrande.

Par quelque temps a este procedde en lad. matiere de reintegrande tant que ung tiers nomme frere Pierre de la Porte eut ung devolu de Monsgr du Mans et print possession et forma complaincte aud. de Segrays et auxd. religieux. Led. de Segrays offrit deffendre a lad. complaincte, et lesd. disdrent quilz ne debvoient deffendre entendu linstance de reintegrande fut appoincte par led. juge quilz deffenderoient, dont ilz appellerent par arrest de la court fut dit quilz deffenderoient a lad. complaincte y a envyron sept ans led. arrest ne fut leve ne execute et on ne le peut trouver.

Depuys a este tousjours procedde a lad. matière de reintegrande tant que les parties estoient appoinctees a faire enqueste, après plusieurs delaiz de faire enqueste led. de Segrays est mort. Et par sa mort maistre Guillaume de Villiers en a este pourveu a Romme a obtenu sa signature contenant dispense de tenir led. prieure. La signature expediee le Pape est mort, et depuys on na expediees aucunes bulles à Romme obstant labsence du pape.

Après la mort dud. de Segrays lesd. religieux abbe et convent ont poursuivy lesd. recepveur et fermier en lad. matiere de reintegrande. Ensemble ont faict adjourner les heritiers dud. de Segrays pour reprendre le proces lesquels ont declarre que cestoit matiere beneficialle en laquelle ilz navoient interrestz pour ce lesd. religieux ont faict appoinctement avec led. fermier et prins de luy cent escuz au moyen de quoy il sest lesse forcloure de faire enqueste, et par forclusion lesd. religieux ont obtenu sentence, laquelle ilz ont faict executer, et de present ont mys deux religieux aud. prieure et leur ont baille a ferme comme ilz dient.

A ceste cause led. de Villiers a obtenu ung devolu de monsieur du Mans pour prendre possession en vertu dicelluy est entre en possession dicelluy prieure.

Led. prieure et lad. abbaye sont exemps de levesque du Mans pour ce led. devolu par luy donne est nul.

Modo queritur si led. de Villiers seroit en dangier de incompatibilite par faulte de dispense parce quil na que sa signature et quil ne peut avoir ses bulles que le pape ne soit couronne a Romme.

Item si lad. possession faicte en vertu dud. devolu est bonne et si il sera necessaire prendre nouvelle possession quant led. de Villiers aura ses bulles et proces sur icelles.

Item si led. de Villiers doit prendre et tenir les fruictz dud. prieure et f. le service dud. prieure et si les religieux qui y sont de present ny veullent demeurer soubz led. de Villiers comme prieur. Si il doibt mectre des p̄bres seculliers pour f. led. service ainsi que a este faict par led. de Segrays et faire lesd. religieux abbe et couvent demandeurs.

Item si led. de Villiers doit reprendre le proces en lestat qu'il estoit à la mort dud. de Segrays ou bien faire lesd. religieux demandeurs.

Item et quelle action pourroit avoir lesd. religieux ou en matière de reintegrande ou si il fauldra qu'ilz viennent par complaincte ou par lettres pour reprendre le proces. Et quid agendum pour leur obvier.

(*Chartrier du Plessis*, pièce en papier, sans date, écriture du xvie siècle.)

VI

De decima de Mancigneio

Die 25 nov. 1225. — Universis presentes litteras inspecturis, Officialis Cenomanensis, salutem in Domino. Noveritis, quod in nostra presentia constitutus Johannes de Fay miles obligavit se et ejus heredes, et dedit in contraplegium totam terram suam et omnia bona sua que habebat tempore contractus, et habiturus erat, de resarciendis dampnis et expensis, si quas incurrent decanus et capitulum Cenomanense, et prior et canonici de Castellis, si Hugonem de Belino militem vel heredes ipsius venire contigerit contra impignorationem totius decimæ suæ de Mancigneio, quam eis nomine pignoris obligaverit, prout in litteris Cenomanensis episcopi, vel etiam in litteris ipsius Johannis militis continetur, sive dictus Hugo vel heredes sui de jure vel de facto contra impignorationem predictam vel pacificam possessionem eorum impedimentum vel dampnum intulerint vel moverint questionem. In hac autem obligatione continentur quatuor modii siliginis et duo modii vini quos percipiebat idem miles ante omnem divisionem quæ fit cum monachis Majoris Monasterii Turonensis. Et iterum continentur in hac obligatione omnes decimæ novalium, si quam contingeret fieri in decimatione predicta. Si autem, elapsis quindecim annis ipse vel heredes sui totam pecuniam, videlicet, quadringentas lib. Cenom., integre persolverint, sine contradictione capitulorum predictorum, ad ipsum vel ad heredes suos tota decima libere revertetur, sicut in litteris domini episcopi Cenom. super hoc confectis plenius continetur. Et pro omnibus hiis observandis, se et heredes suos, et totam terram suam supposuit jurisdictioni nostre et capituli Cenom., renuntiando juri communi vel privilegio, si quod habet, vel ipse vel heredes sui sunt habituri. Et super hiis observandis fidejussores existunt, unusquisque in solidum, Hubertus de Claro-Monte, et Robertus de Claro-Monte, filius ejus. In cujus rei testimonium nos, ad preces ejus sigillum curiæ Cenoman. apponi fecimus, et ipse sigillum suum presentibus litteris apposuit, coram nobis. Actum, anno Domini M°. CC°. XX°. quinto, die sancte Katerine. (*Lib. abb.*, n° 90).

Littere episcopi Andegavensis super contencione mota inter capitulum Cenomanense, et Herbertum de Belin militem.

An. 1241, vel 1242 ante Pascha. — Universis presentes litteras inspecturis, M. (Michael de Villoiseau), Dei gratia

Andegavensis episcopus, salutem in Domino. Noverint universi, quod, cum verteretur contencio inter capitulum Cenomanense, ex una parte, et Herbertum de Belin, militer, ex altera, super hoc, videlicet, quod dictus miles dicebat omnem coustumam esse suam per totum feodum dicti capituli, qui est in vico Sancti-Vincentii, tandem, in hunc modum pacis, nobis mediantibus, devenerunt; videlicet, quod dictum capitulum dedit pro bono pacis tres marcas argenti militi supradicto, et dictus miles omne jus quod dicebat se habere in dicta coustuma, dicto capitulo resignavit penitus et quitavit, ita, quod dictus miles et heredes sui in dicta costuma nichil, decetero, poterunt reclamare. Et de hoc firmiter et fideliter observando, tenetur dictus miles, fide prestita corporali. In cujus rei testimonium, sigillum nostrum presentibus litteris, ad peticionem dicti militis, duximus apponendum. Datum, anno Domini M°.CC°. quadragesimo-primo.

(*Lib. abb.*, n° 433.)

VIII

Aveu rendu par Payen d'Averton, seigneur de Belin, à Jacquet de Maridor, seigneur de Vaux, pour la terre et châtellenie de Belin, le 14 mars 1406.

De vous honorable homme mon cher seigneur Jacques de Maridor, escuyer seigneur de la chatellenie de Vaux en Belin à cause de votre femme, je Payen d'Averton (1), escuyer, seigneur de Belin tient et advoue tenir a foy et hommage simple ma terre de Belin, ainsy qu'icelle se poursuit et comporte en domaines, en fiefs, en seigneurie, en étangs, rentes, épaves, en habergement, en fuye, en prés, en pâtures, en cens, en rentes de bleds et deniers, en avenage, en poulailles, en contrainte de mouteaux, en justice haute,

(1) La reine de Sicile dispensa Payen d'Averton de faire la garde en son Château du Loir en 1412. (M. de Madrelle, *Mém. hist. sur le Belinois.*)

moyenne et basse, et ses droits en appartenants selon la coutume du pays pour tant que de mad. terre de Belin en a tenu de vous, au regard de votre dite chatellenie de Vaux en Belin, desquelles choses je suis en votre foy et hommage simple et dont icelle la déclaration sensuit cy après plus a plain et premierement de mes domaines cest a savoir.

Ma forteresse et habergement de Belin ainsy quelle se poursuit et comporte avec les douves et fossés.

item la fuye assise au devant led. habergement.

item mes plaisirs et garanne a connins joignant près icelles douves et un petit vivier joignant les autres choses.

item quatre journaux de terre ou environ esquelles choses est assise ma grange dud. lieu.

item un petit verger auquel est assis mon pressoir de Belin, contenant quatre journaux de terre ou environ assis devant mond. habergement.

item une autre pièce de terre qui contient un journau ou environ ou est assise une maison couverte de chaume et un courtil sis devant led. verger de Belin.

item une pièce de terre appellée vuliairement le grand verger de Belin avec les plaisses a connins et les arbres chargeants et non chargeants et les vives et fontaines du dedans contenant journée à dix hommes faucheurs de prés ou environ.

item douze quartiers de vigne et les allées d'environ joignant led. verger a cloux tout autour des plaisses a connins et de fossés.

item ma garanne a connins deffensable qui contient dix journaux de terre ou environ.

item deux journaux de terres arables appellées les Huberdelières.

item mes bois de derrière led. habergement avec la garenne, plaisses a connins contenant trente six journaux de terre ou environ.

item mes deux étangs de Belin, cest a savoir mon grand étang appellé Roulard et le petit étang d'au dessous avec les chaussées, paturages d'environs.

item une pièce de pré contenant journée a quatre hommes faucheurs ou environ sise sous la chaussée du grand étang.

item une autre pièce de pré appellée le pré Gontier contenant journée a six hommes faucheurs ou environ.

item une autre pièce de pré appellée le Rancher contenant journée a douze hommes faucheurs ou environ, avec le ruisset de la rivière de Clouenne pour tant que d'iceluy en a en mond. fief.

item un étang appellé l'étang de la Chèse.

item un autre étang appellé l'étang Haye (1), avec les chaussées et appartenances d'iceux.

item un courtil qui est en la psse de Moncé au devant duquel est assis un des bouts de larbre de votre moulin de Moncé avec le cours de leau pour tant quil en a en mond. fief au devant du moulin et au dessous.

item ma grande métairie appellée ma grande métairie de Belin, habergée de trois maisons avec les courtils, vergers, arbres chargeants et non chargeants, haies et fossés d'environ, ou sont sises lesd. maisons, contenant trois journaux de terre ou environ.

item en terre arable soixante journaux ou environ.

item un cloux appellé la Blondilière contenant un journau et demi ou environ, lequel est en plaisse et garanne a connins.

item une pièce de pré appellée la Noe contenant journée a cinq hommes faucheurs ou environ.

item deux pièces de terre en patis joignant lad. Noe contenant deux journaux de terre ou environ.

item une pièce de pré appellée la petite Noe contenant

(1) Cet étang, situé sur le bord de la route de Tours, entre le Carrefour Foucher et la Houlberdière, était déjà desséché à la fin du XVIIe siècle.

journée a un homme faucheur ou environ, un pati sis près mond. grand étang de Roulard, avec un petit pati joignant led. autre pati contenant trois arpents de terres ou environ avec les hayes et bussons d'environ.

item journée a neuf hommes faucheurs de pré ou environ sis en la rivière de Clouenne avec le ruisset courant de lad. rivière, pour tant que led. pré en contient, et les hayes d'environ dud. pré.

item une autre métairie appellée la métairie de la Mintraye ainsy qu'icelle se poursuit et comporte tant en courtils vergers arbres chargeants et non chargeants terres arables et non arables, pré, patures, bois, hayes, qu'autres choses, contenant lesd. vergers ou sont assises deux maisons deux journaux de terre ou environ.

item les terres labourables dud. lieu contiennent trente quatre journaux ou environ.

item en pati dix journaux ou environ, touttes les choses dessus dites en un tenant.

item une pièce de pré contenant journée à six hommes faucheurs ou environ sis en la rivière de Clouenne avec le ruisset de lad. rivière pour tant que d'icelle en a audroit desd. prés.

item un journau de terre en bois appellé la Truleture avec les plaisses a connins d'environ.

item un arpent et demi de bois appellé les Bois Gontiers ainsy quil se poursuit et comporte tout a cloux de fossés environ coutoyant le grand chemin par lequel lon va de Mayet au Mans.

item la métairie de la Roujelière (1) et de la Percherie habergée de deux maisons contenant en courtils vergers chargeants et non chargeants bois, hayes et bussons trois journaux de pré ou environ.

item en terres arables seize journaux de terres ou environ.

(1) Un aveu de 1390 rendu par Jacques de Maridort, seigneur de Vaux, désigne cette métairie sous le nom de la Touchellière.

item journée a quatre hommes faucheurs de pré ou environ.

item deux pièces de pati contenant six journaux de terres ou environ.

item en hayes, bois, bussons, fossés arbres chargeants et non chargeants, deux journaux de terres ou environ.

item contre le grand chemin un journau de terre ou environ.

item une métairie appellé la Varenne en laquelle il y a deux maisons contenante avec laitrage et courtils environ deux journaux de terres avec les hayes, bois arbres chargeants et non chargeants.

item dix huit journaux de terres labourables ou environ.

item journée a cinq hommes faucheurs de pré ou environ.

item la rivière de Clouenne tant comme lad. métairie lamporte.

item un arpent de pati ou environ.

item une pièce de lande et de pasture contenant un arpent et demi de terre ou environ sises touttes lesd. choses en un tenant, joignant aud. grand étang de Belin.

item une métairie appellée la Hodeberdière (1) ainsi quelle se poursuit et comporte en maisons, courtils, vergers, terres arables et non arables, prés, patures, bois, hayes, garennes a connins, fossés en laquelle métairie a deux maisons contenante en aitrages courtils vergers arbres chargeants et non chargeants, hayes et fossés, trois journaux de terre ou environ.

item cent journaux de terre labourable ou environ.

item une pièce de pré contenante journée a sept hommes faucheurs de prés ou environ lad. pièce de pré entre létang de la Chèse et létang appellé Hay.

item une pièce de bois contenante un arpent et demi ou environ avec la garenne, plaisses a connins.

(1) Ou Houlberdière (Teloché).

item une pièce de bois qui souloit destre en vigne contenante un arpent de bois ou environ.

item une pièce de pati avec les hayes, bois, plessons contenant cinq arpents ou environ sises touttes lesd. choses en un tenant.

item une pièce de pré sise a Theloché en la rivière de Rone contenante journée a deux hommes faucheurs ou environ, joignant les prés du Rancher.

item une pièce de pré sise a Moncé laquelle jay baillée de nouveau au métayer dud. lieu contenant journée a trois hommes faucheurs ou environ.

item la métairie de la Galopière ainsy quelle se poursuit et comporte en maisons courtils vergers bois hayes terres arables et non arables arbres chargeants et non chargeants, en laquelle métairie a deux maisons contenantes lesd. maisons courtils et vergers arbres chargeants et non chargeants hayes et fossés six journaux de terre ou environ, item en terres arables vingt six journaux de terre ou environ.

item journée a neuf hommes faucheurs de prés ou environ.

item en patis, paturages, bois, bussons aistres trois arpents et demi de terres ou environ.

item une pièce de bois entre les fossés du Rancher et lad. métairie contenant un arpent de bois ou environ.

item la métairie de la Harnière ainsy qu'icelle se poursuit et comporte pour tant que d'icelle en a en votre pouvoir et seigneurie cest a savoir estrage habergé de deux maisons et courtils contenant deux journaux de terre ou environ.

item quatorze journaux de terres arables ou environ.

item en pastures en épines bussons et bruyères dix journaux ou environ.

item pré journée a trois hommes faucheurs ou environ avec les cours de la rivière de Clouanne en tant quil en a audroit desd. choses en notre pouvoir.

item ma garanne a connins que jay esd. choses avec les

hayes, bois, bussons, arbres chargeants et non chargeants d'environs.

item ma métairie appellée la Bouchetière (1) et la Trurmelière ainsy quelle se poursuit et comporte en maisons, courtils, vergers, terres arables et non arables, bois, hayes, arbres chargeants et non chargeants, en laquelle a deux maisons contenantes en maisons, courtils, vergers environ un journau de terre ou environ.

item quarante deux journaux de terres arables ou environ.

item journée a dix hommes faucheurs de pré ou environ.

item en pati contenant sept arpents de terre ou environ.

item une pièce de bois et plaisses a connins contenante vingt journaux de terres ou environ avec ma garenne deffensable dud. bois.

item une pièce de lande et pastures contenante cinq arpents de terre ou environ.

item une pièce de bois appelée Maderelle contenante un arpent de terre ou environ et sont touttes lesd. choses en un tenant costoyant le chemin par lequel lon va de Mayet au Mans.

item ma métairie des Fougerayes habergée dune maison, ainsy quelle se poursuit et comporte en terres arables et non arables, prés, patures, bois, hayes, courtil, vergers auquel est assis une vieille fuye, arbres chargeants et non chargeants, garanne, plaisses a connins contenant en maisons, courtils, vergers, hayes et fossés deux journaux de terre ou environ.

item en bois garanne plaisses a connins trois arpents de terre ou environ.

item une pièce de bois avec une pièce de lande contenante deux arpents et demi de terre ou environ.

(1) Cette métairie porte le nom de *la Bachelière* dans l'aveu de Jacques de Maridort (1399).

item une pièce de bois appellée les Bois a connins contenante demi arpent de terre ou environ.

item une pièce de lande contenante deux arpents de terres ou environ.

item journée a quatre hommes faucheurs de prés ou environ.

item en prés, paturages et bois appellés la Bodinière contenant journée a deux hommes faucheurs de prés ou environ.

item en terres arables trente journaux ou environ avec les bois hayes et paturages d'environs sises lesd. choses en un tenant.

item une pièce de terre qui est des appartenances de ma métairie de la Roterie contenante seize journaux de terre ou environ en une pièce avec les hayes denviron.

item une pièce de pré sise sous la arche de Pontibault contenante journée a cinq hommes faucheurs ou environ, lequel pré la femme feu Jean Gareau tient pour elle et un de ses enfants d'elle et dud. Jean Gareau pour trente cinq sols de ferme ou pention a la saint Martin d'hiver.

Sensuit les fresches tenues a lad. foy et hommage au regard de votre chatellenie.

et premierement mes foys et hommages cest a savoir le sire du Rancher Bouin mon homme de foy simple a cause de son habergement fiefs et domaines dud. lieu du Rancher pour tant quil en a tenu de moy aud. hommage auquel fief et domaine il dit avoir justice a sang et pour raison desd. choses, confesse mestre tenu faire un cheval de service selon la grandeur desd. choses quant il echet selon la coutume du pays.

item Me Guillaume Hué mon homme de foy simple par deux fois. Lune a cause de son habergement de Courrillon avec la garanne a connins dud. lieu et de sa métairie frages dud. lieu pour tant quil en a en ma seigneurie dont il me confesse estre tenu faire vingt et huit deniers de service chacun an le jour de la feste aux morts et taille quant elle echet selon la coutume du pays, gage droit et obeissance comme a seigneur de fief.

item La seconde foy et hommage a cause pour raison de son fief de la Nareschère dont la femme feu Geoffroy Garnier est sa femme de foy, et men doit plége, gage, droit et obéissance comme a seigneur de fief.

item Pavin Brandart mon homme de foy simple à cause de son fief et domaine de la Brandardière dont il me confesse estre tenu faire chacun an deux sols quatre deniers tournois de service au jour de la saint Cristophe, et trois sols pour taille quant elle echet selon la coutume du pays, plége, gage, droit et obéissance comme a seigneur de fief.

item Michel Brossin mon homme de foy simple a cause de son fief et domaine de Loumaye avec les appartenances dont il me confesse estre tenu faire six deniers tournois de service chacun an au jour de la feste aux morts, et tailles quant elles échent selon la coutume de pays, plége, gage, droit et obéissance comme a seigneur de fief.

item Guillaume Le Roy mon homme de foy simple a cause de sa femme pour raison de son bordage de Lerpent avec les appartenances sis en la paroisse de Mulsanne dont il me confesse estre tenu faire six deniers tournois de service au jour de la feste aux morts et tailles quant elles échent selon la coutume de pays, plége, gage, droit et obéissance comme a seigneur de fief.

item Pierre Quarreau écuyer mon homme de foy simple a cause de son fief quil a en la paroisse de Laigné auquel sont ses sujets cest a savoir Guillaume Hardouin son homme de foy simple par trois fois.

item Une foy et hommage quil luy est tenu Pierre Delaunay, et d'une autre foy et hommage que luy est tenu faire Guillaume Fougeray ; pour raison duquel fief il me confesse estre tenu faire trois sols tournois de service au jour de la feste aux morts, et tailles quant elles échent selon la coutume de pays, plége, gage, droit et obéissance comme a seigneur de fief.

item Jean Roche le jeune mon homme de foy simple a cause de son fief et domaine des Rottes pour tant que d'iceluy en a en votre chatellenie de Vaux en Belin dont il mest tenu faire six deniers tournois de service au jour de la feste aux morts et taille selon coutume de pays, plége, gage, droit et obéissance comme a seigneur de fief.

item Jean Lavolle mon homme de foy simple par deux fois a cause de sa métairie de la Huaudière avec les appartenances, ainsy quelle se poursuit et comporte dont il me confesse estre tenu faire cheval de service abourné soixante sols, et taille quant elle echet selon coutume de pays, plége, gage, droit et obéissance comme a seigneur de fief.

item Jean Cordeau mon homme de foy simple par deux fois. Lune pour raison de ses prés et landes sis près les landes de la Faigne dont il me confesse estre tenu faire douze deniers tournois de service chacun an au jour de la feste aux morts et taille quant il échet par coutume de pays et droit et obéissance comme a seigneur de fief.

item La seconde foy pour raison de ses terres, prés, bois et landes sis près les choses de la Poissonnière dont il me confesse estre tenu faire deux sols tournois de service chacun an au jour de la feste aux morts et taille quant il echet par coutume de pays et obéissance comme a seigneur de fief.

item Marguerite de la Bourderie veuve de feu Pierre Rousseau ma femme de foy simple pour raison de sa métairie de la Fuye avec les appartenances ainsy quelle se poursuit et comporte dont elle me connoist estre tenue faire sa portion dun cheval de service quant il echet et taille quant coutume le donne et droit et obéissance comme a seigneur de fief.

item Estienne de la Bourderie veuve de feu Geoffroy Garnier ma femme de foy simple par trois fois. Lune pour raison de son bordage de Langlecherie ainsy quil se poursuit et comporte avec les appartenances, dont elle me confesse estre tenue faire et payer six sols tournois de service chacun an au jour de la feste aux morts et taille selon la coutume de pays droit et obéissance comme a seigneur de fief.

item La seconde foy pour raison de son fief de la Bourderie avec touttes et chacunes ses appartenances dont elle me confesse estre tenue faire un boisseau et demi d'avoine mesure de Belin rendu lendemain de Noel et tailles quant ils echent selon la coutume, plége, droit et obéissance comme a seigneur de fief.

item La troisième foy et hommage pour raison de deux quartiers de vigne joignant le chemin par lequel lon va de St-Gervais a Rouproux.

item de deux journaux sis a la Fuy.

item dune pièce de pré sise au gué de Barel pour raison desd. choses confesse mestre tenu faire sa portion dun cheval de service avec plége, gage, droit et obéissance.

item Pierre Dupin mon homme de foy simple a cause pour raison de sa métairie du Léard avec les appartenances, ainsy qu'elle se poursuit et comporte dont il me confesse estre tenu faire un cheval de service quant il échet estre levé selon la coutume du pays et tailles, plége, gage, droit et obéissance comme a seigneur de fief.

item Jeanne de Sarcé ma femme de foy a cause de son habergement de Sarcé, fief et domaine dud. lieu avec les appartenances d'iceluy ainsy quil se poursuit et comporte dont elle me connoist estre tenue faire lad. foy et hommage simple et tailles quant ils echent selon coutume du pays et droit et obéissance comme a seigneur de fief.

item Gervais Guéretin mon homme de foy simple a cause de son fief et domaine de la Rousselinière avec les appartenances ainsy quil se poursuit et comporte dont il me confesse estre tenu faire un cheval de service selon la grandeur des choses, plége, gage, droit et obéissance comme a seigneur de fief.

item Colas de la Beaussonnière mon homme de foy simple a cause et pour raison de partie de son domaine de la

Beaussonnière, de la garenne dud. lieu pour tant quil en tient de moy a lad. foy et hommage.

item de son fief quil tient de moy a lad. foy et hommage qui se monte en somme toutte quatorze sols huit deniers tournois dont il me confesse estre tenu faire un cheval de service quant il echet selon coutume du pays et sept sols tournois de service au jour de Pasque flori, et tailles quant ils echent selon coutume du pays, et gage, droit et obéissance comme a seigneur de fief.

item Michel des Escotais mon homme de foy simple de plusieurs choses quil tient de moy, tant au regard de ce qu'il a en la baronnie du Chateau du Loir que de ce quil en a en votre chatellenie, desquelles choses qui sont sises en votre chatellenie la declaration sensuit cest à savoir :

premièrement. La place du moulin appellé le Moulin neuf sis près la métairie de la Galoppière.

item sensuit son frage auquel sont ses sujets cest à savoir : La femme feu Geoffroy de la Fousse, sa femme de foy pour raison de sa metairie de Hautclère.

item Geoffroy Foulenfant son homme de foy pour raison de son domaine du Moulin neuf.

item Guillaume Hué son homme de foy pour raison de son fief du Pineau et des Bois quil a acquis de Jean Saicheterre et pour raison des choses quil tient de moy ma confessé estre tenu faire un cheval de service quant il echet selon coutume du pays, plége droit et obeissance comme a seigneur de fief.

item Geoffroy Foulenfant mon homme de foy simple par deux fois. Lune pour raison de son bordage de la Hardonnière avec les appartenances, ainsy quil se poursuit et comporte dont il me connoist estre tenu faire dix huit deniers de service chacun an au jour de la saint Cristophe et tailles quant ils echeront selon coutume du pays, plége, gage, droit et obéissance comme a seigneur de fief.

item Lautre foy pour raison de son bordage de Launay avec les appartenances ainsy quil se poursuit et comporte dont il me confesse estre tenu de faire sa portion dun cheval de service selon la grandeur desd. choses quant il eché selon coutume du pays,plége, droit et obéissance comme a seigneur de fief.

item Jean de Bouchet, seigneur de Buffe, mon homme de foy simple pour raison de sa terre de Buffe sise en diverses seigneuries dont au devant de votre chatellenie est tenu faire une foy et un hommage quil est tenu faire aud. Bouchet Berthelot pour raison de sa métairie de la Minerie dont il me connoist estre tenu faire pour le tout un cheval de service quant il eché selon coutume du pays, plége, gage, droit et obéissance comme a seigneur de fief.

item le sire d'Epaigne est mon homme de foy cinq fois cest a savoir une dicelle lige et autres simples a cause pour raison de son habergement et fiefs et domaines d'Epaigne avec les appartenances et dependances d'iceux dont partie desd. choses sont tenues du baron du Chateau du Loir a la foy et hommage que jen suis tenu faire aud. baron avec autres choses desquelles choses tenues dud. baron. La declaration sensuit cest a savoir : Lhabergement dud. lieu d'Epaigne avec la fuye d'iceluy lieu et les courtils et vergers denviron led. habergement qui contiennent six journaux de terre ou environ.

item pièce de terre appellée le Haucheis qui contient deux journaux de terre ou environ.

item une pièce de bois appellée la Chesnaye qui contient un journau de pré ou environ.

item deux pièces de terres labourables qui contiennent vingt journaux de terre ou environ.

item une pièce de terre laquelle est partie en vigne partie en fraiches et chaintres contenant journée a vingt hommes beicheurs ou environ.

item une pièce de bois contenant un journau ou environ.

item une pièce de terre contenante neuf journaux ou environ coustoyant la terre au retour de St Gervais en Belin.

item une autre pièce de terre contenante neuf journaux ou environ, coustoyant dun costé les choses de Toucheronde (1).

item une autre pièce de terre fromental avec les chaintres et un pati contenant vingt sept journaux de terres ou environ coutoyant les choses de Toucheronde.

item une autre pièce de terre contenante deux journaux ou environ sise entre les terres au curé dud. lieu de Saint Gervais, tant et par raison de lad. terre d'Epaigne avec touttes les appartenances et appendances tant en fiefs que domaines pour tant que icelle terre a tenue de moy, et votre fief et chatellenie que justice avec mes autres choses de vous a lad. foy et hommage esquelles choses il a fief et domaines cest a savoir : six hommées de foy, quatre livres huit sols un denier maille de cens et rentes que luy sont tenues faire par chacun an plusieurs personnes a plusieurs festes de lan, pour raison de plusieurs choses quils tiennent de luy.

item vingt huit pintes de vin et douze francs. item une géline, un septier, six boisseaux d'avoine et un septier de seigle en commun pour son bordage de Létang et sa métairie de la Petite Quinte.

item son bois du Plessais hay.

item son bordage de la Bonne Bordière.

item son bordage de la Moinerie.

item sa métairie appelée la Bonde avec touttes et chacunes leurs appartenances et garenne a connins, et pour raison des choses tenues de moy confesse mestre tenu faire cinq chevaux de service, six deniers pour tailles.

item vingt sols et trois sols pour taille et ces choses ou aucunes d'icelles échent estre levées selon coutume du pays.

item quatre corvées a feinner, vendanger, plaisser et bienner o avenant ce monce par chacun an.

item une mine d'avoine mesure de Belin, une geline et un

(1) La ferme de Toucheronde (Saint-Gervais-en-B.) est détruite depuis près d'un siècle.

pain lendemain de Noel avec plége, gage, droit et obéissance comme a seigneur de fief.

item André de Chauselerie mon homme de foy simple de plusieurs choses qu'il tient de moy en deniers seigneuriaux dont partie desd. choses sont assises au dedans de votre chatellenie, cest a savoir son frage des Marais auquel sont ses sujets Odin Gaulupeau son homme de foy a cause de deux parts de la maison en laquelle il demeure avec les deux parts d'une chambre qui est en maison laquelle est près Hodouin et la moitié de lautre dud. lieu.

item cinq journaux de terre labourable avec journée a deux hommes faucheurs de prés ou environ en une pièce joignant les choses au chantre du Mans.

item de cinq journaux de terre tant en labour qu'en pati et de quatorze seillons de terre labourable auquel fief led. Odin a deux hommes de foy cest a savoir Berthelot Gaulupeau et Etienne le Guimier pour raison de certaines choses quil tient de luy.

item la fille Flourée Haton sa femme de foy de trois journaux de terre labourable sis en deux pièces et de journée a un homme faucheur de pré ou environ sises icelles choses en la paroisse de Laigné pour raison des choses quil tient de moy, confesse mestre tenu faire un cheval de service et trois sols selon coutume du pays.

item la femme feu André Seicheterre ma femme de foy simple par deux fois lune a cause de son pré appellé pré Cloux dont elle mest tenu faire cinq sols de service au jour de la feste aux morts.

item La deuxième fois a cause de deux pièces de pré lune appellée le pré des Haiches et lautre pièce de pré qui antérieurement partie de Belin dont elle mest tenue faire aveu cinq sols de service a lad. feste avec taille et droit et obéissance comme a seigneur de fief.

item Me Jacque de Bernay mon homme de foy simple pour raison dune pièce de terre avec les patis appellés Mornais sis en la paroisse de Saint Ouen en Belin dont il me connoist estre tenu faire quatre deniers tournois de service chacun an le jour de saint Cristophe et droits, tailles quant ils échent estre levées par coutume de pays, plége, gage, droit et obéissance comme a seigneur de fief.

item Macé Belis, mon homme de foy simple a cause de son fief appellé le fief de la Chevallerie auquel fief il a trois hommes de foy cest a savoir les héritiers feu Guillaume Beuchet, les héritiers feu Jean Regnier et Geoffroy Foulenfant pour raison dud. fief mest tenu faire chacun an six deniers de service le jour de pasque flouries chacun an avec les tailles quant elles échent estre levées par coutume de pays, plége, gage, droit et obéissance comme a seigneur de fief.

item la dame d'Antoigné ma femme de foy simple a cause de partie de sa métairie du Couldreau cest a savoir dune pièce de terre qui contient quatre journaux ou environ et une pièce de bois en un tenant contenants soixante journaux de terre ou environ.

item de journée a deux hommes faucheurs de pré ou environ sis auprès de son étang de Brusson avec la chaussée d'iceluy ainsy quil se poursuit et comporte.

item de son étang.

item de son étang de la Roujière ainsy quil se poursuit avec les chaussées.

item aud. fief a deux hommes de foy, cest a savoir Guion de Ligner, sa femme feu Flourie Mairié.

item le fief et rentes quelle a lesd. choses au regard de ce quil en a tenu de moy se monte en somme toutte cens, rentes et en deniers, vingt neuf livres sept sols onze deniers maille a elle due chacun an de plusieurs personnes, pour raison des choses quils tiennent d'elle en sond. fief, et la somme des rentes des bleds se monte dix sept septiers de seigle, deux septiers de froment et trois septiers d'avoine.

item la rente de poulailles monte quatre chapons et deux gélines ; et pour raison de sesd. choses mest tenu faire un cheval de service quant il échet selon coutume de pays, plége, gage, droit et obéissance comme a seigneur de fief.

Sensuit les sommes des cens et rentes en deniers a moy dus chacun an a plusieurs festes de lan que me sont tenus faire plusieurs personnes pour raison de plusieurs choses quils tiennent de moy auxd. cens et rentes, lesquelles sommes de deniers et aussy les festes quils sont dus sensuit cy après.

Premièrement au jour et feste de Pasque trente sols tournois.

Au jour et feste de saint Jean Baptiste huit sols deux deniers maille tournois.

item au jour et feste de saint Cristophe neuf sols neuf deniers maille tournois.

item au jour et feste de saint Lucas soixante treize sols un denier.

item au jour et feste des trépassés soixante sept sols huit deniers.

item pour tant comme il y a de métairie du Plessis tenu en votre fief six livres douze sols un denier.

item autres cens dus a la feste aux morts au lieu et ville de Moncé qui se montent vingt neuf sols trois deniers maille.

item au jour de saint Martin d'hiver six sols.

item d'autres cens dus à la saint Martin en la ville de Moncé qui se montent a soixante dix huit sols onze deniers maille.

item autres cens et rentes dus a la feste de Noel qui se montent a quatorze sols deux deniers maille et sept boisseaux de seigle mesure de Belin.

item autres rentes de bled dues a la feste de Noel, c'est à savoir six septiers de bled mouture a votre mesure de Vaux que jay droit d'avoir, prendre et percevoir chacun an a lad. feste sur votre moulin de Moncé a votre pays par la main des tenants et possedants led. moulin.

item au jour de pasque floris six sols un denier.

item autres cens rendus a Moncé a Pasque floris qui se montent en somme quarante deux sols onze deniers maille.

Sensuit les avenages que me sont tenus faire plusieurs personnes a ma mesure de Belin rendu chacun an aud. lieu lendemain de Noel qui se montent quarante cinq boisseaux et demi.

item chapons volailles dus a lad. feste chacun an qui se montent en somme deux chapons.

Sensuit les corvées a moy dus chacun an o avenants ce monce cest a savoir bianneurs, plaisseurs, vendangeurs, fanneurs qui se montent en somme toutte trente sept corvées a faire les choses dessus dites.

item Le cours de la rivière de Rosne pour tant que d'icelle en a au dedans de mon pouvoir et seigneurie.

item Le droit que jay de contraindre mes sujets et étagers de moudre en lieu avenant en votre chatellenie a mes moulins de Follet et de Cloenne.

item Mon droit de contraindre mes sujets d'aller quérir les meules a mesd. moulins quant métier en sera.

item ay droit de prendre les esclotorres des moulins qui après sensuit pour faire venir leau a mon étang chacun samedy de lan depuis midy jusquau dimanche vespres, quils les doivent venir quérir en Belin, c'est a savoir :

du moulin de la Butterie, du moulin du Breil et du moulin de la Gouverie.

item le droit que jay de contraindre mes sujets et etagers demeurant en lieu avenant qui ont vignes en mon pouvoir de tourner a mond. pressoir de Belin.

item le droit de garenne que jay de pescher et faire pescher a tous engins en la rivière de Rosne pour tant comme a de ladite rivière en mon pouvoir et seigneurie et le droit de deffence d'icelle et en celle de Cloenne.

item le droit de garenne deffensable que jay en mad. terre de Belin en fiefs et domaines, tant a connins, a lièvres, renards, que faisants et perdris et alouetes, manières dautres bestes et oyzeaux et touttes manière de fils.

item ma haute, basse et moyenne justice que jay en mad. terre de Belin et telle comme moy et mes prédécesseurs avons accoutumés avoir, jouir, user et exploitter au temps passé tant es dependances que es appartenances, et le droit de mettre et bailler mesures tant a bled que mesure a vin a mes sujets et étagers en mad. terre de Belin, pour tant quil en a tenu de vous desquelles mesures a bled et vin je suis tenu prendre patron et relief de vous ou votre alloue.

Et pour raison desd. choses vous doit plége, gage, droit et obéissance tel comme homme de fief et de foy simple doit a son seigneur de foy simple, o protestations mon tres cher seigneur a moy retenues que si il étoit trouvé par vos écrits anciens témoins vallables, ou par aveu, ou aveus baillés de mes predecesseurs aux votres ou autres loyaux enseignements que autre devoir ou plus grand fusse tenu faire à cause desd. choses de le vous faire et continuer, et aussy sil étoit trouvé que autres choses je teinsse a lad. foy et hommage simple fors les choses dessus declarees que d'icelles choses je ne men desavoue pas de vous en rendre men avoue et le mettre en mon aveu moy diligemment enquis, offrant a jurer que oncques ne vint a ma connoissance qu'avec quautre plus grand devoir vous soit tenu faire fors celuy dessus déclaré ne le aussy que je tienne a lad. foy et hommage simple autres choses que les choses dessus déclarées, de vous déclarer lesd. choses plus a plain de bouche par montrée ou autrement s'il étoit trouvé de raison que jy fusse tenu en . . . . je vous en rend a present écrit pour aveu avoir scellé de mon scel et signé du seing manuel de Macé Belis mon procureur a ma requeste pour plus grande confirmation donné et écrit le quatorze mars mil quatre cent et six.

(*Signé*) M. Belis.

Le présent aveu a été copié sur une copie en papier en forme qui est déposée au trésor du fief de Coudereau.

(*Arch. de la Sarthe, fonds de la seign. de Belin.*)

IX

Lettre de Jean V de Champagne à M. de Cossé.

A Monsieur mon cousin, Monsieur de Cossé.

Monsieur mon cousin, ces jours passez, Monsieur de Courtalain a envoyé vers moy un sien fermier garny d'une lettre par laquelle j'ay congneu l'affection qu'il a d'avoir alliance avec Mademoiselle ma cousine, Mademoiselle de Belin, qui est cause que vous envoye ce porteur par lequel je vous prye affectueusement m'en vouloir mander vostre advis ; car de ma part, je trouve l'aliance bonne. Je ne vous en feray plus longue lettre, parce que j'ay commandé à ce dit porteur vous dire le reste dont je vous prye le croire. Et en attendant de vos nouvelles, je vous vois faire offre de mes affectées recommandations à voz bonnes grâces et de mes damoiselles mes cousines. Priant Dieu, Monsieur mon cousin, vous donner en santé, très bonne et longue vie.

De Pescheseul, ce XXIIe de novembre 1563.

Vostre obéissant cousin et meilleur amy,

J. DE CHAMPAIGNE.

(*Cabinet de M. Brière.*)

X

Lettre de Charles IX à M. de Cossé.

A Monsieur, Monsieur de Cossé.

Monsieur, Désirant voir les demoyselles de Belin, vos niepces, pourvues de partis de mariaige qui leur soient sortables et n'en estimant point de plus propres, avantaigeux et profitables pour elles que je puisse avoir plus agréables que le sieur de Lansac, chevalier de mon Ordre, conseiller en mon Conseil privé et mon chambellan ordinaire, de ceux qui sont près de ma personne pour l'aisnée et de son seul fils qui est gentilhomme de ma Chambre pour la jeune, j'envoye le sieur Du Plessis, mon valet de chambre ordinaire pour porteur devers lesdittes demoyselles exprès pour leur présenter les lettres que je leur écris, lesquelles ne faudront comme je m'assure de vous communiquer comme l'un de leurs plus proches parents qu'elles ont en grand honneur, révérence et opinion et sans l'avis duquel je sçai bien qu'elles ne voudroient rien faire en cet endroit. Au moyen de quoy sachant combien vous pouvez en cela, je vous prie de vouloir embrasser cette affaire comme chose que j'ay grandement à cœur et faire en sorte que lesdittes demoyselles ayent agréable ce mariaige qui ne sera jamais qu'à leur bien, honneur et contentement, et vous y accordant de votre part ainsy que je l'espère, vous ferés chose que j'auray grandement agréable et de laquelle je recevray un infini plaisir et satisfaction, ainsy que j'ay donné charge audit Plessis de vous le témoigner plus particulièrement de ma part, dont je vous prie le croire tout ainsy que vous feriez ma propre personne, priant Dieu, Monsieur de Cossé, qu'il vous aye en sa sainte garde. Ecrit à Troyes le IVe jour d'avril 1564 (1).

CHARLES.

(*Copie de la lettre originale, déposée autrefois au chartrier du Plessis.*)

X bis.

Lettre de M. de Lansac à M. de Cossé.

A Monsieur, Monsieur de Cossé.

Monsieur, Vous verrez par ce qu'il plaist au Roy et à la Royne vous escripre et entendres par le seigneur du Plessis present porteur ce que leurs Majestes luy ont donne charge de vous dire, et les causes de mon voiaige qui sont pour vous

(1) Le même jour, Catherine de Médicis écrivit aussi à M. de Cossé et le pria affectueusement de s' « employer en cette affaire selon la puissance et le grand moyen » qu'il en a, « pour en faire sortir l'effet que le Roy désire infiniment. »

proposer le mariaige de mes damoyselles de Bellin, et desquelles comme jentens vous estes curateur pr moy et pr mon fils, qui est ung party que jestime tant honorable et advantageux pr moy, que je mestimeroys bien heureux d'y pouvoir parvenir. Parquoy je vous supplie le plus affectueusement quil mest possible, my voulloir estre aydant, et vous assurer que mesd. damoyselles vos niepces ne scauroient estre jamais mariees en lieu dou elles recepvront plus gratieux traictement et parfaicte amitye, et pr le moins auront ce contentement de ne verre jamais separer leurs personnes que biens, remettant aud. seigneur du Plessis a vous dire comme il pourra fe. bien veritablement toutes mes autres conditions, lesquelles si elles sont agreables je ne fauldray layant entendu, daller vers mesd. damoyselles, pour en fe. la porsuytte avec laffection et dilligence quelles meritent. Et si par votre ayde et moyen je y puis parvenir, je vous en auray tres grande et perpetuel obligation dont je feray bonne recognoissance a vous fe. tout le plaisir et service quil me sera possible de telle affection que je me recomande bien fort et de tres bon cueur a votre bonne grace priant le Createur vous donner, Monsieur, en parfaicte sante tres longue que contente vye. De Troyes ce vj° jour davril 1564.

Votre entierement bon et serviable amy,

LANSAC.

(*Cabinet de M. Brière.*)

XI

Lettre de Nicolas d'Averton.

Monseigneur, Je loue Dieu quil luy a pleu vous radmener en ce royaulme en telle sante et honneur que jespere votre presence y apportera beaucoup de repos. Et pour ce, Monseigneur, que depuys quelque temps enza p. le comandement du Roy et de la Royne mes damoyselles de Belin mes niepces ont este envoyees avec madame de Chernaulx sur lasseurance et esperance dy recepvoir honneste et gratieux traictement jay entendu quelles y sont tenues come prisonnieres sans moyen de se pourmener; chose que je ne puys trouver questrange. On ma dict que cest pr loccasion de leur mariage que monseigneur de Chernaulx leur pourchasse, aquoy il me semble que je doibz avoir part ensemble tous les susd. parens que non lui seul, et que la volunté des filles ne doibt estre forcee, saichant bien que la liberte que amytye y sont requises. Ce qui me faict vous supplyer tres humblement, monseigneur, dayder a mesd. niepces quelles puissent retourner ches elles sur lasseurance quelles donnent a la Royne de ne contracter avec personne sans ladvertir come vous dira plus au long ce gentilhome. Qui me fera fe. fin,

Monseigneur, priant notre Seigneur vous donner ensuicte longue vye. De Belin, ce xvije febvr 1563.

Votre très humble et tres obeisant serviteur,

Nicolas Daverton.

(*Cabinet de M. Brière.*)

XII.

Lettre de Jacques d'Humières à M. de Belin.

A Monsieur, Monsgr de Belin, à Belin.

Monsieur, suivant ce que vous escripvy dernierement Champigny touchant la terre de Behericourt je depeschay incontinent ung lacquais pour aller en Picardye affin de recouvrer la declaration de lad. terre por. la vous envoyer. Ledict lacquais sen est revenu sans la rapporter pour ce que labsence de celui qui menne mes affaires depardela estait alle en la basse Picardye a une terre que Monsieur le grand aulmosnier me veulx donner qui n'est de moindre revenu que celle de Behericourt, jay attendu jusques a ce jour lad. declaration. Et pour ce que nay moyen de la vous envoyer nous avons advisé le vous escripre mond. Sr. le grand aulmosnier et moy pour vous asseurer que la terre de Behericourt a tousiours este affermee a (*ici le papier est rongé*)..... lachapt des boys quay puys peu de temps faict et laugmentera bien encores de deux cens francs de revenu. A ceste cause je vous ay bien voullu envoyer le present porteur pour vous tenir quelque propoz, lequel je vous supplie croire comme si cestait moy. Et luy ay donne charge si le trouvez bon aller jusques devers Monsieur du Bourg auquel jay mots pour luy faire mes humbles recommandations a sa bonne grace. Je ne vous diray autres nouvelles de ceste court sinon que larmée du Roy Despaigne quil avoit envoyee a Tripoly et qui fortifie les Gabes (1) a este defaicte des Turcqs et de quarente quatre gallaires qui y estoient il nen est revenu que vingt une et le reste sest retire vers Gabes qui ne peult pas tenir longtemps a cause des gens qui y sont qui mangeront en peu de temps tous les vivres quil y a. Ce sont de tres mauvaises nouvelles pour la presente. Il nest point venu de nouvelles du couste Dangleterre. Qui sera cause que feray fin a ceste lettre apres vous avoir presentes mes humbles recommandations a voz bonnes graces et prie Dieu,

Monsieur, vous donne aussi bonne sante heureuse et longue vye que vous la desire, De Romorantin ce iij^{me} juing 1560,

Vostre obeisant et affecione amy,

J. Humyeres.

(*Chartrier du Plessis.*)

XIII.

Testament de François II d'Averton.

A tous ceus que ces présentes lettres verront salut. Faisons savoir que le vingtiesme jour de novembre 1637 apprès midy en la cour royale du Mans, pardevant nous François Bourillon, notaire d'icelle aud. Mans, parroisse de la

(1) Gabès, ville de la Tunisie, sur le golfe du même nom.

Cousture, a esté présent et personnellement estably et deument soubmis en lad. cour hault et puissant seigneur Me François Daverton, chevalier, seigneur comte de Belin, baron de Milly en Gastinoys, seigneur du bourg Daverton, la Forest Segréal de Pail, Tessé, chastellain des chastellenyes d'Orthe, d'Averton, Courcité et de Vaux en Belin et autres terres et seigneuries, estant de présent au jardin du révérend Evesque du Mans scitué au faulbourg Sainct Vincent, estant sain desprit et dentendement, néanmoins détenu au lict par maladye corporelle, lequel recongnoissant quil n'est rien plus certain que la mort ny rien plus incertain que lheure dicelle, ne désirant mourir sans avoir donné ordre aux affaires de sa conscience et des affaires de sa maison, a faict et ordonné son testament et dernière vollonté en la forme et manière qui s'ensuit.

Il recommande son âme à Dieu, à la glorieuse Vierge Marye, à tous les saints et saintes du Paradis, lesquels il prie être intercesseurs pour luy afin que Dieu lui fasse pardon et rémission de ses faultes et péchés, et que aussytost que son âme sera séparée de son corps, quil soict faict conduire sans pompe ne appareil en léglise de la ville dud. Milly pour être inhumé et mis dans la cave et proche la sépulture de deffuncte Madame sa femme, que a son enterrement il soict dict et célébré pour le repos de son âme le plus de services et messes que faire se pourra en lad. église, quil soict faict un trentain sollennel en lad. église où il sera enterré et que ès églises du bourg d'Averton et Sainct Gervaise aud. Belin il soict aussy dict et célébré un annuel en chacunes dicelles par les curés ou vicquaires, quil soict fourny de luminaire pour servir a lad. sepulture que service cy dessus la discretion de ses exécutteurs cy apprès.

Quil soict donné à trente pauvres qui assisteront le jour dud. obit au service à chacun une aulne de bureau et à tous les autres pauvres à chacun cinq sols, et aussy quil soict baillé et disposé à tous les pauvres qui sont dans les paroisses de ses terres de Belin et du bourg d'Averton incontinent après sondict obit à chacun deux sols.

Comme aussy quil soict donné aux pères capucins dud. Mans, Cordeliers, Jacobins et Minimes à chacun la somme de cent livres.

Aux pères capucins d'Alençon et aux mères religieuses Saincte Claire dud. lieu à chacun la somme de cent livres.

Aux pères Minimes de Sillé la somme de cent livres.

Aux cures et fabrices des parroisses desd. terres de Belin et du bourg d'Averton à chacun la somme de trente livres moictyé cure fabrice le tout pour faire pour le repos de son âme et amis trépassés.

Quil soict fait fondation d'une chapelle a celle quil a faict bastir et édifier à Lorgerie en lad. forrest de Pail selon son intention et qu'il a eu dessains de la fonder et que pour le repos de son âme et de ses prédécesseurs trépassés estant lad. chappelle consacrée il soict dict et cellebré a perpétuité tous les dimanches et festes de chacun an une messe par Me Jaques Laigneau, lequel il a nommé dès à présent pour en jouir pendant sa vye et apprès son décéds la nomination en sera faicte par ses successeurs en la seigneurye du bourg d'Averton, et pour la dottation de lad. chappelle led. seigneur testateur a donné et légué aussy à perpétuité le lieu et métairye de la Rouillardière scitué en la parroisse de Crannes comme elle se poursuit et comporte sans rien y retenir ni réserver tout ainsy quil a du en eschanger avec le lieu des Arrames à charge par led. chappellain de bien et deument faire led. service et de bien user dud. lieu et le tenir et relever de lad. terre seigneurye du bourg d'Averton censifvement et que icelle chappelle soict desdiée en lhonneur de Dieu, l'Assumption de la Vierge, Sainct Joseph et Saint Hubert.

Comme aussy led. seigneur testateur pour laugmentation du service divin et salut de son âme a fondé et érigé une autre chappelle quil fera ediffier ou ses successeurs au chasteau du Plessis en Saint Gervaise en Belin, laquelle sera dediée en l'honneur de Dieu, de l'Assumption de la Vierge et de Saint François pour apprès la consécration dicelle estre dict et célébré apperpétuité tous les jours de dimanches et festes de chacune année une messe, et pour la fondation et dottation dicelle a donné et délaissé à perpétuité la somme de six vingt livres tournois de rente pour chacun an quil a assigné a prendre sur le lieu et métairye de la Huaudière en Sainct Bié en Belin, et a nommé pour desservir dès à présent lad. chappelle et pour faire led. service bien et deument M. François Coubart pbre curé dud. Sainct Gervayse, et apprès son déceds les autres chappelains nommez par ses successeurs seigneurs dud. Belin, et sera icelle rente payée chacuns ans au jour et feste de pasque à charge de rendre les obéissances de lad. rente à lad. seigneurye de Belin (1).

Plus veult et entend quil soict fondé a perpétuité la somme de trois cent livres de rente pour un chappellain lequel cellebrera tous les jours messe en lad. église de Milly a lintention de son âme et dira a lyssue de lad. messe aussy tous les jours une oraison de la Vierge et le verset, dont il a dès a présent nommé pour chappellain pour faire et célébrer lesd.

(1) Cette chapelle ne fut achevée qu'en 1658.— Lorsqu'il n'y avait pas de chapelain en titre, les curés ou vicaires de Saint-Gervais percevaient la rente et acquittaient la fondation.

Chapelains du Plessis :

1° Me François Coubart, curé de Saint-Gervais, présenté par François d'Averton. Il ne nous parait pas avoir rempli ses fonctions dans cette chapelle.

2° Me Louis Cureau, prêtre, demeurant à Conflans, démissionnaire le 6 septembre 1665.

3° Me Guillaume Godefroy, chanoine prébendé de l'église du Mans, présenté le même jour.

4° Me Pierre Liger (1696-1709).

5° Me L. Poirier (1715).

6° Me Rocher (1717-1718).

7° Me Besnard (1720).

8° Me Julien Lair, nommé curé de Saint-Gervais en 1745 (1737-1771).

9° Me Joseph-Augustin-Emmanuel Rottier de Moncé, clerc tonsuré, présenté le 13 mai 1772.

10° Me Louis Delaroche, curé de Saint-Gervais, présenté en 1780.

messes bien et deument pendant sa vye le père Jehan Baptiste Gaultier pbre de loratoire auquel il permet néantmoings de dire lesd. messes pendant sa vye es église ou chappelles des lieux ou il demeurera. . . . .

Et pour la bonne affection quil porte à René et Louis Félix Daverton ses enfants puisnés et pour sentretenir selon leurs conditions et qualités leur a donné et donne par ces présentes a perpétuité et par héritage tout ce quil leur est defféré en usus-fruict par bien faict suivant la coustume et en disposer comme de choses propres, et encore leur a donné par moictyé pour leur demeurer a perpétuité tous et chacuns les deniers qui lui sont deubs par les hérittiers de deffunct sieur marquis de Villars suivant la transaction qu'il en a faicte avec eux et ce pour augmentation de leurs partages légitimes.

Plus recongnoissant la bonne amityé que luy a toujours porté le sieur de Martel (1) son cousin luy a donné et donne pendant la vye dud. sieur de Martel la somme de deux mil livres de rente a prendre chacuns ans aud. jour de Pasques sur lad. terre de Belin, avec le logement de deux chambres garnyes de tappisseryes lits et autres choses convenables soict au chasteau du Plessis ou autres de ses maisons qui bon luy semblera et un cheval a son choix lesquels meubles luy demeureront à perpétuité.

Au sieur de Rubignen dem[t]. aud. bourg d'Averton la somme de quatre cens livres de rente aussy chacuns ans sur lad. terre du bourg d'Averton pendant sa vye seullement avec le logement dans led. chasteau du bourg, outre luy donne deux chevaux appellez la Frette et Gaudrière. »

Suivent des legs à ses serviteurs et à différentes personnes, parmi lesquels nous remarquons:

« A Marin Potier son chirurgien la somme de quinze vins livres avec tous ses habits et linges qui luy ont servy et servent de présent.

(1) Jean de Faudoas, sieur de Martel et de Sérillac, chevalier, mari de Renée de Brie.

Plus a Sainct Turon venneur trois cens livres et un cheval appellé le douz. Au petit Train, autre venneur la somme de deux cens livres et le bidet.

· A M. François faulconnier cent livres pour son oyseau et ses peines.

A Cornille procureur dud. seigneur la somme de seize cens livres pour ses gaiges et services rendus depuis le deceds de lad. deffunte dame (madame de Belin).

Entent quil soict continué la pention de la petitte fille qui est nourye au moullin de la forest jusques a ce quelle ayt attaint laage de douze ans et apprès quelle soict mise entre les mains de quelque femme de bien pour gardienne avec une pention sortable et lorsquelle aura âttaint laage de seize ans quelle soict mariée dont sera baillé pour son mariage la somme de trois cens livres.

Quil soict payé par le sieur de Launay maître de forges d'Orthe au petit garçon que l'on entretient à sainct Pierre de la Cour ce quil lui est deub du passé tant pour sa pention que entretien, et luy sera baillé par led. sieur de Launay cent livres pour apprendre mestier.

Plus a donné à la nourrice de deffunt M. le comte une année de la ferme de la mestairye où elle est demeurante avec les arrérages des fermes quelle pourra devoir lors de son déceds.

A Mons. Mairet son cheval haquenée pour avoir souvenance de luy.

Led. seigneur testateur a nommé et esleu pour son exécutteur mons. de la Frette le priant voulloir agréer et accepter lad. charge . . . . lequel il a pareillement requis de prendre et accepter la garde et tutelle dud. Louis Félix Daverton son fils. . .. .

(*Chartrier du Plessis. — Arch. de la Sarthe, fonds de la seign. de Belin.*)

Le Mans. — Typ. Edmond Monnoyer.

www.ingramcontent.com/pod-product-compliance
Ingram Content Group UK Ltd.
Pitfield, Milton Keynes, MK11 3LW, UK
UKHW021924230726
13925UKWH00007B/494

9 782019 217327